Kohlhammer

Matthias Kroeger

Über die Kostbarkeit von Mut und Klarheit

Die politische und religiöse Botschaft der Grafen
Helmuth James von Moltke und Peter York von Wartenburg
aus dem Kreisauer Widerstandskreis
gegen Hitler und den Nationalsozialismus

Verlag W. Kohlhammer

© 2010 W. Kohlhammer GmbH Stuttgart
Reproduktionsvorlage: Andrea Siebert, Neuendettelsau
Gesamtherstellung:
W. Kohlhammer Druckerei GmbH + Co. KG, Stuttgart
Printed in Germany

ISBN 978-3-17-021728-7

Inhaltsverzeichnis

Vorwort

Dieses Büchlein ist aus einer Gedenkrede erwachsen, die ich anlässlich des 100. Geburtstages von Helmuth James Graf von Moltke am 8. März 2007 in der Hauptkirche St. Nikolai zu Hamburg gehalten habe (gewissermaßen als Fortsetzung meiner zwei Jahre zuvor über Bonhoeffer zu seinem 100. Geburtstage am gleichen Ort vorgetragenen Ehrung). Obwohl mir der Grundriss der Moltke- und auch der parallel geführten Yorck-Darstellung schon damals feststand, ist mir das faszinierende Material weiter unter den Händen gewachsen. (Das so in den Anmerkungen des Anhangs entstandene Material trägt zur religiösen und theologischen Profilierung der Texte und Gedanken bei, kann aber vom nicht speziell interessierten Leser problemlos übersprungen werden.)

Vor allem aber haben die drei Kapitel, die das Erbe der Kreisauer aktualisieren, mich anhaltend weiterbeschäftigt und haben ihre auch mich selbst überraschende Gegenwartsbedeutung durch die tiefgreifende Art ihrer Fragestellung und ihres Blicks immer mehr erwiesen und entfaltet. Ihren Inhalt überlasse ich der Überraschung der Leserinnen und Leser. Sie schenken uns unerwartet ermutigende Perspektiven angesichts der unübersehbaren Ohnmacht und Ratlosigkeit, die die große Politik uns seit einiger Zeit zunehmend beschert (Kap. 3). Sie eröffnen uns durch die Herausforderung der Kreisauer, den Dämonien der jeweiligen Gegenwart „eiskalt" ins Auge zu schauen (Kap. 7) – wie Moltke das gegenüber dem Richter des Volksgerichtshofs Freisler tat (Kap. 6) –, die Möglichkeit, unsere heute ganz anderen, aber ähnlich fundamentalen Gefährdungen ins Auge zu fassen; wobei sich ergibt, dass nur eine interreligiöse, jedenfalls aber spirituelle Lebendigkeit, die wir alle selbst verantworten, diese Gefährdung zu bestehen hilft; eben diese interreligiöse Lebendigkeit aber gehört zu den befreienden und ermutigenden Abenteuern, die uns derzeit – gesellschaftlich und gerade auch religiös – ermöglicht und aufgegeben sind. Und anderes mehr.

Obwohl meine Rede zunächst nur Moltke gewidmet war, war sie von Anfang an fast gleich-stark auch auf seinen Freund Yorck bezogen, sodass füglich beide – Kopf und Herz des Kreisauer Kreises – im Titel zu nennen waren. Aus dem Titel „Über die Kostbarkeit von Mut und Klarheit" ersieht der Leser/die Leserin leicht, welche Bewunderung und Dankbarkeit ich im Verlaufe der Arbeit an diesem Text sehr bald gegenüber den beiden Helden meiner faszinierten Erzählung nicht mehr vermeiden konnte. Die Spuren des engagierten Redecharakters wurden daher im Text nur oberflächlich getilgt. Man wird sie eingeschmolzen finden in eine Mischung aus gerafft die Höhepunkte nacherzählendem Bericht und unerwartet aktueller Reflexion. Die nähere Beschäftigung mit diesen Personen, Gedanken, Texten und Vorgängen rechne ich zu den bereichernden und nachdenklich-machenden Beglückungen meiner letzten Zeit. Der uralten, inzwischen verstorbenen Gräfin Freya von Moltke gedenke ich dankbar und ehrfurchtsvoll für ihren teilnehmenden Brief, mit dem sie meinen Text beantwortete.

Hamburg/Radegast, im Juli 2010.

Der Verfasser

Einleitung:
„Nie wieder ist bei uns so existentiell gelebt worden wie damals. So bewusst und so lange Zeit auf dem schmalen Grat zwischen Tod und Leben …"

„Eine ganz kleine Clique ehrgeiziger, gewissenloser und zugleich verbrecherisch dummer Offiziere …" hat ein Komplott geschmiedet – man erkennt diesen Satz, den die vor Wut und Hass heiser krächzende Stimme Hitlers in der Nacht des Attentats vom 20. Juli 1944 im Radio mit untergründiger Wut herauspresst. Vier Teilnehmer der Lagebesprechung in der Wolfsschanze waren bei dem Attentat ums Leben gekommen, Hitler aber war wieder einmal durch einen verrückten Zufall am Leben geblieben. „Um der Ehre und des Gewissens willen" haben wir es getan, auch wenn wir für Verräter angesehen werden – so schallte es, wenn man einmal nicht die berühmte Antwort Henning v. Tresckows zitieren will, aus dem Kreise und Umkreise der Kreisauer zurück: Hitler ist „der große Vollstrecker des Bösen in der Geschichte" (v. Haeften). „Ich höre, das Heer hat uns ausgestoßen; das Kleid kann man uns nehmen, aber nicht den Geist, in dem wir handelten … Auch für meinen Teil sterbe ich den Tod fürs Vaterland. Wenn der Anschein auch sehr ruhmlos, ja schmachvoll ist, ich gehe aufrecht und ungebeugt diesen letzten Gang" (Yorck), „Ich sterbe für eine gute und gerechte Sache, für die man eben auch bereit sein muss, sich umbringen zu lassen" (Moltke); schließlich: „Ich bereue meine Tat nicht und hoffe, dass sie ein anderer in einem glücklicheren Augenblick durchführen wird", das setzte der im Prozess als „Schurke Schulenburg" angeredete Fritz-Dietlof Graf v. d. Schulenburg hinzu. Klarer kann man nicht sein.

Unter Hochverrats- und schwierigen Kommunikations- und Geheimhaltungsbedingungen, abgeschottet von der deutschen Öffentlichkeit, in der der Widerstand gegen Hitler auch nach dem Kriege nie oder nur spät und gebrochen populär wurde, und seiner unter fast vollständiger Isolierung durch die Diplomatie der Alliierten und der so auch im Auslande befestigten Wirkungslosigkeit, bedurfte es geraume Zeit, bis der Entschluss zur Opposition reifte und konkrete Gestalt annahm. Eine lange Reihe von Versuchen seit 1938, Hitler als Reichskanzler und obersten Feldherrn loszuwerden, und die täglichen Kriegsopfer auf der deutschen und auf der gegnerischen Seite wie auch vor allem die Millionenmorde an Juden und anderen als „Untermenschen" zu vernichtenden Polen, Russen, Slawen, an Sinti, Roma und Homosexuellen zu beenden, endete mit dem 20. Juli 1944. Im Jahr danach bis zum endgültigen Kriegsende im Mai 1945 wurden fast ebenso viele Menschen vernichtet und geopfert wie im gesamten Krieg vorher. Ein ganzes Netz von direkt und indirekt Beteiligten, entschiedenen und vorsichtigen Verschwörern, auf die die Gestapo erst allmählich kam, flog auf (noch im Juni/Juli 1944 hatte Moltke auf seine Freilassung rechnen können; damit war es nun abrupt zu Ende). Die Beteiligten wurden bis in die letzten Tage des Regimes hingerichtet, erschossen oder gehenkt, die Prozesstage vor dem Volksgerichtshof wurden auf Tonband genommen, die Hinrichtungen gefilmt (um Hitler abends vorgespielt zu werden), wenige von den direkten Mitverschwörern (sechs von den Kreisauern) entkamen, viele nur insgeheim oder entfernt im Kontakt Stehende mussten um ihr Leben fürchten. „Nie wieder ist bei uns so existentiell gelebt worden wie damals. So bewusst und so lange Zeit auf dem schmalen Grat zwischen Tod und Leben", schreibt Marion Dönhoff dazu. Es ist *unser* Land, in dem wir heute leben, in dem all dies vor gar nicht langer Zeit geschah, und es wirft seine Schatten noch immer auf die eine oder andere Weise in unsere Seelen und in unsere Gesellschaft.

Und mitten in all jenen Strudeln, mitten unter all denen, die das nicht mehr mitzumachen bereit waren, aber ohnmächtig die Wende nicht schafften, findet sich der Kreis der Kreisauer, ein nicht ganz kleiner nicht-militärischer Oppositionskreis, der gerade im Kern seiner Intention kein Attentat, sondern in der Wüste der allgemeinen Zerstörung von Recht und Freiheit einen Neuanfang denken und setzen wollte, das als seine Aufgabe und Tat betrachtete, für die er dann auch verurteilt wurde. Und in der Mitte dieses Kreises wiederum – da stehen die beiden Grafen Peter Yorck von Wartenburg, das Herz, und Helmuth James v. Moltke, der Kopf und Motor der Gruppe, dessen 100. Geburtstag am 11. März 2007 ansteht. Wir sprechen aus diesem Grunde an dieser Stelle – durchaus ungerecht – vorrangig vom Grafen Moltke; ungerecht, weil eben das Netz, das ihn mit diversen anderen verband, die Bedingung seiner Ermutigungen, seiner Produktivität wie seiner geheimen und manifesten Wirkungen gewesen war. So wäre eigentlich auch so manches anderen aus diesem Kreise der Kreisauer zu gedenken, die in diesem Jahre 2007 ebenfalls 100 Jahre alt geworden wären. Vor allem wäre hier natürlich von Pater Alfred Delp zu sprechen, der im Oktober dieses gleichen Jahres ebenfalls 100 Jahre alt würde, oder von Theodor Haubach, der mit Moltke am gleichen Tage gehängt wurde. Ich vollziehe aus dem gegebenen Anlass des Moltke-Geburtstages diese Ungerechtigkeit der Vernachlässigung all dieser anderen mit und sage nur: Bleiben wir dem Mut und der riskanten, buchstäblich todesmutigen Klarheit *all dieser Männer und Frauen* treu und eingedenk, wenn wir uns jetzt überwiegend der einen Person des Grafen Helmuth James von Moltke zuwenden. Alles was wir an ihm zu lernen, in ihm zu erkennen haben, setzt uns auch über die anderen Mitglieder des Kreises mittelbar ins Bild. All diesen Biographien, ihren geistigen, seelischen, politischen und religiösen Erfahrungen, Mühen und Erfüllungen mitten in dieser exzeptionellen menschlichen wie gesellschaftlichen Situation zu begegnen und sie kennenzulernen, das bedeutet noch heute ein Abenteuer der besonderen Art und eine seelische und geistige Herausforderung unserer eigenen existentiellen Lebendigkeit und Wachsamkeit, die einen – aus Gründen, die wir gleich kennen lernen werden – wahrhaftig zum Gruseln und zu erschütternden Zittern bis tief in unser eigenes Lebensgefühl und in unsere Selbstprüfung hinein bringen kann. Hinzu kommt, um die Brisanz zu steigern, dass nicht ausgemacht ist, wieweit Moltke und seine Kreisauer Freunde heute überhaupt Lob und Zustimmung finden würden, wenn wir ihre Erfahrungen und Einsichten mitten unter uns zur Geltung bringen wollten; denn die Motive und Einsichten der Kreisauer weisen, wenn man sie ernst nimmt, unmittelbar in auch heute noch laufende Diskussionen und durchaus strittige, schmerzhafte und zumutungsvolle Entscheidungen. Wir werden es sehen. Ihre Forderungen wurden nach 1945 weitgehend im bald wieder abgelehnten sog. Ahlener CDU-Programm abgebildet, aber ihre Angehörigen wurden nach dem Kriege auf längere Zeit, speziell auf Anweisung Adenauers, der sich dem Widerstand ausdrücklich versagt hatte, von Versorgungsleistungen ausgeschlossen – ganz abgesehen von der noch lange nachwirkenden Diffamierung des Widerstands durch die Alliierten. Daher konnte aus berufenem Munde von einem der Überlebenden im Blick auf die beiden ersten Jahrzehnte der Bundesrepublik resümiert werden: „Das schlechte Gewissen der Millionen von Mitläufern hat den Sieg davongetragen" (v. Gersdorff), weswegen unser erster Bundespräsident, Theodor Heuss, in seiner unvergesslichen Rede zur 10. Wiederkehr des 20. Juli sagen konnte: „Das Vermächtnis ist noch in Wirksamkeit, die Verpflichtung nicht eingelöst."[1]

Wie steht es hiermit heute unter uns? Um dies erwägen zu können, müssen wir zunächst die damaligen Verhältnisse und den Kreis der Kreisauer vergegenwärtigen und uns vor Augen stellen. Schon das ist interessant genug.

Zunächst daher – wer waren die Kreisauer? Wer war Helmuth James Graf von Moltke? Und was ist das für eine Gruppe, die nicht militärisch wirken wollte (obwohl sie mit dem militärischen Widerstand vielfach vernetzt, auf ihn angewiesen und letztlich durch Teilnahme und Hinrichtung mehrerer Kreisauer mit dem 20. Juli verwickelt war)? Wer war sie, die unter den Gruppen des zivilen, nicht-militärischen Widerstands – wie dem Goerdeler-Kreis, der Roten Kapelle u. a. – nur eben eine, wenn auch besonders wichtige und ganz eigen profilierte Gruppe darstellte?

1. Der Kreisauer Kreis – wer waren sie?

Die Anfänge

Kreisau ist ein Gut in Schlesien, gelegen um ein mächtiges klassizistisches Gutsschloss mit ein wenig historistisch (nach-?) geprägter Portalpartie, mitten in der Ebene zu Füßen des Eulengebirges, das seit 1867/68 im Besitz der Familie Moltke war; der Generalfeldmarschall Helmuth Graf v. Moltke (nicht zu verwechseln mit dessen Neffen, dem Generaloberst v. Moltke im Ersten Weltkrieg) hatte es aus einer Dotation des Königs für den unter seiner Leitung erfochtenen preußischen Sieg von 1870/71 erworben und hatte am Eingang des großzügigen Anwesens rechts und links der Zufahrt die lebensgroße Nachbildung zweier wunderschön-athletischer griechischer Kriegerplastiken (wie sie heute am Eingangstor zum Schloss Charlottenburg in Berlin zu sehen sind) aufstellen lassen, die – nach vorne geneigt – jede einen Rundschild schützend vor sich hinhält. Nach diesem Gut wurde ein Kreis von Oppositionellen um seinen Urgroßneffen, den Grafen Helmuth James von Moltke, (zunächst von der Gestapo) benannt. Es war ein kleiner lockerer, informeller Kreis mit hartem Kern und fließenden Rändern, aus Vorsichtsgründen nie alle gemeinsam versammelt, ja nicht einmal alle miteinander bekannt, je nach Zählung zwischen 18 und 23 Namen, die da genannt werden: Juristen, Diplomaten, Theologen beider Konfessionen, Sozialisten, Konservative und Gewerkschafter, in Verwaltung und Wirtschaft erfahrene Praktiker, ein Pädagoge von ganz eigenem Rang und die Frauen sowie die Schwestern der beiden Häupter: die Gräfinnen Freya v. Moltke und Marion v. Yorck sowie Asta v. Moltke und Irene v. Yorck. Man traf sich in Kreisau zu drei großen Arbeitstagungen, vor allem aber anderwärts – längst vorher und nachher – in ungezählten Treffen kleinerer Untergruppen in den Gutshäusern von Kauern, Borsig, Groß Behnitz, aber auch in München, Stuttgart und anderswo, besonders aber im Yorck'schen Hause in der Hortensienstraße in Berlin/Lichterfelde, nach dem der Kreis recht eigentlich auch hätte benannt werden können, und speziell, außer auch bei Haeftens und Trotts, in der Moltke'schen Wohnung in der Derfflingerstraße, solange diese (bis zum November 1943) nicht zerbombt war und Moltke zum Ehepaar Yorck in die Hortensienstraße zog. In beiden Wohnungen hat Moltke in unzähligen Gesprächen mit Einzelnen und wechselnd kleinen Untergruppen, tags und immer mehr bis tief in die Nächte hinein, Gespräche geführt, Verbindungen neu geschaffen oder bedrohte wieder angeknüpft, Menschen ermutigt, Texte allein oder mit anderen redigiert – all dies bis an und über die Grenzen seiner Kraft. Dabei war dieser Kreis reichlich vernetzt mit anderen Oppositionskreisen, in riskanten Beziehungen und Gesprächen mit Mitarbeitern anderer Abteilungen und Stäbe in Militär und Militärverwaltung, mit Bischöfen beider Kirchen (allen voran Preysing in Berlin und Wurm in Stuttgart, der seit 1942 – im sog. Einigungswerk – die exponierte Leitfigur des deutschen Protestantismus war), vielfältig mit der außerdeutschen Ökumene, mit Gewerkschaftsführern, deutschen und ausländischen Diplomaten sowie Widerstandsbewegungen in den von Deutschland besetzten Gebieten. Man ermisst aus der Hochkarätigkeit der Besetzung das Vertrauen, das dieser Kreis und seine beiden leitenden Geister sich erworben hatten. Den Jüngeren unter uns wird dieses positionsübergreifende Spektrum der Zusammensetzung dieses Kreises vermutlich nicht weiter auffallen oder ungewöhnlich erscheinen, weil sie nicht mehr wissen und kaum sich vorstellen können, wie entgegengesetzt die Positionen und fast unüberwindlich die Grenzen zwischen Sozialisten und Bürgertum, erst recht dem Adel, zwischen Gewerkschaftern und Konservativen, zwischen katholischer und evangelischer Kirche, zwischen Kirchen und Sozialisten damals waren. In mancherlei Gruppierungen des Widerstands ist solche Zusammenarbeit damals gereift, aber ungewöhnlich blieb sie auch in Kreisau doch (wie man noch lange nach dem Kriege an den Gegnerschaften und Klüften politischer wie kirchlicher Art in der jungen Bundesrepublik deutlich erleben konnte); so haben z. B. die beiden großen christlichen Kirchen im Kirchenkampf gegen Hitler und die NS-Politik nur sehr bedingt zu dergleichen Grenzüberwindungen gefunden, noch viel weniger nach dem Kriege. – Ungewöhnlich und beachtenswert bleibt in diesem sozialen Spektrum des Widerstands auch, dass – mit alleiniger Ausnahme des Grafen Yorck – alle hier versammelten Männer (im Unterschied zu vielen aus dem militärischen Widerstand, in dem die meist Nationalkonservativen zuerst Hitler- oder NSDAP-Anhänger oder -wähler waren und sich von die-

ser Bindung und ihrer Eidesleistung erst allmählich losarbeiten mussten) von Anfang 1933 an im Gegensatz zur NSDAP gestanden hatten.

Dies alles beleuchtet schon das durchaus Besondere und Ungewöhnliche dieses Kreises der Kreisauer. Denn diese Zusammensetzung, und
das Motiv, eine solche Zusammenführung überhaupt zu suchen, bedeutete eine beachtenswerte Horizonterweiterung als Voraussetzung
alles Weiteren, und sie wurde nicht erst durch die Not der NS- und
Kriegszeit erzwungen. Schon in den zwanziger Jahren zeichnen sich
diese ungewöhnlichen Positions- und Schichtüberschreitungen bei den
später in Kreisau Beteiligten ab: durch den Einfluss von solchen Aus-
nahmepersonen wie Paul Tillich, dessen Religiöser Sozialismus auf
mehrere in diesem Kreise (selektiv) eingewirkt hatte, oder durch Eugen
Rosenstock, unter dessen Protektorat – unter wesentlicher Mitwirkung
von Einsiedeln, Trotha und Moltke – die Schlesischen „Arbeitslager" in
den späten 1920er Jahren (1927–1931) während jeweils zweier oder
dreier Wochen stattgefunden hatten, nachdem der junge Moltke auf
seinen Streifzügen durch das Umland das unsagbare Elend des Wal-
denburg'schen Bergbaugebietes kennen gelernt und sich zu Herzen
genommen hatte. In diesen Lagern waren junge Bauern, Arbeiter und
akademische Studenten zusammengeführt worden waren: mal 100, mal
80 Teilnehmer, vormittags in körperlicher, handwerklicher Arbeit,
nachmittags in Gesprächen verschiedener Arbeitsgruppen vereint;
mehrere von den späteren Kreisauern, auch Moltke und Yorck, haben
hier schon teilgenommen.[2] Gewisse, nicht unerhebliche Differenzen
der hier vertretenen Personen und Positionen sollten sich in der nach-
folgenden gemeinsamen Arbeit durchaus zeigen und sie blieben in
nicht unwichtigen Punkten unübersehbar bestehen; selbst die vorüber-
gehenden Beziehungen des Kreises zu den Sozialisten Leber, Maaß und
Leuschner, die der christlichen Prägung des Kreises skeptisch gegen-
überstanden, lockerten sich sogar im Spätjahr 1943 immer wieder
deutlich. Dies minderte aber das tragende, wenngleich graduell gestufte
Bewusstsein der Gemeinsamkeit, auch das der gemeinsamen christlichen Verwurzelung, Überzeugung und Verantwortung in diesem
Kreise nicht, auch nicht das Bewusstsein der Bedeutung von Christentum und Kirche, deren Erneuerung für die Zukunft eines sich erneu-
ernden Deutschland man erhoffte – und das, obwohl mehrere gestan-

dene Sozialisten dabei waren, die nur eben nicht dem marxistischen Flügel der Partei, sondern den Jungsozialisten des sog. Hofgeismarer Kreises zugehörten, und dabei den Einfluss Paul Tillichs und bestimmte Elemente seines Religiösen Sozialismus in sich aufgenommen hatten.[3] Denn im Hintergrunde dieser Zusammensetzung stand die bewusste Absicht der Kreisauer – dies war wohl nicht von Anfang an so geplant, sondern hat sich erst allmählich durch die Zusammensetzung des Kreises so ergeben, wurde dann aber planmäßig verfolgt –, dass einerseits die großen christlichen Kirchen und andererseits die sozialistische Arbeiterschaft als die beiden Grundkräfte des erhofften neuen Deutschland zusammengeführt, ins Gespräch gebracht und an der Arbeit für die Erneuerung Deutschlands gemeinsam beteiligt werden sollten: die *Sozialisten* (vor allem die im Hintergrund der sozialistischen Kreisauer Mitglieder stehenden Gewerkschaftler) mussten Religion und Kirchen verstehen lernen und zur Kooperation mit diesen gewonnen werden, und die *Christen und Kirchen* (auch die im Hintergrunde der Kreisauer stehenden Kirchenführer beider Kirchen) mussten den Sozialismus und die Gewerkschaften verstehen lernen, ihr Misstrauen verlernen und mit ihnen zusammenzuarbeiten Vertrauen fassen. So allein konnte die gemeinsame Wirkung aller wesentlichen Öffentlichkeitskräfte am Tage X nach Hitler vorbereitet werden. Einzig Kommunisten zu beteiligen ist, obwohl die Wichtigkeit Russlands für eine künftige europäische Ordnung in Kreisau immer im Blick war, nie (bzw. nur sehr vorübergehend in einer Spätphase des Jahres 1944) versucht worden; denn Kommunismus bedeutete damals – abgesehen von der nicht kalkulierbaren und dann tatsächlich zuschlagenden Gefahr der Unterwanderung und Bespitzelung – die mörderisch-menschenverachtende atheistisch-materialistische Ideologie, die hinter den Tscheka-Schauprozessen und der massiven Christenverfolgung im Stalin'schen Russland stand. Die Möglichkeit eines Sozialismus mit menschlichem Antlitz war – auch für einen so bewusst sozial und sogar dezidiert sozialistisch denkenden und sich verstehenden Mann wie Moltke – damals natürlich noch nicht einmal am Horizont erschienen. Aus alledem ergab sich das Bewusstsein der Kreisauer, ein letztlich doch ganz eigenes Unternehmen in der Reihe der verschiedenen Widerstandsgruppen zu sein, das alle entscheidenden Positionen und Traditionen zusammenzufassen und zu vertreten in der Lage war.

Und all dies traf sich nun und arbeitete mit dem treibenden Kopf und Motor Moltke und der integrativen Kraft seines Freundes Peter Yorck, der das Herz der Gruppe genannt wurde, an der Spitze.[4] Moltke an seine Frau über Yorck: wir sind „so völlig gleich, ich meine gleichgestellt. Bei Einsiedel, mit dem ich ziemlich genau so gut kann, ist aus irgendwelchen Gründen bei mir eine gewisse Überlegenheit, und das stört mich immer. Yorck ist eigentlich der einzige, mit dem ich mich wirklich beratschlage, bei all den anderen handelt es sich in Wahrheit um eine in die Form der Beratschlagung gekleidete Anfrage, wie weit sie mitmachen und was sie tun wollen. Das lässt dann immer wieder die Verantwortung bei mir, oder mindestens den Schwerpunkt der Verantwortung …"; und wenig später: „Yorck und ich können doch sehr gut miteinander, wenn ich auch doch ein ganzes Stück weiter links stehe als er." Beide, Moltke und Yorck, hatten sich, ehe sie zu gemeinsamer Arbeit zusammenfanden, jeder schon unabhängig voneinander vielfach in Beziehungen vernetzt, Yorck war Mitglied in einem eigenen Kreis, in dem bereits die Grundsätze eines künftigen Deutschland besprochen wurden. Aber erst ab Januar 1940 funkte es zwischen ihnen beiden und sie begannen ihren Briefwechsel und eine zunächst lockere Gesprächsfolge.

Die beiden Protagonisten: Moltke und Yorck

Und das waren sie: Helmuth James Graf von Moltke, geboren 1907, ein riesig langer schlanker Mann, mit länglich-ovalem Gesicht und ausgeprägter, kantiger Stirn, ältester Sohn der Familie (von seiner Mutter in ihren Briefen immer „der Sohn" genannt), der mit inniger Liebe an seiner Mutter (nicht an seinem Vater) hing und vor Sehnsucht während ganzer Wochen nachts weinte, als er von ihr getrennt war; der schon früh im Kreise der bunten Kinderschar (nicht nur des Gutshauses) in Kreisau ein Anführer wurde; der auf merkwürdig lockere und irreguläre Weise sein Jurastudium absolvierte und im Laufe der Jahre unter dem Einfluss des Großvaters, eines prononciert rechtlich und liberal denkenden Anwalts, Politikers, Justizministers und Höchsten Richters in der Südafrikanischen Union, bei dem er 1934 für 6 Monate weilte, und seiner Mutter, die ganz in ihres Vaters Spuren ging, sich

deutlich liberal verstand und die Weimarer Verfassung nachdrücklich
bejahte, ein eminent demokratisches Rechtsgefühl entwickelte; der
schon früh sich mit Sozialismus und sozialistischer Literatur beschäftigte und bereits in dieser frühen Zeit sich für die Lage der verelendeten
Bevölkerung des Waldenburger Industriereviers zu engagieren unternahm (in diesen Zusammenhang gehörten auch jene Schlesischen sog.
„Arbeitslager" der späten zwanziger Jahre, die er später zu den göttlichen Fügungen seines Lebens rechnete, weil auch in ihnen der Same
der Gerechtigkeit in ihn gelegt, so dass er jenseits von Standes- und
Gutsbesitzerinteressen gestellt worden sei); ein junger Mann weiterhin,
der früh schon sein Jurastudium weit und international angelegt hatte
und dieses noch mit einer Zusatzausbildung in England bis zum Abschluss als Anwalt (barrister) abrundete; der politisch die demokratischen Mittelparteien der Republik wählte und 1932 bei der Reichsprä-
sidentenwahl sogar für den Kommunisten Thälmann stimmte (wie
heftig muss sein Gerechtigkeitsgefühl und -bedürfnis gewesen sein,
dass es zu so einer in den Konsequenzen, gemessen auch an Moltkes
eigenen Motiven, unüberlegten, nichtstimmigen „Schockierwahl" gegen seine Umgebung, wie seine Frau das später nannte, führen
konnte); in alledem ein junger Mann, der schon früh in den wirtschaftlichen Desastern der Weimarer Zeit und speziell in der etwas „herun-
tergekommenen" Kreisauer Gutswirtschaft energisch und erfolgreich
seinen Mann gestanden hatte und bereits in diesem frühen Alter von
22 Jahren – lt. einem 1929 geschriebenen Text („Youth looks in and
out") – über einen politisch ganz ungewöhnlich souveränen Weitblick
verfügte, und sich dabei doch eine gewisse Jugendlichkeit erhalten
hatte: man habe in ihm „einen hübschen, ernst blickenden Jüngling
und späteren Mann … [vor sich gehabt], niemals sehr fröhlich, als ob
er stets eine Last zu tragen gehabt hätte, die für seine Jahre zu schwer
wäre", so berichtet eine ihm damals nahestehende Journalistin nach
dem Kriege. „Er war schwer zugänglich, distanziert, kühl und schweig-
sam", so schildert Marion Dönhoff ihn; immer wieder wird er auch als
sarkastisch bezeichnet, aber im innerfamiliären Bereich („nur unter
uns") mit einer ganz anderen, ausgeprägt liebevollen, aber auch hier
immer wieder spielerisch-spöttischen Seite:„Er war ein wunderbarer
Mensch. Verschroben in gewisser Weise, oder sagen wir besser, selt-
sam, unzugänglich für Menschen, die weiter weg waren", „vergnügt",

mit einem „wunderbaren, etwas bösartigen Humor", wie seine Frau rückblickend formuliert.

Neben ihm Peter Graf Yorck von Wartenburg, geboren 1904, nicht sehr viel kleiner als jener, mit weichem, nachdenklichem Gesicht, ein musischer und gefühlsnaher, nach innen gewandter Mensch, verhaltener als Moltke, ebenfalls mit zwei Gesichtern: „Im Familien- und Freundeskreis zeigte er Frohsinn, Heiterkeit und Charme, nach außen aber eine Distanz und Kälte, die sich manchmal bis zu einem gewissen Sarkasmus steigerte." Zu seinem sehr lebendigen familiären Traditionshintergrunde gehörte antikes, christliches und preußisch-idealistisches wie auch speziell lutherisches Erbe, das durch die Erziehung der Mutter prägend war. Von seinem Vater wird berichtet, er habe die Kinder eindrücklich mit Texten griechischer und deutscher Klassiker in gemeinsamer Lektüre beschäftigt und sie in diesem Klima aufwachsen lassen; in seiner Standortbestimmung in den Verhören vor Freisler bezieht er sich ausdrücklich auf die antik-christliche Gründung seiner Position und noch im letzten Brief an seine Frau fließt ihm mitten im Ausdruck seines betont christlichen Selbstverständnisses ein Faust II-Zitat wie selbstverständlich als Element seiner vitalen Lebenssphäre mit ein. Deutlich verkörperte er mit all diesem Reichtum der familiären Geistestradition das Potential konservativen, näherhin eines nationalkonservativen Denkens und Empfindens und brachte es bereichernd, wie schon gezeigt, in die Gespräche ein (Freya v. Moltke: „In ihm lernten Helmuth und ich konservatives Leben verstehen und achten, denn er war dabei weitherzig und von großer Toleranz"). Dabei hatte er ein offensichtlich intimes Verhältnis zum alten Heraklit aus Ephesos, dem Philosophen, der den Gegensatz, die Antinomie als den Ursprung der Entstehung und Entwicklung aller Dinge in der Welt verstand; Lassalles Monographie über diesen Urweisen der europäischen Philosophie stand unter seinen ganz persönlichen Büchern; schon in dieser Zuneigung zeigt sich, aus welchen Quellen, tiefgründig und innerlich bewegt, das nachdenkliche Erwägen seiner Fragen und das dialektische Vollziehen seines innerlichen Denkens sich ihm ergab.[5] Gleichwohl war er entschieden und pflichtbewusst auch nach außen gewandt, dezidiert sozial sich verhaltend, auch darin von seinem Vater nachdrücklich geprägt, der sich als „Seiner Majestät loyale Opposition" verstand und von hoher sozialer Verantwortungsbewusstheit war. Auch er hatte schon an den bereits genannten Schlesischen „Arbeitslagern" teilgenommen. Der Vater, der nachdrücklich gegen Parlamentarismus und Parteien eingestellt war und Demokratie als drohende Sintflut ansah, suchte und wünschte eine christliche Obrigkeit und berufsständische Gliederung der Gesellschaft, wobei er „Stolz des Dienens" und „Selbstlosigkeit des Befehlens", welche beide „nicht Rechte von anderen, sondern Pflichten von uns selbst" fordern, als Christenaufgabe ansah, die in Furchtlosigkeit und Gottvertrauen und als Sinn des ihn bestimmenden, ausdrücklich so genannten „politischen Luthertums" zu erfüllen sei. Bei seinem Sohn, Peter Yorck, finden wir – ganz im Sinne dieses familiär-väterlichen Traditionsbewusstseins, im Blick auf welches Marion Dönhoff von einem geradezu „chinesischen Ahnenkult" in der Yorck'schen Familie spricht – eben dieselben Stichworte: Pflicht und Dienen betont er und sucht einen christlich begründeten Staat. Dabei ist er – vom Ausgangspunkt seines Vaters her gesehen – weite Wege gegangen und hat bewusst nicht, wie sein Vater und sein Freundeskreis, die Weimarer Republik abgelehnt, sie vielmehr vorausgesetzt, hat aber eben auch, wie sein Vater, die antik-abendländischen Elemente in seinem Denken bejaht und die Symbiose aus Christentum und Antike als Grundlage seiner Person und Position verstanden und zur Geltung gebracht. Der Sozialismus war ihm zwar eine Häresie (also die falsche Form einer *Wahrheit*, denn er wollte nur „ewige Wahrheiten", so wie eine „Gesetzlichkeit des Lebens" und die „Ordnung des Schöpfers" sie darstellten), aber er wollte Gerechtigkeit, hierin anders als Moltke, der mit deutlich sozialistischen Akzenten eine neue Gesellschaft wollte, wie ein naher Zeitgenosse und Wegbegleiter beider beobachtete. In diesem Bewusstsein war seit dem 19. Jahrhundert das Yorck'sche Schloss in Kauern in Arbeiterwohnungen umgebaut.[6] In all dem mischte sich konservativ-lutherbewusstes Familienerbe mit einer aktuell biographisch national-konservativen Prägung, welch letztere seinen Freundeskreis, den später von der Gestapo sog. „Grafenkreis", durchweg prägte; sie ließ ihn auf seinen Suchbewegungen in den 1920er Jahren zuerst DNVP, dann DVP (mit Unterstützung Stresemanns und Brünings) und schließlich NSDAP wählen, allerdings – fast einzige Ausnahme im Kreis jener damaligen Freunde im „Grafenkreis" – ohne Parteimitglied zu werden (was seine staatliche Karriere definitiv begrenzte). Seine politische – damals in seinem Umfelde vielfach geteilte – Vision war, „dass eine europäische Einigung unter deutscher Führung im Zuge der Zeit liegt, aber sich nur verwirklichen lässt auf dem gemeinsamen Boden der abendländischen Vergangenheit, die im wesentlichen geprägt ist durch Hellenismus [gemeint: Hellenentum], Christentum und die Schöpfungen deutschen Geistes [Preußentum und deutscher Idealismus]."[7] Anders als Moltke ließ er sich schließlich wie Trott und Haeften (aus seiner untergründig erhalten gebliebenen, seit Ende 1943 erneut verstärkten Vernetzung mit Schulenburg, Schwerin, neu mit Stauffenberg) mindestens so weit gewinnen, dass er bereits im Dezember 1943 Stauffenberg sein Ehrenwort der Unterstützung gab (doch ausdrücklich noch nicht zur Mitwirkung am Attentat!, s.u.), ging am 20. Juli in die Bendlerstraße, wurde dort verhaftet und wenig später, zu einem Zeitpunkt, an dem Moltkes Verwicklungen für die Gestapo noch nicht einmal am Tage waren, hingerichtet.

So gingen Moltke und Yorck, von relativ verschiedenen Ausgangspunkten aus, aber in gemeinsamem Gegensatz gegen die nationalsozialistische Unrechtspolitik aufeinander zu, waren dabei durchaus nicht immer der gleichen Meinung in Begründung und Ausformung ihrer Gedanken. Diese produktive Spannung zeichnete sich gleich schon im ersten sondierenden Briefwechsel vom Sommer 1940 ab, der von ihnen über das Verhältnis von Staat und Einzelnem geführt wurde. Moltke meinte, der Sinn eines gerechten Staates sei es, „dass im Rahmen des Staatsganzen ein jeder sich voll entfalten und entwickeln könne"; ein liberaler Freiheitsbegriff mithin, der sein Ausgangs- und Mittelpunkt war.[8] Yorck setzte dagegen, dass erst „die Rückbezogenheit von Einzelmensch und Gemeinschaft" das Wesentliche ausmache; „in ihr liegt die Kumulation von Recht und Pflicht ... Ich wollte damit die Freiheit für sich selbst umwerten zu der Freiheit für die anderen, die nach meinem Dafürhalten nur die Grundlage staatlichen Lebens sein kann"; das sei die für das Freiheitsbewusstsein jedes Einzelnen immer einzurechnende und einzufordernde „Hypothek". Für Moltke aber war der Staat, weil abstrakt, keine sittliche Größe; Staatslehre und Theologie müssten getrennt bleiben; es gab für ihn keinen „christlichen Staat" (aus eben diesem Grunde war im 19. Jahrhundert der Staat – in dieser

Tradition und Perspektive – als „großer Heide" bezeichnet worden); der Staat bedarf keines religiösen Unterbaus und keiner religiösen Begründung, denn dies führe zu seiner Vergottung; nur die Menschen im Staate sollten ethisch gegründet und geleitet sein. Zu solcher Ethik aber brauche man keine christliche Offenbarung oder irgendeine andere Religion, denn alle Ethik kommt letztlich und unabhängig zu gemeinsamen ethischen Grundsätzen; die christlichen Grundsätze seien nur die besten Formulierungen eines gemeinsamen, auch der Vernunft zugänglichen Bewusstseins. Daher sei eine Trennung von Religion und Ethik geboten. So Moltke. Yorck hingegen (und mit ihm v. d. Gablentz, der zur gleichen Zeit in die Gespräche mit Moltke eintritt) sieht sehr wohl einen essentiellen Zusammenhang von Staatslehre und Theologie (v. d. Gablentz: Staat ist nur theologisch zu begründen, sonst verfällt er unrettbar dem Zwiespalt von Gesinnungs- und Verantwortungsethik; er hat sich nach dem „Maßstab des Reiches Gottes" auszurichten); legitimer Staat ist für Yorck nur einer, der den Menschen „als Trieb göttlicher Ordnung erscheint"; der Staatswille muss sich der Sittlichkeit beugen.[9] Ein liberales und ein konservatives Staatsverständnis traten sich also in ihnen beiden produktiv und spannungsreich gegenüber.

Moltke korrigierte sich im Verlauf des weiteren Gesprächs und suchte die Lösung in der Beschränkung des Freiheitsbegriffs durch der Zuordnung von Freiheit und „natürlicher Ordnung", sofern die „Hypothek" und Zumutung für die Freiheit des Einzelnen in der Anerkennung der „natürlichen [nicht einer göttlichen!] Ordnung" bestehe; daher bleibt er bei seiner Ablehnung des „christlichen Staates": der Staat selber bleibt ihm amoralisch (Staatsmänner leiten nur eine amoralische Maschine ethisch d. h. im Sinne der „natürlichen Ordnung"); der Staat kennt keine ethischen Gebote; nur bedingt bejaht Moltke daher einen „christlichen Staatsmann", welcher einer sei, der den christlichen d. h. den allgemeinen ethischen Grundsätzen entspricht, ohne ihnen aber religiös glauben oder sie religiös begründen zu müssen.[10] Yorck seinerseits setzt noch einmal dagegen: der Glaube existiere vor dem Staat, und: der Staat erhält Inhalt und Stellung in der Weltordnung nur aus dem Glauben der Menschen. Moltke gibt im weiteren Verlauf noch einmal nach: in der Tat sei der Staat nicht ohne den

Glauben der Menschen denkbar und nicht außerhalb unserer Vorstellung von Weltordnung und eben diese sieht er in einer gegenüber Yorck durchaus etwas anderen, aber doch mit ihm kompatiblen Reihung: „christliche Religion, humanistische Bildung, sozialistische Gesinnung und historische Bindung". Für Yorck aber folgt aus seiner genannten Annahme die Notwendigkeit einer Staatsethik; er sieht im Staat eine Persönlichkeit, Moltke aber bestreitet diese Konsequenz und sieht darin eine Gefahr der Vergottung des Staates; Glaube sei, so Moltke, kein Staatsziel und kein Staatsinhalt, und vor allem: die öffentlich wichtigen „Werte" lassen sich nicht vorweg von irgendjemandem definieren, „weil es Aufgabe der gesamten Menschheit sein muss", diesen Wertekonsens zu gewinnen, „weil es anmaßend wäre zu sagen, an einer bestimmten Stelle [z. B. in den Kirchen] bestünde er schon, und es sei lediglich die Aufgabe der anderen, sich diesem Kraftfeld einzuordnen". Deutlicher kann man den Anspruch von Kirchen oder „christlichem Staat" nicht zurückweisen; das juristische Studium spricht sich hier bei Moltke deutlicher als die einstweilen nur latent christliche Prägung aus der Tradition seiner Familie. Der Dissens bleibt in der Schwebe, ohne dass Yorck den Begriff „der göttlichen Ordnungen" und die Annahme, dass der Staatswille sich der Sittlichkeit zu beugen habe, widerrufen hätte.

Es ist schon ein erstaunlicher, eindringender und in die Tiefe gehender Einstieg in die Widerstandsthematik, den wir hier vor uns ausgebreitet sehen. Er klärt und schafft den geheimen und expliziten Kompass für alle weiteren Klärungen und Suchaktionen. Der Disput bleibt – trotz Annäherung – unabgeschlossen; die Folgen dieser weiter bestehenden Unklarheit werden wir später zu sehen bekommen, denn hier wäre bei beiden – gerade angesichts des weitgehenden Rechts *beider* Positionen, auch der Moltkes – Wichtiges zu klären gewesen[11]. Aber das gemeinsame Ziel und der gemeinsame Gegensatz gegen Hitler ermöglichten den Wunsch weiterer Zusammenarbeit und überbrückten bzw. sistierten die Differenz. Ebenso blieb die Frage eines Attentats auf Hitler ein immer wieder spannungsreich diskutiertes Thema: Zusammen mit anderen (Yorck, Haeften, Steltzer u. a., wie übrigens während längerer Zeit auch viele andere, z. B. Beck, Goerdeler, Witzleben) war Moltke bis zum Schluss aus ethischen wie auch aus politischen Gründen (einer gefürchteten neuen Dolchstoßlegende) gegen ein Attentat; am ehesten konnte eine Niederlage Hitlers freie Bahn für einen wirklichen Neuanfang schaffen; das Unheil musste seine volle Bahn durchlaufen, sollte es reinigend wirken und Neues ermöglichen. „… dass wir eine Revolution brauchen, nicht einen Staatsstreich"; dennoch hat er sich in der Folge nicht ganz gegen einen Staatsstreich gestellt, wohl aber ständig gegen das Attentat. Andere im Kreisauer Kreis: Gerstenmaier, Trott und Delp (?) waren für ein Attentat, ganz zuletzt auch Haeften und Yorck; beide ließen sich erst spät hiervon überzeugen, beide bis zuletzt mit erheblichen Gewissensbedenken und -schwankungen.[12] Wir werden die bis zum Schluss nachwirkenden Folgen dieser schon früh sich andeutenden Differenzen zu beobachten haben. Beide, Moltke und Yorck, korrigierten und befruchteten sich aber in all dem erkennbar, um den gemeinsamen Gegensatz gegen Hitler und das Regime der NSDAP zu ermöglichen: ein eindrucksvolles und wahrlich spannungsreiches, produktives Gespann und Freundes-Ehepaar, das in der schönen alten Manier lebenslang beim „Sie" blieb. Es war eine den ganzen Kreisauer Kreis tragende Freundschaft.

Vorerfahrungen und Übergänge

Alle in Kreisau, in der Hortensien- und in der Derfflingerstraße beteiligten Menschen hatten schon längst eine jahrelange Widerspruchsgeschichte gegen dem Nationalsozialismus hinter sich, bis der Entschluss, nicht länger zuschauen zu dürfen, reifte: über den 30. Juni 1934, die Fritsch- und Blomberg- sowie die Sudetenkrise, die Pogromnacht im November bis hin zum Abkommen von München (alles 1938), wo zum ersten Mal ein Staatsstreich gegen Hitler geplant war, der aber, weil die Westmächte Hitler nachgaben, keinen innenpolitisch verwertbaren Anlass zum Eingreifen mehr abgab. (Von Moltke ist bezeugt, dass er bereits in den Jahren 1938 und 1939 von den – immerhin höchst geheimen – Umsturzversuchen gegen Hitler in Kenntnis war.) Und dann der Kriegsbeginn, bei dem Frankreich und England ihre Beistandsverpflichtungen für Polen nicht einlösten und so den schnellen Sieg Hitlers ermöglichten: es war nach dem *siegreichen* Überfall auf Polen und dann während des erfolgreichen Krieges im Westen (Frankreich, Holland, Belgien), dass der Widerstandsgeist bei den Kreisauern (und vielen anderen) allmählich und dann endgültig erwachte. Bei Moltke – bei anderen lässt sich dies nicht so im Einzelnen verfolgen – ist wie in einem Krimi gut dokumentiert nachzulesen, wie die Entwicklung über Depression und Resignation allmählich in Zorn und Klarheit umschlug. Seine Enttäuschung über den Sieg (!) in Frankreich ist es, die ihn an Einsiedel schreiben lässt: „Die Verhältnisse werden uns nicht zu Hilfe kommen und wir werden sie erst meistern, nachdem wir uns über sie klar geworden sind und sie innerlich bezwungen haben. Wir sind von dem Umschwung noch so weit entfernt wie Voltaire von der französischen Revolution, als er es sich zur Übung machte[,] seine Briefe mit den Worten zu schließen: ecrazez l'infame"; so deutlich war er bereits gegenüber Hitler. Und an Yorck schreibt er: „nun, da wir damit rechnen müssen, einen Triumph des Bösen zu erleben, und, während wir gerüstet waren, alles Leid und Unglück auf uns zu nehmen, statt dessen im Begriff sind, einen viel schlimmeren Sumpf von äußerem Glück, Wohlbehagen und Wohlstand durchwaten zu müssen, ist es wichtiger als je, sich über die Grundlagen einer positiven Staatslehre klar zu werden." In diesen Worten hat man unmittelbar den Ansatz und Auslöser der ganz eigenen Kreisauer Arbeit, den Anlass auch der eben zitierten, scheinbar nur theoretischen Auseinandersetzungen vor sich: den Versuch eines Entwurfs des künftigen Staates mitten im Desaster, wie auch Yorck in seinem Kreise (vor ganz anderen Hintergründen freilich) ihn schon länger versucht hatte. Denn im System des NS, meint Moltke, ist, außer vielen einzelnen Hilfsmöglichkeiten, nichts mehr zu ändern; die Menschen sind inzwischen wie im Blinde-Kuh-Spiel außer aller Orientierung; sie wissen nicht mehr, wo rechts und links, was gut und böse ist und lassen sich von allem Äußerlichen, von äußeren Erfolgen beeindrucken, und auf die Generäle ist nicht zu hoffen." Auch darin waren Yorck und Moltke ganz einig. Dieses Deutschland Hitlers muss untergehen, sonst gibt es keine Hoffnung (dies also längst vor dem Brief an Lionel Curtis vom März 1943). Daher beider Verzweiflung über den Sieg (trotz Yorcks ambivalenter Einschätzung, die wir oben schon kennen lernten).

Hier – nach dem *Sieg* über Frankreich – liegt also der erschreckende Moment, an dem Moltke endgültig und aktiv Verbündete zu suchen beginnt und buchstäblich (aus dieser befreienden und erlösenden Klarheit und Ermutigung heraus) physisch gesünder wird, um sich dem Plan einer grundsätzlich gesuchten Neuklärung und Neukonzeption Deutschlands zuzuwenden. Wir sind inzwischen im Sommer 1940, als die Gespräche – zunächst nur die der beiden Freunde (s.o.) – eine festere Form annehmen. Zunächst folgte aber dann erst noch 1941 der Ostfeldzug gegen Russland. Anfangs wünscht auch Moltke noch den Sieg (weil es gegen die große, dem NS parallele mörderische Ideologie unter Stalin ging), dann aber war der Fall um so tiefer und der Zorn um so entschlossener – wegen all der Morde und Rechtsverletzungen, die Wehrmacht und SS an Kriegsgefangenen, slawischen „Untermenschen" und Juden vollbrachten, was alles erst langsam dämmerte. Im Blick auf all dies hatte Moltke seit Kriegsbeginn in seinem doppelten Amt – in der Abteilung „Ausland" in der Abwehr im OKW (unter Admiral Canaris) und im „Institut für ausländisches Recht und Völkerrecht" als Spezialist für Völkerrechtsfragen durch die offizielle Aufgabe, auf die Völkerrechtsgemäßheit der Politik im Inland und des Truppenverhaltens in den besetzten Gebieten (Behandlung von Kriegsgefangenen und Geiseln) und auf hoher See zu achten – erhebliche Mittel und Möglichkeiten, die er intensiv und bis an den Rand seiner gesundheitlichen Kräfte einsetzte, um vermutlich ziemlich viele Menschen, mal 80, 200, 300, mal 1000, mal buchstäblich Zehntausende wohl, vor Unheil, Erschießung, Misshandlung oder Rechtlosigkeit zu bewahren (indem er z. B. an der Warnung der Juden Dänemarks mitwirkte, die daraufhin überwiegend dem Nazi-Zugriff sich entziehen konnten). Speziell in der Phase der sich radikalisierenden Judenvernichtung im November 1941 setzte er all seine Kräfte und Möglichkeiten ein, die Militärs zu Einsprüchen zu veranlassen. Dabei bediente er sich gegenüber NS-Funktionären süffisant des strategischen Arguments: „Was recht ist, nützt dem Volke, was Völkerrecht ist, nützt der Kriegsführung."[13]

Dimensionen des Mutes

Man muss, um diese allmählich entstehenden Wahrnehmungen und sich anbahnenden Entscheidungen zu würdigen, zunächst das Folgende verstehen: Die Zeit, in der die Männer und Frauen des Widerstands das eben Vorgeführte sich klarmachten, ist eben die Zeit, in der die weit überwiegende Zahl der Menschen und auch die Gesamtatmosphäre in Deutschland, ja auch so manche aus dem erst bald darauf sich verstärkenden Widerstand ihre Aufmerksamkeit von der Lichtseite der innerdeutschen Entwicklungen (rasante Abnahme der Arbeitslosigkeit, Befreiung von Versailles, Wiederinanspruchnahme des Rheinlands, Aufbau des Heeres) und den glanzvollen militärischen Erfolgen in Mitteleuropa seit September 1939 bestimmen und leiten ließen; nur verschwiegen im Untergrunde regte sich im Jahre 1938 die erste dezidierte Planung eines Umsturzes. Deutschland endlich wiedergeboren und in Stolz und Stärke zu sehen, nach all den Jahren des Elends seit 1918, das war das dominierende Erleben. Die Opposition im Reichstag war zerschlagen, die Medien gleichgeschaltet – wer sollte da noch andere Wahrnehmungen und Kategorien der Beurteilung als die öffentlich gültigen und stolz verbreiteten zur Geltung bringen? Schon die angedeutete ganz andere Wahrnehmung und Beurteilung bei Moltke und Yorck zeigt also ein durchaus nicht selbstverständliches Maß an Unabhängigkeit des Blicks, der politischen und rechtlich-moralischen, im sog. Kirchenkampf auch der religiösen Forderungen. Die Verwirrung war groß. Wer in dieser Situation davon sprach, die Menschen seien „außer aller Orientierung; sie wissen nicht mehr, wo rechts und links, was gut und böse ist", und das auch in religiöser Hinsicht (angesichts der damals großen Doppeldeutigkeit der kirchlichen Stellungnahmen zu Hitler und zum NS), der musste sich die Souveränität des Blicks erst erkämpfen, musste sich der implizierten Anmaßung – gegen so viele Menschen, gegen Glanz und Gloria des Reiches und des ungeheuer suggestiv ausstrahlenden (wie vielfach bezeugt ist) Kanzlers – bewusst sein und die Einsamkeit, die diese erschreckende Erkenntnis, dieses erschreckende Urteil bedeutete, bestehen. Vermutlich auch daher das erst allmählich wachsende Bedürfnis nach Freunden, mit denen man die Probleme bedenken und dann auch deren Lösung in Angriff nehmen konnte. Dies alles ist zu bedenken, wenn heute immer wieder gefragt wird: warum so spät?

Man muss sich also dies vor Augen führen, wenn man verstehen will, was da geschah und als Widerstand sich allmählich konstellierte: Da war ein Kreis von Menschen (eingeschlossen die meisten Ehefrauen), die schon früh wussten und bei diversen Möglichkeiten – untereinander und auch gegenüber Außenstehenden, sogar gegenüber vertrauten Ausländern – zum Ausdruck brachten: dass es eine gedankliche Arbeit war, auf die der Hochverratsverdacht und die Todesstrafe stand. Sie haben nur voraus „gedacht", wir werden es gleich sehen; aber es war ein Denken, das in der äußersten Risikozone gewagt wurde. Man war hier bereit zu wissen, *dass das Leben der Güter höchstes nicht ist! dass Gewissen und Ehre höher stehen können.* Diesen altpreußisch-idealistischen Gedanken haben wir schon hier zu lernen, der uns aus der unter uns umgehenden Gemütlichkeit zu reißen und uns in unseren gewöhnlichen Koordinaten aufzuschrecken in der Lage ist. Ohne ihn gibt es kein Verständnis dieser Opposition; sonst hätten die Kreisauer den Weg ihres stellvertretenden Lebenseinsatzes nicht gehen können – genau so wie jeder deutsche Soldat heute in Afghanistan oder Afrika, jeder professionelle oder nicht-professionelle Rettungsschwimmer und manch anderer – gewollt oder ungewollt – das Wagnis des Lebens eingeht, weil unsere Politik auf diese Weise schützenswertes Leben zu schützen meint (so etwas kann es – rechtens! – geben). Und das Erstaunliche, hier zu Lernende ist, dass diese Bereitschaft letztlich keinen Verzicht, keine Minderung, sondern vielmehr eine Erweiterung und Bereicherung der Freiheit und Lebendigkeit bedeutete. Dieses Grundgefühl und die in ihm enthaltene Zumutung an jeden Menschen des Landes hat sich denn auch bis in die staatsrechtlichen Kreisauer Entwürfe hinein erhalten.[14] Man muss sich ja nicht gleich todeslüstern und unsinnig in unkalkulierbare Gefahr stürzen, um dem zu entsprechen; es genügt zunächst, wenn man sich diesem Motiv verstehend annähern und es in sein Lebensgefühl aufnehmen will, sich diesen Gedanken rein theoretisch bewusst zu machen, und zu wissen, dass solche Bereitschaft und Möglichkeit zu den beunruhigenden Rändern und Tiefen der Lebensmöglichkeiten gehört – vielleicht sogar auch für uns heute. Man muss sich dann, wenn man erfüllt und lebendig leben will, überlegen, wie weit man es mit dem eigenen Sicherheitsbedürfnis treiben, auf dieses sich einlassen und sich ängstlich im Rahmen versicherungsrechtlicher Bestimmungen verhalten will. Dergleichen geht nicht zusammen; man nennt so etwas einen irrealen Überwunsch. Mehrere der in Kreisau Beteiligten bezeugen jedenfalls, dass der Höhepunkt der

Schrecken für sie auch den Höhepunkt des Lebens und paradoxerweise auch der Erfüllung und Gewissheit darstellte: „Der Höhepunkt unseres gemeinsamen Lebens – die schwerste Zeit unseres gemeinsamen Lebens." So bedeutet diese Bereitschaft eine Provokation und Freiheit zu mehr Klarheit und Mut. Und wir leben heute davon, dass es Menschen gab und immer wieder gibt, die solches zu wissen, zu denken und vielleicht auch zu leben bereit sind.

An dieser Stelle lohnt es aber, über dies hinaus, noch etwas anderes, Kostbares sich bewusst zu machen, das einen tiefen Respekt vor der schmerzlichen Verzichtsleistung dieser Menschen in uns erregen kann: dass nämlich jedenfalls diese beiden Männer, Moltke und Yorck – und mit Sicherheit nicht nur sie in diesem Kreise, besonders auch Trott – die Prioritäten ihres Mutes und ihrer Einsicht so empfanden, dass sie unter Hintansetzung einer ganz besonderen Kostbarkeit ihrer eigenen, sehr spezifischen Lebenserfüllung ihrer öffentlichen Verantwortung den Vorrang gaben. Sie waren nämlich zutiefst und mit allen Wurzeln ihres Wesens mit ihrem Gut, ihrem Garten, den Tieren, den Pflanzen, den Äckern, den Weiden und Büschen, der Landwirtschaft und dem Land verbunden und in all dem verwurzelt. Noch in ihren letzten Hafttagen lesen beide, Yorck und Moltke, als wären sie ein Lebenselixier ihrer Lebensgeister, landwirtschaftliche Werke. Moltke erwägt in einer Krisensituation, ganz den Beruf des Landwirts zu lernen. Wer diese ungeheuer tief sitzende Bindung an das Land und den heimatlichen Boden, zu der sich Helmuth v. Moltke ebenso wie Peter v. Yorck oft genug, auch noch in ihren allerletzten Briefen eindrücklich bekennen, nicht beachtet, kann nur schwer ermessen, was die betreffenden Männer und Frauen wissentlich hintangesetzt und aufs Spiel gesetzt haben. Moltke im Gefängnis: „ach, nur noch einmal möchte ich das alles sehen"; die Bedeutung von Kreisau, „die Gedanken an das schöne Land in allen Einzelheiten" in den allerletzten Wochen berichtet seine Frau. Bis ins Religiöse hinein reicht für ihn die innerste Wahrnehmung der Natur: nur der „liberale Landmann" kann, meint Moltke, die drei Ehrfurchten Goethes verstehen, „weil allen anderen die Beziehung zu den lebendigsten Dingen unter uns soweit fehlt, dass sie die Ehrfurcht kaum bekommen können". Und ebenso reflektiert Yorck in seiner allerletzten Zeit sein Berliner Leben: „Denn die Kontinuierlichkeit des

Landlebens, dieses Werden und Wachsen und sich Entwickeln, das ist ein sehr lebendiges Korrelat zu diesem hiesigen Leben [in der Stadt, in Berlin], das ohne Beständigkeit und Fundus abrupt gelebt werden muss und des gefügten Bodens leicht ermangeln würde." Es gibt für ihn in der Natur und im Leben mit ihr eine „Gesetzlichkeit des Lebens und die Ordnung des Schöpfers". Noch in seinem letzten Abschiedsbrief, am Tage vor der Hinrichtung, ergeht sich Yorck an seine Frau im tröstenden und beglückenden Bewusstsein des großen Gartens und der Ausbauprojekte im Gutshof.[15] Sowohl Moltke wie auch Yorck haben dieser Bodenverbundenheit immer und immer wieder in ihren Briefen eindrücklich Ausdruck verliehen. Es war kein ästhetisierendes, vielmehr ein existentielles und gelebtes Verhältnis zur Natur und zum Land, zu Grund und Boden, das sich hier aussprach. Auch lohnt es sich zu beachten, dass diese Verbundenheit weder bei Moltke noch bei Yorck eine Idealisierung des Landlebens nach Art und Intention ideologisch-neokonservativer Agrarromantik darstellt; in den Kreisauer Entwürfen findet sich denn auch kaum eine leise, in diesem Sinne verstehbare Anspielung.[16] Und die innere Stimme dieser Verbundenheit sagte nicht: „Warum gerade ich? Es ist doch sowieso – angesichts des Gewaltsystems – aussichtslos! Ich bin doch nur ein kleines Rädchen! Die anderen, auch die Standesgenossen, tun es doch auch nicht". (In Klammern gesagt: Dasselbe gilt auch von den vielen Diskussionen und Verzichtserklärungen, die 1965 im Vorfeld der neuen Ostpolitik Willi Brandts stattfanden: was damals an Verzichtsbereitschaft von den ostdeutschen Heimatvertriebenen, allen voran Marion Dönhoff in einer Artikelreihe der ZEIT, aber auch in Texten des Grafen Krockow und anderer – nicht unbedingt von den Vertriebenenverbänden, wie man weiß – an Verzicht für die Versöhnung mit Polen innerlich geleistet wurde, das ist oft nicht ermessen worden, weil die meisten Menschen dergleichen Verbundenheit, die hier zu opfern war, nicht kennen. – Um keine Missverständnisse aufkommen zu lassen: ich, der ich dies sage, stamme aus keiner grundbesitzlichen Familie; es sind ganz andere biographische Dimensionen, die mich dies ermessen lassen, was Stadtmenschen nur schwer zugänglich ist.) Angesichts dieser Verbundenheit erfüllt mich der Mut und die Entschiedenheit dieser Menschen für die von ihnen empfundene und übernommene Aufgabe und Verpflichtung des Widerstands um gerade auch diesen Preis mit doppelter

Verehrung: das Geschenk des eigenen Lebens so öffentlich-verantwortlich zu verstehen und zu leben, auch privat – um diesen Preis! Das eingegangene Risiko war – gerade aus dieser Perspektive gesehen – noch schmerzhafter, der Preis noch höher, der hier vollzogene Lebensverzicht noch einmal mehr verehrungswürdig.

Solcherart also waren diese Menschen, die in diesem Kreise versammelt waren und ihre private Prioritätenskala einzulösen bereit waren. Fragt man sich, wie es zu dieser Prioritätenskala – bei jedem und jeder natürlich verschieden – gekommen ist, dann ließe sich dazu manches sagen: bei Yorck war es sicher in hohem Maße die Familientradition, die – nicht erst seit 1813 bei Tauroggen – den genuin preußischen Satz „Erst das Land, dann der König" oder den Marwitz'schen Grabspruch „Wählte Ungnade, wo Gehorsam nicht Ehre brachte" nur zu genau gekannt haben dürfte, zumal diese Gedanken durch Fontanes Schriften reichsweit verbreitet waren, sowie seine tiefe Verantwortungsbewusstheit, von der wir schon sprachen[17]; auch bei Moltke sind einige Stufen dieses Bewusstseins mühelos zu erkennen: das Vorbild des in Südafrika wirkenden Großvaters, die Arbeitslager Mitte der zwanziger Jahre für Jugendliche aller Stände und Berufsgruppen unter Eugen Rosenstock, die mithin frühe Prägung durch die Gerechtigkeitsvorstellung, der rechtsgeschichtliche Einfluss Englands und Amerikas auf das Denken schon des jungen Studenten, Referendars und Assessors Moltke, schließlich die klaren und bewusst aufgenommenen sozialistischen Motive. Noch in den letzten Tagen seines Lebens wird Moltke es zu den gnädigen Führungen Gottes rechnen, dass „er in mich jenen sozialistischen Zug gepflanzt [hat], der mich als Großgrundbesitzer von allem Verdacht einer Interessenvertretung befreit" hat, so wie auch die genannten Arbeitslager in Schlesien in dieser letzten Perspektive ihm in ihrem „nachträglichen Sinn" ganz deutlich wurden. (Von den speziell religiösen Elementen und Einflüssen in alledem werden wir noch zu sprechen haben.) Letztlich freilich muss es für die Entstehung der Prioritäten- und Werteskala und dem Mut zu ihr in jedem einzelnen beim Hinweis auf das Geheimnis jeder Person, auf das ineffabile individuum, bleiben. Nehmen wir es staunend, beunruhigend und verehrungsvoll zur Kenntnis.

Mit solcherlei Motivbündeln und Entschiedenheiten also haben wir es hier im Kreisauer Kreis zu tun. Es ist zumindest gut, diese Innenseiten eines menschlich und politisch bewussten Lebens zur Kenntnis zu nehmen und von ihnen zu wissen: So was gibt es und man kann sein – erfülltes! – Leben so einrichten, indem man sich innerlich solchen Einflüssen und Forderungen aussetzt, und sei es nur graduell. Ab einem gewissen Lebensalter sind wir – wie Max Frisch meint – für unser Gesicht und damit für die Einflüsse, die wir wählen, die uns prägen und mit denen wir uns umgeben, selbst verantwortlich, da wir nun einmal osmotische Wesen sind und bedenken sollen, welchen Einwirkungen wir uns aussetzen. In diesem Sinne ist, diesen Kreisauer Menschen zu begegnen, bis zum heutigen Tage ein herausforderndes Abenteuer und Anfrage an alle unsere Lebens- und Mutesgeister.

Nun aber: Was taten sie? Was wollten die Kreisauer?

2. Die Arbeit des Kreisauer Kreises –
was dachten und was taten sie?

Voraussetzungen und Kontexte

Jetzt treffen wir sogleich auf eine erste, bereits angedeutete Besonderheit, die das Profil der Kreisauer Gruppe ausmacht: Ihre Mitglieder wollten für den Tag X – sei es der eines Staatsstreichs mit oder ohne Attentat auf Hitler, sei es des militärischen Zusammenbruchs Deutschlands – für das gerüstet sein, was dann im Moment des politischen und menschlichen Vakuums als Leitbild künftiger Veränderung und Leitlinie künftigen Handelns und Regierens notwendig werden konnte. Sie wollten in der Wüstenei zwischen den Enttäuschungen von Weimar und den Vernichtungen des nationalsozialistischen Terrors, Totalitarismus' und seiner Rechtsverachtung einen Neuanfang denken und setzen: „Wir haben nur dann Aussicht, unser Volk dazuzubringen, diese Schreckensherrschaft schließlich zu stürzen, wenn wir ihm ein Bild jenseits der schrecklichen hoffnungslosen nächsten Zukunft zeigen können. Ein Bild, wonach zu streben, wofür zu arbeiten, woran zu glauben, wofür neu zu beginnen sich für das enttäuschte Volk lohnt. Für uns ist das Nachkriegseuropa weniger ein Problem von Grenzen und Soldaten, von überladenen Organisationen und großen Plänen. Europa nach dem Krieg ist die Frage: Wie kann das Bild des Menschen in den Herzen unserer Mitbürger wieder hergestellt werden? Das ist eine Frage der Religion, der Erziehung, der Bindungen an Arbeit und Familie, des richtigen Verhältnisses von Verantwortung und Rechten." Auch musste der sich nur mühsam entscheidenden Generalität eine möglichst geordnete und festgefügte Repräsentanz der zivilen Seite des deutschen Widerstands und ein politisches Konzept vorgezeigt werden: „Man kann eine Regierung nur beseitigen, wenn man eine andere Regierung anzubieten hat. Demnach kann mit der Zerstörung des Dritten Reiches erst begonnen werden, wenn man zumindest imstande ist, eine Alternative vorzuschlagen." Dabei war es in diesem Kreise überwiegend – unter Moltkes deutlicher Einwirkung und Anführung, obwohl nicht seiner allein – die klare Überzeugung, dass nicht einfach an den Status und die Denkweisen der Weimarer Republik angeknüpft werden könne, sondern dass, nachdem gerade Weimar und seine Parteien ihre Unfähigkeit und Schwäche gegenüber Hitler bewiesen, ihn vielmehr ermöglicht hatten, in den Fundamenten gänzlich Neues grundgelegt werden müsse; die Verfallserscheinungen des bürgerlichen Geistes und seiner Weltanschauung forderten zu einem Neuansatz heraus.[18] Dies vor allem war – abgesehen von wichtigen Einzelheiten – der Unterschied zu dem anderen wichtigen zivilen, nicht-militärischen Oppositionskreis um Goerdeler, der ebenfalls keine festgefügte Gruppe, vielmehr eine lockere Gruppierung von generationsmäßig älteren, mit anderen Teilnehmern des sich bildenden Widerstands bestens vernetzten Gesprächsteilnehmern (Beck, v. Hassel, Popitz, bedingt Jessen) war, die Moltke spöttisch die „Exzellenzen" nannte und im Blick auf deren an den alten, überwundenen Vorstellungen (einschließlich der symptomatisch wenngleich nur zeitweilig erwogenen Erneuerung der Monarchie u. a.) hängende Konzepte er – nicht ohne einen Schuss Ungerechtigkeit – vom „Goerdeler-Mist" sprach; Ulrich v. Hassel, der ehemalige deutsche Botschafter in Rom, wiederholte nach dem Gespräch der Kreisauer mit den Exzellenzen – vermittelt durch Schulenburg, den Freund Yorcks, unter Vorsitz Becks, im Januar 1943 – in seinem Tagebuch eine ähnliche, von ihm im Blick auf Goerdeler bereits mehrfach benutzte Kategorie: Goerdeler sei „doch eine Art Reaktionär" (von v. Hassel freilich ganz anders als von den Kreisauern gemeint).[19] Diese Goerdeler-Gruppierung, in sich durchaus nicht homogen, war in wesentlichen Aspekten ihrer Intentionen dem Kreisauer Kreis durchaus verwandt, wollte aber in der Tat mehr oder minder deutlich bei den abgebrochenen Weimarer Verhältnissen und Voraussetzungen wieder anknüpfen, speziell an die Vorstellung einer möglichst interventionsfreien Wirtschaft, über längere Zeit hin auch bei der Wiedereinführung der Monarchie. Vor allem aber verfolgte er (auch viele andere im Widerstand rings um ihn her) wesentlich ein „autoritäres" Staatsverständnis bei wirtschaftsliberaler Marktauffassung, bis kurz vor das Ende auch die Vorstellung von Deutschlands Großmachtstellung (in den Grenzen von 1914) und die Fortdauer des nationalstaatlichen Denkens, während die Kreisauer zentral von der Überwindung des Nationalstaats sowie primär von Beteiligung, Selbstverwaltung und Mitverantwortung aus ihr Konzept des neuen Deutschland dachten, wie gleich zu zeigen sein wird (gegen Ende neigte auch Goerdeler dieser Komponente zu); auch die Einbeziehung der Kirchen (neben der Bedeutung der Arbeiterschaft) als tragende Kraft des Neuaufbaus war eine Besonderheit der Kreisauer. Der Gegensatz der Gruppen wurde vielfach empfunden, obwohl beide essentiell den nicht-militärischen Widerstand in Kontext und Nähe des militärischen repräsentierten; aber der Gegensatz war bei näherem Hinsehen unübersehbar. Der Wechsel der Gewerkschaftler Leber und Leuschner von der vorsichtig-vorläufigen Berührung mit den Kreisauern zu Goerdeler bedeutete daher für Moltke eine ernsthafte Krise und die Gefahr einer drohenden Gewichtsverlagerung hin zum Goerdeler-Kreis, zumal Goerdeler während längerer Zeit in den Plänen des Widerstands ohnehin als Reichskanzler vorgesehen war. Auch das Drängen auf Attentat und Umsturz unterschied die beiden Gruppen zuletzt erkennbar, nachdem auch Goerdeler selber lange Zeit ein Attentat auf Hitler abgelehnt hatte. Für die wiederherzustellende Rechtsstaatlichkeit standen beide aber gleichermaßen ein, der Weg zu ihr war nur eben deutlich verschieden gedacht.[20]

Dieser Kreisauer Versuch einer fast grundlegend neu gedachten Ordnung des Reichs, der sehr viel theoretische Arbeit und daher recht verschiedene Geister und Praktiker benötigte, um durchdacht und handhabbar zu sein, zog immer wieder spöttische Bemerkungen (auch von Nahestehenden wie z. B. Schulenburg, der nicht Mitglied des Kreises war, aber doch mit ihm bekannt und zu ihm hin vermittelte) auf sich: die Kreisauer seien doch als reine Theoretiker nichts als Salonbolschewisten, ein Verein von Liberalen und Schöngeistern, anglophilien Pazifisten und weltfremden Idealisten; selbst Adam Trott gegenüber – im eigenen Kreise – musste Moltke diesen gründlichen, zunächst rein theoretisch wirkenden Neuanfang verteidigen. Das mochte für einige, speziell militärisch denkende Praktiker so scheinen, wenn man die primäre Notwendigkeit vor Augen hatte, dass Hitler und die nationalsozialistische Partei-Herrschaft erst einmal mit militärischen Mitteln beseitigt werden mussten, bevor an Neuordnung zu denken war; insofern musste es Menschen geben, die zuerst dies für wichtig hielten und sich darum kümmerten. Aber – die Kreisauer waren keine Militärs, hatten also nicht diese, sondern eine andere Aufgabe und Möglichkeit. Wir verstehen heute m.E. dieses Problem sehr genau, ja besser und sehr anschaulich, denn wir haben erlebt, was – beim Einmarsch der Amerikaner im Irak (und bis zum heutigen Tage in Afghanistan) – geschah, als nur militärisch gedacht und politisch wie kulturell wie menschlich nichts vorbereitet und vorgedacht war. Die politische und Verwaltungsplanung ist ganz offensichtlich – auch im Vorbereitungs-stadium einer noch so praktisch-militärischen Aktion – zentral und entscheidend, und eben das war das Anliegen der Kreisauer; hierin waren Yorck und Moltke mit den anderen Gesprächspartnern des Kreises völlig einig. Daher haben beide sich von den genannten Ein-wänden auch keineswegs beunruhigen oder kopfscheu machen lassen. Moltkes innere Prioritätenliste kann man an seiner kurzen Beurteilung Julius Lebers, des Gewerkschafters, gut erkennen: „Er ist ein überzeu-gend guter Mann, der allerdings jetzt, wo Carlo [Mierendorf, gestorben durch Luftangriff] fehlt, doch sehr einseitig im rein Praktischen ist und die geistigen Kräfte sehr viel geringer wertet als ich." Daher wenige Tage später: „Ich werde mich aber nun neu anstrengen müssen, diesen Mann in unsere Bahnen zu lenken. ... Peter [Yorck] muss eben mehr ran und auch ein Mal die Woche hin."[21] Aber Leber blieb nicht bei den Kreisauern, seine Integration misslang; er näherte sich – zunächst – Goerdeler an (um sich dann auch gegen diesen zu wenden). Moltke selbst aber hatte immer wieder auch mit dem ihn anwandelnden Ge-fühl des Sinnlosen und auch mit eigenen Unklarheiten, die er brieflich wiederholt benennt, sich auseinanderzusetzen.[22] Was er neben diesen geheimen planerischen Aktivitäten in seinen offiziellen Ämtern alles Hilfreiche tat, das sahen wir. Es ist eine ungeheure Arbeitsleistung, mit der Moltke – bis an und über die Grenzen seiner physischen und psy-chischen Kraft und Gesundheit – sich einsetzte. Die in ihm waltende Hartnäckigkeit und sein wie der anderen Durchhaltevermögen erwe-cken, wenn man all das zur Kenntnis nimmt, anhaltende Bewunde-rung, wie überhaupt das Nichtverzagen und Nichtaufgeben das viel-leicht größte menschliche Wunder in diesem Kreise ist. In seinen Briefen kann man die Weisen und die Gründe, mit denen er sich bei Mute erhielt oder mit Enttäuschungen fertig wurde, reichlich studie-ren: gerade auch seine Arbeit an den Grundsatzproblemen und immer wieder vielfältige Lektüre, in die er sich stürzte, gaben ihm neuen Mut und Vertrauen angesichts des vielen Furchtbaren, das immer neu auf ihn einstürzte. „Der Sinn dessen, was er tat", sagte seine Frau später,

„stärkte mich enorm. Ihn selbst natürlich auch; er wurde fast ein anderer Mensch, nachdem er sich einmal entschieden und die Sache in der Hand hatte. Aus einem Menschen, der so lebensunlustig war, dass er sich dem Leben gar nicht erst zuwenden wollte, war ein höchst aktiver Mann geworden." Auch seine schwankende Gesundheit erfuhr durch die gedanklich entstehende Klarheit und die freundschaftliche Zusammenarbeit im Kreisauer Kreis immer wieder Stärkung. Wie viel auch Musiken – in Kirche, Konzert oder auf Schallplatte – ihm Hilfe und Selbstvergewisserung bedeuteten, das zeigen die Briefe immer wieder deutlich.

Welches waren nun die politischen Intentionen und konzeptionellen Ergebnisse dieser so lange – in der Hochphase mehr als zwei Jahre – und unter schwierigen kommunikativen Bedingungen sich hinziehenden Arbeit? Nimmt man sie in Augenschein, so muss man bedenken, dass es ausdrücklich Rahmenüberlegungen waren, die sehr viele entscheidende Alternativen des praktischen Verfahrens und der in Aussicht genommenen Regelungen offen, z. T. auch im Dissens der Gruppe ungeklärt ließen (z. B. in der Wirtschaftspolitik, die zwischen den beiden Polen „geordneter Wettbewerb" und eindeutig „staatliche Wirtschaftslenkung" Entscheidendes bewusst offen ließ); auch waren sie z. T. gerade in ihrer Allgemeinheit für ihre spätere Anwendung praktischer und flexibler, als sie es in konkret festgeschriebenen Einzelbestimmungen gewesen wären. Daher bleiben die vorgestellten Verfassungs- und Verwaltungsformen dieser Entwürfe in der Tat in vielem, auch Wichtigem, sehr allgemein; die weitere Entwicklung hat sie in manchem überholt. Die wesentlichen Motive aber scheinen im Kern durchaus beeindruckend und bis zum heutigen Tage gültig, z. T. sogar aufregend wichtig, wenngleich auch bei uns heute schwer realisierbar. Man hat, wenn man sie heute, nachdem die Entwicklungen so anders weitergegangen sind, betrachtet, zunächst leicht das Gefühl, in eine etwas ältere ideale Traumlandschaft zu geraten, was sie aber als Kompassüberlegungen nicht unwahr oder überflüssig macht. Das skeptische Menschenbild der Kreisauer wusste wohl, warum es den starken Staat – angesichts der kapitalistischen Dynamik – für notwendig erklärte.

a) Die europäisch-föderale Struktur

Da ist zunächst die ganz klar und im Kreise unumstrittene *europäisch-föderale Struktur*, die den souveränen Nationalstaat und seine vielfältig hemmenden und destruktiven Tendenzen überholen, entschärfen und einrahmen, bändigen soll. Dass dieses Motiv damals in mehreren Widerstandsgruppen und anderwärts durchaus auch gedacht wurde und verbreitet war, mindert die Bedeutung dieser für damals überraschend richtigen und radikal innovativen Grundentscheidung nicht. Bedenkt man nämlich, wie lange es in Westeuropa dauerte, bis von den Formulierungen unseres Grundgesetzes und den ersten Stufen der Montanunion und der Römischen Verträge aus das erreicht wurde, was wir heute – mit Problemen, aber doch eindrucksvoll – in der Europäischen Union vor uns haben, dann ist diese erste Grundentscheidung ein leuchtendes Indiz für die Hell- und Weitsichtigkeit der in diesem Kreise waltenden politischen Perspektiven und Einsichten – gegen den in Deutschland und in Europa damals weithin grassierenden Nationalismus, auch den der späteren (europäischen) Siegermächte. Dabei sollten bei Überwindung alles Nationalismus' und Rassismus' – wichtig genug auch aus heutigem Gesichtspunkt – die nationalen Traditionen ausdrücklich geachtet und gewichtet bleiben: „Die besondere Verantwortung und Treue, die jeder Einzelne seinem nationalen Ursprung, seiner Sprache, der geistigen und geschichtlichen Überlieferung seines Volkes schuldet, muss geachtet und geschützt werden." Eine Brücke in Europa zwischen dem „Realprinzip des Ostens" und dem „Personalprinzip des Westens" zu sein, das sahen die Kreisauer als Aufgabe eines neuen Deutschland und also auch ihrer Arbeit an.

b) Verantwortung und Teilhabe: Die kleinen Gemeinschaften

Da ist zweitens die zentrale Absicht, dass bei dem in Deutschland höchst unsicheren und wenig verankerten Verhältnis zur Demokratie alle strukturell-politischen Verfassungs- und Verwaltungsformen von der Basis herauf – aus „kleinen Gemeinschaften" (Familie, Gemeinde, Landkreis) – aufgebaut werden sollten, damit sie durch Dezentralisation und Selbstverwaltung *Freiheit, Teilnahme, Verantwortung* und auf allen Ebenen im Kern eine *Subsidiarität* ermöglichen konnten; zudem sollte auf diese Weise durch das Genossenschafts- und Selbstverwaltungsprinzip der damals fast allgegenwärtigen Zentralisierung entgegengearbeitet werden. „Gegenüber der großen Gemeinschaft, dem Staat, ... wird nur der das rechte Verantwortungsgefühl haben, der in kleineren Gemeinschaften in irgendeiner Form an der Verantwortung mitträgt, andernfalls entwickelt sich bei denen, die nur regiert werden, das Gefühl, dass sie am Geschehen unbeteiligt sind, und bei denen, die nur regieren, das Gefühl, dass sie niemandem Verantwortung schuldig sind als der Klasse der Regierenden." Man hat dies ein „personalistisches", d. h. entlang den menschlichen Beziehungen, Bindungen und Verantwortlichkeiten entwickeltes Verständnis von (Staat bzw. von) Sozialismus genannt. Wie dies näherhin gedacht wurde, so dass – im Gegenschlag gegen die fatalen Weimarer Erfahrungen – die wahlmündigen Bürger nur zweimal: nämlich die Gemeindevertretungen und die Kreistage, diese aber dann die Landtage, diese wiederum den Reichstag wählen (ursprünglich je unmündigem Kind eine zusätzliche Stimme/Familie) und so in diesen stark gefilterten Wahlen die in Weimar diskreditierten Parteien und fast alle wichtigen parlamentarischen Urwahlen dem zum Opfer fielen, ist natürlich von heute aus gesehen nicht haltbar.[23] Die parlamentarische bzw. repräsentative Demokratie war damals vielfach – auch bei den Kreisauern – ein nur bedingt verlockendes Stichwort, da eben – so wurde es gesehen – der Parteienstaat zu Hitler geführt hatte, also überwunden werden musste, wie Marion Dönhoff bezeugt: „Damals war Rechtsstaat das Schlagwort und der Inbegriff von allem, was man erreichen wollte, nicht Demokratie." Die Weimarer Republik war, da das Alte versank und etwas Neues im Kommen sein sollte, so Steltzer, mit „ihren überholten Vorstellungen einer formalen Demokratie und eines Nationalstaates" für sehr viele Menschen damals „kein Modell brauchbarer Demokratie"; man „glaubte [in Weimar] die demokratischen Ideen nur in abstrakter [also nicht menschen- und beziehungsbezogener] und zentralistischer Form verwirklichen zu können."[24] In Kreisau wollte man daher lieber die Repräsentation der „Kleinen Gemeinschaften" und der regionalen und berufsständischen Gliederungen und der Betriebsgewerkschaften (s. u.) als die Parteien als Grundlage eines erneuerten Deutschland sehen. Die Kreisauer würden also ihr definitiv demokratisch, d. h. auf

Teilnahme und Verantwortung gegründetes Modell nicht als demokratisch defizitär ansehen, sondern als die bessere, von unten, von der Basis herauf entwickelte Form von Demokratie verteidigen, welche Beteiligung, Verantwortung und (berufsständische) Selbstverwaltung nach dem weitgehenden Zerfall der Werte und der Verantwortung überhaupt erst ermöglicht. Was wir heute an Ausbluten der Personalbindungen in allen, auch den wirtschaftlichen Lebensbereichen erleben, lässt hierfür vielleicht Verständnis aufkommen; dieser Staatsinhalt geht für Moltke ausdrücklich vor der für ihn jederzeit möglichen Variation denkbarer Staatsformen.

Bedenken wir: Wir erleben seit einigen Jahren (speziell in den großen Konzernen) die vorletzten Zuckungen der Identität von Arbeitnehmern mit ihren Betrieben durch immer rücksichtslosere Kündigungen zugunsten der immer häufiger im Namen der Shareholder erwarteten kurzfristigen Renditesteigerungen. Diese Kurzfristigkeit der Arbeitsverhältnisse höhlt menschlich wie betrieblich jede Kontinuität, jede Identität mit dem Betriebe und auf Dauer auch technisch jede Arbeitsqualität aus; das wird derzeit immer wieder mehr gesehen und durchaus betont. Wenn aber zunehmend viele Menschen nur noch das Gefühl des willkürlichen Ausgeliefertseins haben, ergreift der Mangel an Teilhabe und Verantwortung das gesamtgesellschaftliche Gefüge, es zerstört die Identifikation mit ihm und schafft Ausgrenzung. Genau das ist es, was wir heute erleben. Hier, in der primären Betonung und Ermöglichung der menschlichen Bindung, Beteiligung und Verantwortung lag daher – damals wie heute – ein zentrales und unüberholtes kapitalismuskritisches Anliegen der Kreisauer, das irgendwann wieder auf neue Weise auch bei uns als strukturelles Element stärker zur Geltung gebracht werden müsste (und vielleicht sogar könnte, s.u.). Sein derzeitiges Veralten spricht nicht gegen die in der Tat überholte Weise der Umsetzung dieses Motivs bei den Kreisauern, vielmehr eher gegen unsere derzeitige Politik und Gesellschaft, der dieses Element und Motiv von Gemeinschaft, Teilnahme und Verantwortung immer mehr abhanden kommt und in die Brüche geht. Dass es so, wie die Kreisauer meinten, heute nicht umgesetzt werden kann, spricht nicht gegen seine menschliche wie politische Wahrheit. Andere Formen der Beteiligung, nicht nur die Weise unserer parlamentarischen Demokratie, denken und erwägen zu lernen, das könnte die Phantasie und Debatte denkbarer Demokratiemodelle durchaus beflügeln und weltweit ins Spiel bringen – speziell angesichts der durchaus plausiblen Vorbehalte gegen unsere Form der Demokratie in großen südlichen und östlichen Teilen unserer Welt, in denen eine demokratiefähige und -willige Mentalität erst heranwachsen muss, auch angesichts der Probleme unserer eigenen Demokratieform (zu kurze Wahlperioden für unpopuläre Entscheidungen, mangelnde Wahlbeteiligung auf der EU-Ebene oder z. B. in den großen Präsidentschafts- und Abgeordnetenwahlen der USA). Der menschliche wie politische Blick der Kreisauer auf die Gründe der Demokratieunfähigkeit oder -schwäche und ihre langsam-strukturelle Überwindung ist bis heute kaum überholt. Strukturen wieder stärker ins Spiel zu bringen, in denen Mitverantwortung und Mitbestimmung als Bedingungen und Kriterien der Würde der Menschen im Mittelpunkt stehen, in denen auch Inseln des Muts und erfüllender gemeinsamer Arbeit entstehen können, bleibt ein auch bei uns unerfülltes Anliegen und Kreisau ein unüberholtes, quicklebendiges Mahnzeichen – gerade auch angesichts der um sich greifenden Parteienmüdigkeit! Ein neues, unverbrauchtes Kapitel der Demokratie-Debatte ließe sich so eröffnen. Blick und Aufmerksamkeit auf die Aktivierung und Pflege der kleinen Gemeinschaften und bürgernahen Aktivitäten zu lenken, würde vermutlich auch heute viel teilnehmende Verantwortung sowie Einverständnis und Beteiligung ermöglichen wie auch die Resignations- und Ohnmacht-Erfahrungen mindern. Bedenkt man noch zusätzlich, wie jung in Westeuropa (ausgenommen England) die Demokratien sind, dann hat man keinen Anlass, die jetzige demokratische Ausprägung unserer Verfassungen für die einzige und endgültige zu halten, vielmehr mit den Kreisauern Anlass, beim Überlegen unserer Probleme dem Staatsinhalt Vorrang vor den Verfassungsformen zu geben. Das Vertrauen zur Demokratie durch allmählich wieder vermehrte Partizipation an ihr erst wieder (oder immer erst) wachsen zu lassen, zeigt jedenfalls ein sinnvolles und unüberholtes, ja hochaktuelles und brisantes Verständnis für ihren kritischen Zustand; dem gegenüber könnte es vergleichsweise sekundär sein, ob dies in parlamentarischen oder anderen Formen realisiert wird. Verantwortung und Beteiligung als allerprimärstes Anliegen zu betonen und allererst zu ermöglichen, dürfte der fundamentale Kernsachverhalt und zentrale

Problemschlüssel sein, auf den der Ton auch für uns zu legen wäre. In dieser Gewichtung dürfte das Denken der Kreisauer unüberholt aktuell und brisant wichtig sein.

c) Wirtschaftspolitik

Diese kapitalismuskritischen Motive setzen sich in den Vorschlägen zur Wirtschaftspolitik fort, die hier nicht näher zu schildern sind. Interessant aber, wie grundsätzlich Moltke schon die Wichtigkeit dieses Themas begründet: Leidenschaftlich setzt er sich für die Erkenntnis ein, dass seit dem 19. Jahrhundert die Wirtschaft „aus dem Gebiet des Einzelnen in das des Staates überführt worden" ist. Daher sei die Wirtschaftsgestaltung ebenso eine eigene Aufgabe des Staates wie die Gestaltung der Geistesbildung. In dieser Perspektive aber gilt ihm: „Der Staat ist der unbeschränkte Herr der Wirtschaft" und „das Verhältnis der Wirtschaft zum Staat [ist] grundsätzlich das der Gebundenheit"; der Staat setzt die Grenzen und stellt die Rahmenbedingungen her, doch die Freiheit des Menschen und Erhaltung der Eigenkräfte der Wirtschaft sind – eben für den Staat – Maßstab der Wirtschaftslenkung: Staat als „Herr der Wirtschaft" also im Sinne der Rahmensetzungen.[25] (Die planwirtschaftlichen Vorschläge der Kreisauer samt Verstaatlichung der Schlüsselindustrien sind, da sie in einem „geordneten Wettbewerb", aber eben unter staatlicher Wirtschaftsleitung gedacht sind, schwer zu präzisieren; man muss sie wohl, so schon Gerstenmaier, als begreifliche Übergangslösungen ansehen, die einem deutlich sozialen bzw. sozialistischen Motiv entspringen.) Wie sehr die vorgeordnete Ordnungsfunktion des Staates – entgegen neoliberalen Überbetonungen des Marktes und der ihm eigenen Regulationen – sinnvoll und notwendig ist, lernen auch wir derzeit gerade wieder. Die Kreisauer hatten es längst begriffen. Möge es heute nicht wieder vergessen werden.

Der oben genannte Partizipationsgedanke im Interesse der beteiligten Menschen schlägt sich daher für die Kreisauer im Blick auf die Wirtschaft in der Vorstellung von sog. Betriebsgewerkschaften nieder, die es in jedem einzelnen Betrieb geben sollte. Sie sollten die gewerkschaftlichen Verantwortungs- und Mitbestimmungsmöglichkeiten sowie gesellschaftlich auch eine gewisse Gerechtigkeit und Menschenwürde realisieren, was aber in bleibendem Dissens der Gewerkschaftsvertreter in Kreisau verblieb, die auf einer Gesamtdeutschen Einheitsgewerkschaft bestanden. Auch hier erkennt man wieder ein stark personales Strukturelement, das von den „kleinen überschaubaren Gemeinschaften" her gedacht ist. Die Wirtschaft selbst soll sich daher nach diesem Konzept in Kammern auf allen Ebenen organisieren.

Mit alledem wurde – in der Sache, nicht in der Kreisauer Terminologie, vgl. aber Delps „Dritte Idee" – durchaus ein „dritter Weg" zwischen Kapitalismus und Wirtschaftsliberalismus gesucht, nicht anders als es 1968 in der Tschechoslowakei unter Dubcek (durch Ota Sik u. a.) konzipiert und versucht wurde – bis zum heutigen Tage ein unrealisiertes, aber nicht unwahr gewordenes Motiv, dem nur in graduellen Schritten näher zu kommen ist, von dessen Realisierung wir heute aber weiter denn je entfernt sind.

d) Kulturpolitik: Die Bedeutung von Christentum und Kirche für den Widerstand der Kreisauer

In der Kulturpolitik ist bei den Kreisauern als wichtigstes eine unübersehbar starke Stellung der Kirchen vorgesehen. Die Präambel ihrer verschiedenen Entwürfe lautet jedes Mal ungefähr gleich: Man sieht „im Christentum die Grundlage für die sittliche und religiöse Erneuerung unseres Volkes ... Der Ausgangspunkt liegt in der verpflichtenden Besinnung des Menschen auf die göttliche Ordnung, die sein inneres und äußeres Dasein trägt."[26] Man erkennt sofort, dass in diese Grundlegung die Moltke'schen Axiome seines Staatsverständnisses nicht eingegangen sind, sondern die Yorck'sche Auffassungen von der „göttlichen Ordnung" im Staat sich durchgesetzt haben. Das Zentralmotiv hinter diesen Formulierungen war natürlich – und das m.E. durchaus zu Recht, dass mit den öffentlichen Institutionen Räume geschaffen werden müssen, in denen „das Gefühl der inneren Gebundenheit an Werte, die nicht von dieser Welt sind" (in damaliger Formulierung; heute würde man eher sagen: damit die Werte entstehen und integriert werden können, von denen wir leben, die wir aber nicht herstellen und die kein Staat uns gewähren kann) heranwachsen kann, damit es weder ausgeblendet noch institutionell heimatlos würde. Anders als letztlich im Christentum begründet und ermöglicht konnten Humanität und Sittlichkeit damals – auch bei den in Kreisau beteiligten Sozialisten und Gewerkschaftlern! – nicht gegründet gedacht werden. (Die diffuse, institutionell nicht repräsentierte Geistigkeit und Religiosität des Bürgertums war in der Tat damals keine Kraft, der dies überantwortet und von der dies erwartet werden konnte; die wirklich pluralistische, auch religiös pluriforme Gesellschaft war noch nicht am Horizont erschienen.) Hier gab es also sehr wohl einen Zusammenhang zwischen religiöser/ethischer Frage und politischer Struktur, dem Rechnung zu tragen war. (Diesen hatte Moltke in seiner ersten Konzeption, anders als Yorck [s.o.], übersehen und bestritten.) Die völlige *Trennung* (statt sinnvoller *Unterscheidung*) konnte nicht das Ziel sein; daher zunächst zu Recht die Korrektur des Moltke'schen Ansatzes durch Yorck. Entsprechend gehörte eine konsequente Glaubens- und Gewissensfreiheit zu den Grund-Sätzen des Kreisauer Konzepts. Den Kirchen war zunächst im Rahmen einer Staatskirchentrennung, wie sie tendenziell geplant und gemeint war, konsequente Selbstständigkeit, Befreiung aus jeder Staatskirchenbindung, entsprechend Beendigung aller kirchensteuerlichen Zuwendung und Abhängigkeit (dabei Voraussetzung einer möglicherweise allgemeinen Kultursteuer), Abschaffung des Religionsunterrichts in den staatlichen Schulen (s.u.) und autonome Selbstverwaltung.

Andererseits aber war den Kirchen mit alledem eine massiv dominante, wenngleich ausdrücklich keine monopolartige Stellung zugedacht; sie allein waren es aber, von denen die entscheidende „Wiederherstellung der Ausdrucksformen" (Wort, Werte, Gebundenheit, Symbole) erwartet werden musste. Blickt man daher auf die faktisch entscheidenden Einzelregelungen, so sieht man: im Erziehungs- oder im gesamten Bildungswesen wie auch in Film und Rundfunk, d. h. fast im gesamten Öffentlichkeitsbereich erhält das christliche Gedankengut mit den Kirchen einen absolut entscheidenden Platz, und dies so sehr, dass schließlich die Abschaffung der Kirchensteuer und des staatlichen Religionsunterrichts in den Kreisauer Verhandlungen nicht mehr durchgesetzt werden konnte und also in ihren abschließenden Entwürfen nicht erscheint. Dem entsprechend sollten die Landesverweser „vor allem" mit den Kirchen zusammenarbeiten.[27] Dies aber bedeutet, dass in der Form, in der die massive Bevorrechtung der christlichen Kirchen gedacht war, die Trennung von Staat und Kirche – sogar im Vergleich mit der ohnehin eingeschränkten, sog. „hinkenden" Trennung von Weimar (U. Stutz), die faktisch eine *Unterscheidung* (bei bleibenden Elementen des fortbestehenden Zusammenhangs) war – deutlicher noch als bisher schon reduziert werden sollte; mindestens war sie beschränkt auf die Begrenzung des Staates, der die Kirchen völlig freigeben sollte, während die Kirchen eher ungetrennt bestehen und in das gesellschaftliche Leben massiv einwirken durften. Die in einem langen Prozess der Moderne erkämpfte Stufe der Staatskirchentrennung wurde hier tendenziell und graduell gemindert bzw. fast schon zurückgenommen; entsprechend findet sich der Begriff der Trennung von Staat und Kirche (Weimarer Verfassung §§ 135ff) – sicher nicht zufällig – in den Kreisauer Papieren an keiner Stelle; an seine Stelle tritt eher eine weitreichende Staatskirchenkooperation. Die Vorstellungen der Kreisauer tendieren mitsamt ihren theologischen Hintergründen von der „göttlichen Ordnung", die in den Präambelformulierungen ihren Platz fand, faktisch zur Aufhebung, mindestens aber zur Reduktion der zunächst und intentional durchaus geplanten Staatskirchentrennung, schon weil für Yorck – trotz seiner vordergründigen Revokationen und Anpassungen an Moltke – der Staat ein „christliches Fundament" haben und sittlichen Geboten sich beugen sollte, so dass den Kreisauern tatsächlich eine „christlich soziale Ordnung" vorschwebte, was nicht nur den katholischen Mitgliedern und ihrer Sozialethik nur zu genau entgegenkommen musste, während Moltke auf der anderen Seite *ursprünglich*, indem er den „christlichen Staat" verneinte, im Zeichen von explizit geforderter Religions- und Gewissensfreiheit die Unabhängigkeit der humanen Werte von Religion, Religionen und Kirche betont hatte, wie bereits oben gezeigt.[28]

Seither aber hatte Moltke, wie unten ausführlicher zu zeigen sein wird, spätestens seit Herbst 1941 eine bewusste Wandlung in seinem religiösen Bewusstsein – gleichzeitig mit einer neuen massiv neuzeitkritischen Einstellung – durchgemacht, die ihm offensichtlich – kurzfristig und in den Konsequenzen, gemessen an seinen eigenen Intentionen, wie ich meine, unüberlegt bzw. noch nicht durchdacht – die Zustimmung zu jenen konservativen Axiomen erlaubte. Dieser Auffassungswechsel und der in mancher Hinsicht unausgetragene, nur eben der strategischen Verständigung dienende Charakter der Kreisauer Texte dürfte dazu geführt haben, dass Moltke die Konsequenz seiner bisherigen Vorbehalte gegen die „göttlichen Ordnungen" unter seinen eigenen, seit 1941/42 veränderten Auspizien noch nicht wirklich geklärt, noch nicht durchdacht hatte und jedenfalls nicht durchgehalten hatte; schwerlich hat er, wie seine Mentalität war, sie bewusst und endgültig aufgeben wollen.[29] Die verabschiedeten Texte der Kreisauer mit der Vorstellung von eben jener leitenden „göttlichen Ordnung" – keineswegs nur von den katholischen Mitgliedern getragen – sprechen daher eine ganz andere Sprache, die mit der ursprünglich von Moltke vertretenen nicht übereinkommt, welche ausdrücklich keine Priorität der christlichen Kirchen und ihrer Offenbarung gewollt hatte; damals hatte er die Wertedefinition einem offenen Prozess überantworten wollen; jetzt in den Kreisauer Papieren ist die Definition des Staatskirchenverständnisses zugunsten der christlichen Kirchen und eben der von ihnen unveränderlich geglaubten „göttlichen Ordnung" bindend festgelegt (der an dieser Stelle von Moltke ursprünglich angestrebte Konsensprozess war in dieser kritischen Übergangssituation natürlich nicht möglich). Die Weimarer Definition der Trennung von Kirche und Staat wird hier nicht mehr angemessen präzisiert und fortgeschrieben, sondern faktisch als zu überwindendes Weimarer Erbe gemindert bzw. suspendiert. An dieser Stelle war also in den Gesprächen und Texten der Kreisauer zuviel offen geblieben und nun – tendenziell – im Sinne konservativ-evangelischer wie -katholischer Sozialethik und Staatsauffassung preisgegeben und festgeschrieben. Das musste sich in den weiteren Entwicklungen nach 1945, speziell seit den 1960er Jahren bald überholen. Die Kreisauer vermochten aber, ihre problematischen und nicht wirklich durchgeklärten Voraussetzungen im Hintergrund – im Range einer bloßen Voraussetzung – zu halten und den Motivschub dieser Voraussetzungen für ihre Widerstandszwecke zu nutzen.

e) Theologische Motive und Grenzen

Was die theologischen Grundlagen der Kreisauer insgesamt angeht, so steht fest: Eine Erneuerung bzw. Neubelebung des Christentums in Deutschland war für sie kein planbares Ziel, auch nicht ihre Aufgabe, wohl aber eine entscheidende Voraussetzung ihrer politischen Pläne und Bestrebungen; sie alleine entsprach dem „Bilde", das in den „Herzen der Menschen" wieder aufgerichtet werden musste, sollte ein neues Deutschland wieder erstehen; daher die starke Stellung der Kirchen in ihren Entwürfen. Insoweit handelte es sich bei der angestrebten (und von Freisler ihnen vorgeworfenen „Re-Christianisierung") zunächst nur um die Wiedereinsetzung der christlichen Tradition und ihrer Institutionen in ihre öffentlichen Rechte und Möglichkeiten, die sie in der Weimarer Verfassung und Gesellschaft gehabt hatten. Wieweit es sich dabei inhaltlich um eine restaurative „Re-Christianisierung" oder um eine Erneuerung und d. h. Neufassung bzw. Neugestaltung des christlichen Glaubens über seine bald veraltende konfessionelle Gestalt hinaus handeln würde, das lag nicht in ihrer Hand, war auch nicht ihr Thema noch ihre Aufgabe, blieb also in der Schwebe. Immerhin haben sie die Überwindung der Konfessionsgrenzen, soweit es um ihre öffentliche Wirkung in Staat und Schule geht, durch Planung einer „Deutschen Christenschaft" mutig und wegweisend vorgeschlagen (s. u.). Sieht man allerdings die sich andeutenden Konturen im Denken der Kreisauer Freunde an, so haben sie – abgesehen von der Tatsache jener ökumenisch-interkonfessionellen Grundierung – in ihrer Mehrzahl, mit ihren mehrheitlich kirchlich- und konfessionsidentifizierten, ihren BK- und Michaelsbruderschaftlichen wie ungebrochen wenngleich kritisch katholisch-kirchlichen Hintergründen, aus heutiger Sicht wohl eher den Zug zu kirchlich restaurativer Gestaltung und Re-Christianisierung in ihren Voraussetzungen und Fundamenten gehabt, – tendenziell anders, von seinen Ausgangspunkten her gesehen, wohl nur Moltke selbst und – ebenso erstaunlich wie eindrucksvoll – Haubach, sicher auch Mierendorf und Trott zu Solz (mit seinen asiatisch-religiösen Erfahrungen und den daraus resultierenden Bereitschaften). Erstaunlicher- oder besser gesagt: bezeichnenderweise spielten die theologischen Möglichkeiten der Tillich'schen Theologie, die angeblich – jedenfalls im Bewusstsein mehrerer Kreisauer – eine wesentliche

Rolle gespielt hatten und hier eine echte Alternative und Erweiterung bereitgestellt hätten, in den Kreisauer Überlegungen und Papieren keinerlei Rolle; es finden sich keinerlei Spuren ihrer spezifischen Wirkung. Tillich Einfluss, der unbestreitbar empfunden und mehrfach betont wurde, reichte nur eben – durchaus ungewöhnlich – bis zur Anerkennung sozialer und sozialistischer Motive als integrales Element christlichen Glaubens und Weltverständnisses, nicht dagegen bis zur Revision und Neuprägung *des christlichen Glaubens selber* im Zeichen sozialer und sozialistischer Motive, wie es die eigentliche Intention des religiösen Sozialismus in Abgrenzung zu den bürgerlichen (konfessionellen und liberalen) Theologien war.[30] Die Einflüsse Tillichs waren (wie im ganzen protestantischen Kirchenkampf) aus dem Horizont verschwunden und blieben ausgeblendet. Dabei hatten die konservativen Grundzüge der Kreisauer – man denke nur an Yorcks (oben zitierte) Reflexion der Zerstörung Lübecks – erhebliche Bereitschaften zur Erneuerung christlichen Denkens und Lebens an sich, wie sie eben jedem genuin konservativen Denken eigen sind.[31] Den theologischen Voraussetzungen der Kreisauer würde man sich (ich mich) also – von heute aus gesehen – nur bedingt anvertrauen; nur in einem binnenkonfessionellen Rahmen und Maßstab waren sie weiterführend, nachdem die liberalen, ehemals Moltke'schen Elemente aus den Konzepten (vorübergehend?) ausgeschieden, die Tillich'schen stillgelegt und die Haubach'schen und Trott'schen Motive noch nicht zur Geltung gebracht waren. Die Gestalt der zu suchenden Christlichkeit blieb daher für das Kreisauer Widerstandskonzept, wie gesagt, nur eine unausgearbeitete Voraussetzung, kein unmittelbar aufgegebenes Ziel. Wie im gesamten Kirchenkampf erwiesen sich die konfessionellen und betont christologischen, nicht die liberalen Grundzüge und -elemente, auch hier in Kreisau als die vorrangig stabilen und haltbaren. Was aber ihre gemeinsamen theologischen Hintergründe ausmachte, war stark genug, den Widerspruch gegen Hitler und die NS-Politik in Gang zu setzen und zu tragen, und eben das war für damals die Hauptsache. Es lohnt zu betonen: gerade auch die konservativen, bei den katholischen Mitgliedern durchaus auch kirchenkritischen Motive und Traditionshintergründe (z. B. bei Delp) waren stark und substantiell genug, diesem Widerstand zu dienen, ihn in Gang zu setzen.

Gedacht war schließlich in den Kreisauer Papieren – entsprechend den beschriebenen Prioritäten christlicher Wertsetzung – an die staatlichen Schulen als „christliche [Gemeinschafts-] Schulen" mit getrenntem Religionsunterricht der Konfessionen (nachdem ursprünglich die Schulen als „christliche" ausdrücklich in Frage gestellt waren und auch der Religionsunterricht außerhalb des Schulunterrichts, aber in den Schulräumen durch von der Kirche bezahlte Geistliche erteilt werden sollte), – dies damals immerhin eine erhebliche und mutige, antirestaurative Innovation, die nach dem Kriege in der Adenauerzeit zwar vielfach vertreten, aber erst allmählich durchgesetzt, auf die Länge aber und aus heutiger Sicht – nach den massiven Pluralisierungsschüben, die wir erlebten, und einer seither sich verschärfenden Staatskirchentrennung – als generelle Lösung nicht zu realisieren war, heute generell nicht einmal zu wünschen ist, obwohl der verstärkte Wunsch nach christlich geleiteten Schulen begreiflicherweise in der derzeitigen Situation wieder Zustimmung und Echo findet und unübersehbar Sinn macht. Bezeichnend für die damalige Situation aber war, dass selbst diese christlich bestimmten Gemeinschaftsschulen von den konfessionell geprägten (katholischen wie evangelischen) Teilnehmern abgelehnt wurden und – zugunsten konfessioneller Schulen – im Dissens blieben.[32] (In der Neugestaltung der Universitäten, die ich hier übergehe, blieb strittig, ob die Theologischen Fakultäten erhalten bleiben und die Ausbildung der Theologen nicht vielmehr durch die Kirchen erfolgen sollte; desgleichen ob die Kirchensteuer bei eventueller Einführung einer Kultursteuer aufgehoben werden sollte – beide Überlegungen wurden wieder fallengelassen und finden sich in den Kreisauer Entwürfen nicht mehr.) – Die Idee einer geplanten „Deutsche Christenschaft" („der alle Christen ohne Rücksicht auf ihr Bekenntnis angehören und die die Berücksichtigung der christlichen Gesichtspunkte in allen, auch den lokal zu erledigenden Angelegenheiten mit staatlichem Einschlag sicher stellen soll"), die gemeinsame Vertretung der Kirchen in einem Gesamtkirchenrat, die Zusammenführung aller protestantischen Kirchen in einer Kirche mit gemeinsamer Verfassung der Vertretung der Konfessionskirchen durch je *einen* Bischof[33], zeigt, wie stark unter den Kreisauern die Intention des gemeinsamen ökumenischen Bewusstseins war, auf welches wir später noch zu sprechen kommen. Wie wenig aussichtsreich diese Vorschläge indessen im Blick auf die gewachsenen kirchenrechtlichen Strukturen in Deutschland waren, dürfte unmittelbar einleuchten. Die Stärke des ökumenischen Motivs aber, das bis zum heutigen Tage – speziell aus dem Blickpunkt der katholischen Kirche – nicht realisiert ist, spricht ohne weiteres aus diesen Ideen und Plänen.

f) Regelungen zu Rechtsschändungen

Schließlich, um nur noch dies zu nennen, gab es Regelungen zu den sog. „Rechtsschändungen" (Menschenrechts-, Völkermords- und Kriegsrechtsverletzungen), die nach dem Kriege nicht vor einem Gericht der Sieger, sondern vor einem internationalen Gericht, in dem Sieger, Besiegte und Neutrale vertreten sein sollten, geahndet werden sollten, mit stark und klar eingebauten Rechtsstaatsvorstellungen, mit der ausdrücklichen Feststellung, dass empfangene Befehle zu Unrechtaten kein Strafausschließungsgrund seien; dazu die geniale Idee und Möglichkeit einer nicht „justiziablen", wohl aber „deklaratorischen Feststellung der Rechtsschändung", die vorgenommen werden sollte, wenn rückwirkend keine erst später in Geltung gesetzten Gesetzesbestimmungen für einen Schuldspruch in Anspruch genommen werden durften (nicht unähnlich den Wahrheitsforen in Südafrika unter Bischof Tutu nach dem Ende der Apartheid). Wiedergutmachung für erlittenes Unrecht an Leib, Leben, Vermögen, Ehre und öffentlichen Rechten waren ausdrücklich vorgesehen.

Anderes wie die Planung der Reichsgrenzen (mit für damals, vergleicht man die Konzepte anderer Widerstandsgruppierungen, höchst ungewöhnlich vorgesehenen Gebietsabtretungen!) und die Neugliederung des Reichs in Gaue (ähnliches bei Goerdeler) übergehe ich. Sie – mit all den anderen genannten Vorstellungen – waren damals sicher geeignet, für viele Menschen das erwünschte Gegenbild zum damals erfahrbaren – sei es im Parteienstreit zerfallenden, sei es im Totalitarismus unterdrückenden – Staat abzugeben. Insofern hätten sie in der Wüste der damaligen Destruktionen hilfreich und nach dem Zusammenbruch brauchbar werden können; vielfach ist – unabhängig von den Kreisauer Entwürfen – nach 1945 für manche Aspekte auf solchen und ähnlichen Bahnen tatsächlich gedacht worden, ohne dass sie sich durchgesetzt hätten. Auf die Länge und im Blick auf die weiteren Entwicklungen gesehen mussten diese Konzepte allerdings dem pluralistischen Wandel ausgesetzt werden, der dann seit den 1960er Jahren massiv bei uns einsetzte. Die in den Kreisauer Konzepten gemeinte Demokratie war – in ihrer Gegenstellung zu den Weimarer Erfahrungen – nur sehr begrenzt „pluralistisch" gesonnen. Aber die geplante Verfassung von Männern entworfen zu sehen, die mit Rechtsbewusstsein und reichlich ausgewiesener juristischer und verwaltungspraktischer Kompetenz das neue Deutschland anhand der vorrangigen Kriterien von Freiheit, Bindung, Gerechtigkeit, einzuübende Teilnahme und Verantwortung gestalten wollten, das ist im Kern bewegend, auch wenn sich viele Realisierungsvorschläge im Blick auf ihre politische Form inzwischen überholt haben. Den Kompass und die Grundintentionen der Kreisauer aber können wir behalten und durchaus bejahen. Mehrere von den Überlebenden unter ihnen, auch CDU-Mitglieder, haben in den politischen Entwicklungen nach 1945 daher geglaubt, einer bedauerlichen Restauration beizuwohnen – gemessen an den Kreisauer Vorschlägen![34]

Vernetzungen und Aussichten der Kreisauer Konzepte

Erstaunlich bleibt (mir jedenfalls) bei alledem, wie wenig – soweit dokumentiert – der Gedanke Mühe machte und erwogen wurde (vielleicht konnte und durfte er in schriftlichen Texten damals auch nicht niedergelegt werden), wie denn dies alles im Chaos einer Umbruchssituation hätte eingefädelt und umgesetzt werden sollen. Die Kreisauer Texte waren deutlich weitreichender als die von Goerdelers Gesprächspartnern (in deren Umkreis die Kreisauer Intentionen, wie gesagt, als eher illusorisch angesehen wurden); hier und bei den Vertretern des militärischen Widerstands hatten ggf. die Auffassungen Goerdelers, eben wegen ihrer konservativen Art, deutlich mehr Aussicht auf Zustimmung als die Kreisauer. Dem entsprechend wurde Goerdeler eine Zeit lang vielfach als Regierungschef gehandelt (unter einem Reichspräsidenten Beck, der bis 1938 Chef des Generalstabes gewesen war, später – nachdem er immer schwächer und umstritten wurde – durch das Erwägen anderer Namen, zuletzt durch Leber, ersetzt). Die einzige kontinuierlich erwogene Realisierungskategorie der Kreisauer waren – außer den 3 in der letzten Phase in Aussicht genommenen Staatssekretären und General v. Falkenhausen als Chef der Übergangsgremien – die Personallisten der sog. Landesverweser, eingeschlossen die Anweisungen an diese, die in den verschiedenen Regionen des neu eingeteilten Reiches zunächst die politische Leitung übernehmen sollten; die Suche nach ihnen und die Abstimmung mit ihnen, von (süddeutschen) Beteiligten später im Verhör verraten, sollte nach dem Juli 1944 zur schweren Belastung und Anklage werden; die meisten Beauftragten, die z. T. auch anderwärts im Widerstand als politische Beauftragte (auf Goerdelers und Becks Listen) vorgesehen waren, waren von Goerdeler und Schulenburg benannt, durchweg unabgestimmt mit den Kreisauer Konzepten und Personalvorschlägen; von den Kreisauern war keiner als Minister, nur Yorck, später auch Trott und van Husen, als Staatssekretäre vorgesehen. Woher also das Vertrauen, dass die Auswahl und Bevollmächtigung gerade durch die Kreisauer in den erwartbar kritischen Tagen anerkannt werden würde, zumal ihnen nach den Kreisauer Konzepten die erhebliche Weisungsbefugnis gegenüber der vollziehenden militärischen Gewalt zugesprochen werden sollte (während sie nach Becks/Goerdelers Verständnis als „politische Beauftragte" den Militärs untergeordnet bleiben sollten)? Wer würde im Chaos der Stunde Null nach den Entwürfen und den Personallisten der Kreisauer greifen? (Dass die Kreisauer sich nur um die Landesverweser, nicht aber wie Goerdeler u. a. um die Ministerlisten im Kabinett einer zentralen Reichsregierung gekümmert hatten, zeigt, dass sie es auf Kooperation und Ergänzung mit anderen Widerstandskreisen und -personen angelegt hatten.) Die gewichtigere Linie der Beziehungen und Einwirkungen lief – ob von Tresckow, Olbrich oder Stauffenberg aus gesehen – ohnehin eher zu Goerdeler als zu den Kreisauern hin, zumal Stauffenberg Moltke, in der Spätphase allerdings auch Goerdeler, deutlich ablehnte. Auch von Stauffenberg (wie von Goerdeler und Schulenburg) waren Umsturzaufrufe verfasst und vorbereitet worden, und Beck mit Goerdeler oder Leber, nicht aber Moltke und die Kreisauer galten hier als die Leitfiguren des bürgerlichen Widerstands.[35] So hingen die Kreisauer Entwürfe einstweilen tatsächlich mehr oder weniger in der Luft, und sie mussten dies – in der unklaren und vorher nicht klärbahren Situation – in gewissem Sinne auch. Der Trost lag einstweilen in der alternativlosen Notwendigkeit dieser Arbeit. Moltke 1942: „Ich muss sagen, dass wir unter dem unglaublichen Druck, unter dem wir arbeiten müssen, Fortschritte gemacht haben, die eines Tages sichtbar sein werden …" Dahinter aber stand als ständige Hoffnung und erhoffte Aussicht natürlich die Vernetzung mit dem militärischen Widerstand, zu dem auch Moltke, persönlich wie durch andere (Yorck, Schulenburg, Trott), Kontakt hielt – ungerechnet, dass die Aussichten auch eines gelingenden Attentats und Staatsstreichs ohnehin außerordentlich ungewiss waren.[36] Man muss sich aber auch klar machen, dass die langwierige und umständliche Erarbeitung der Entwürfe unabweislich und darum so wichtig war, weil diese sowohl mit bestimmten Hintermännern der Gewerkschaften wie auch mit gewissen Leitfiguren beider Kirchen abgestimmt werden mussten, damit diese am Tage X für gemeinsame Aktionen (durch Gewerkschaftsaktionen und Kanzelworte der Kirchen) zur Verfügung stünden; das war eine Bedingung ihrer breiten Realisierung. Würden aber in der kritischen Stunde die militärischen Exponenten des Widerstands überhaupt zu den Entwürfen des Goerdeler- und des Kreisauer Kreises greifen? Sie hatten ja eigene, wenn auch unausgearbeitete, Vorstellungen im Sinn! Immerhin waren beide Kreise den entscheidenden Militärs persönlich bekannt und beider Vorarbeiten standen zur Verfügung. Die Konkurrenz beider Konzepte und ihrer Autoren war manifest und bekannt, und im Blick auf die Grundlinien beider Konzepte gab es genügend viele gemeinsame Ansatzpunkte und Überschneidungen, so dass sie – jedenfalls für die Militärs – zunächst nicht oder nur begrenzt alternativ zueinander gelesen werden mussten (unabhängig von der persönlichen Zuneigung oder Abneigung gegenüber einzelnen Personen). Die kurzfristig-aktuellen Entscheidungen der ersten Tage und Wochen nach einem Attentat und Umsturz mussten jedenfalls von anderer Art sein, auch wenn die längerfristigen Konzepte und Differenzen sich eines Tages als grundlegend und brennend wichtig erweisen konnten. Im Falle der – natürlich strittigen – längerfristig-strukturellen Realisierung aber war ihre Differenz keineswegs gleichgültig, wie oben beschrieben; dazu waren die Differenzen zu erheblich und im Falle ihrer Realisierung zu folgenreich.[37]

Insofern bedeutete die bereits erwähnte Tatsache, dass Yorck sich Stauffenberg zur Verfügung stellte, am 20. Juli aktiv-persönlich mitmachte und so die ehemals von ihm selber wie von Moltke gemeinte Grenze überschritt, und auch dass Trott speziell in der letzten Zeit Stauffenberg besonders eng verbunden war, für eben ihre Widerstandsmotive und -konzepte den unschätzbaren Vorteil, dass die Kreisauer Ideen und Entwürfe im entscheidenden Moment im Aktionszentrum der Macht virtuell auftauchten und potentiell in den Personen präsent waren. Im engeren Stauffenberg-Kreis waren – abgesehen von den genannten Intentionen und Emotionen – andere detaillierte politische Pläne als der, dass die vollziehende Gewalt im ersten Moment – in Berlin, Paris, Wien u. a. – in die Hände der Militärs gelegt werde, kaum vorhanden. Man hätte sich wenig später ohnehin an Moltke/Yorck oder an Goerdeler wenden müssen (und Goerdeler war in dieser letzten Zeit für Stauffenberg weit ab, anders als die nahestehenden Yorck und Trott). Das bedeutete für die Kreisauer Entwürfe die naheliegende Chance, in der ersten Phase nach dem 20. Juli im Bedarfsfalle einwirken und die Entwicklung disponieren zu können – immer vorausgesetzt, der Umsturz wäre nicht im Chaos eines Bürgerkriegs mit systemtreuen Militärs, mit dem Parteiapparat, Himmler und der SS untergegangen. Zunächst aber hatten die Kreisauer – und nicht nur sie – „auf Hoffnung wider Hoffnung" für eine Freiheit gearbeitet, von der noch nicht klar war, ob sie in einem wirkungslosen Vakuum verpuffen oder zum Ursprungsort einer Innovation und Wende werden würde.

Der Kreis der Kreisauer selber war im Spätjahr 1943 an eine kritische Grenze geraten; Ungeduld und zentrifugale Kräfte machten sich bemerkbar. (Auch im Kreise um Goerdeler und Stauffenberg zeigten sich ähnlich auseinanderstrebende Verwerfungen; die Gewerkschafter, Leber und Leuschner, wandten sich gegen Goerdeler, z. T. auch gegen Stauffenberg, wollten Leuschner an Goerdelers Stelle sehen.) Moltke fühlte sich immer wieder in seinem Bestreben sehr einsam, und mit seiner Verhaftung im Januar 1944 fehlte dem Kreis der Kopf, der alles wieder zusammengeführt hätte. (Diese Entwicklung nach seiner Inhaftierung belegt rückwirkend noch einmal die schlechterdings grundlegende Bedeutung Moltkes für die Konstitution des ganzen Kreises.) Die Gespräche diverser Kreisauer allerdings gingen, auch in der Hortensienstraße, weiter, nur eben verschoben in Richtung der Leber/ Stauffenberg'schen Intentionen. Die Spannungen gegenüber Leuschner, Leber, z. T. auch Mierendorf, die Kontakte zu den Kommunisten, Yorcks (auch Trotts und Lebers) sich verdichtende Gemeinsamkeit mit Stauffenberg und das Drängen aufs Attentat von mehreren Seiten, auch unter den Kreisauern, schufen insgesamt eine neue Situation (die jedoch erst nach der Verhaftung Lebers und Reichweins am 4./5. Juli 1944 sich endgültig konstellierte). Aber damals war kein Moltke mehr in Freiheit, um diese divergierenden Tendenzen aufzufangen und wieder zusammenzuführen. „Wäre ich frei gewesen wäre, wäre das nicht passiert", meinte Moltke Anfang August 1944 zu seiner Frau, als er sie zum ersten Mal nach dem Attentat auf Hitler wieder sah. Das war seine bis zuletzt bleibende Position.[38] Darum hätte er das Attentat nicht verhindern wollen oder müssen, ggf. natürlich weiter mitgearbeitet. Aber seine Einschätzung, dass nach einem Attentat die Dolchstoßlegende und ein reichsinterner Bürgerkrieg mit den NS-Machtgruppen die Situation schwerlich zum Guten hätte wenden lassen, dürfte höchst realistisch, realistischer vermutlich als die meisten auf Aktivität und Attentat drängenden Optionen gewesen sein. Nach Scheitern des Attentats und Staatsstreichs am 20. Juli hat der in diesem Punkte sonst immer widerstrebende Schulenburg sich schließlich zu Moltkes Grundüberzeugung in dieser Frage resignierend bekannt: „Offenbar muss das deutsche Volk diesen Kelch bis zur Neige leeren."[39] Gelegentlich seiner letzten Türkei-Reisen (Juli/Dezember 1943) hatte Moltke den Westalliierten atemberaubende Vorschläge zum Eingreifen gemacht und sich dabei für die sog. Westlösung, die Öffnung der deutschen Front für die Invasion in Frankreich, stark gemacht, weil sie unendlich vielen Menschen das Leben gerettet und den Krieg abgekürzt hätte, während die Militärs sich der Frage stellen mussten, ob die Alliierten ein Deutschland nach Hitler, nach dem Umsturz weiter bombardieren oder ob sie mit einer neuen Regierung verhandeln würden. Das war die fatale Atmosphäre, in der die Widerständler nach Casablanca („Unconditional surrender") alles abwägen und sich verhalten mussten. Die Amerikaner sollen, um Moltke als Berater für die weitere Invasion zu gewinnen, geplant haben, ihn außer Landes zu holen (so wie die Engländer Trott das Gleiche anboten). Aber da war Moltke bereits verhaftet. In dieser unkalkulierbaren Ungewissheit und mit Dank und Ehrfurcht für das menschlich wie ethisch so ungewisse Riskieren und dennoch gewisse, unirritierte Tun des Widerstands enden daher diese rückschauenden Reflexionen.

3. Von der Kostbarkeit der Klarheit und des Mutes – im politischen Denken und Bewusstsein: Die aktuelle Gegenwartsbedeutung der Kreisauer Arbeit und ihre Anleitung zu Opposition und Widerstand

Will man dies alles noch einmal überdenken, dann lohnt es sich, hier zunächst in Erinnerung zu rufen, dass im Wesentlichen – bis auf die Inaussichtnahme bestimmter Stellenbesetzungen und die Abstimmung und Erstellung der Landesverweserliste sowie den Versuch, Bischöfe beider Kirchen und die Gewerkschaftsführer für den Tag X zu gewinnen und einzustimmen – der Kreis langwierig und gründlich *nur nach-* bzw. *vorgedacht* hatte, immer natürlich unter der hochverräterischen Voraussetzung, dass der Krieg verloren gehen musste, damit das Verhängnisvolle der damaligen Politik offenbar werden, ein Neuanfang entstehen und der gegenwärtige NS-Staat in seiner Ideologie wie in seiner Rechts- und Menschenverachtung abgelöst werden konnte. In den späteren Prozessen wurde dann – strategisch begreiflich – der Sachverhalt so dargestellt, dass in jedem Fall eine neue Situation nach dem Kriege entstehen würde, für die – auch im Interesse der offiziell-beruflichen Aufgaben der Beteiligten – hatte vorgedacht werden müssen. Da Moltke seit Januar 1944 im Gefängnis saß und der Mitwirkung am 20. Juli nicht verdächtigt werden konnte (während Yorck und Gerstenmaier in der Bendlerstraße waren), wurde der Vorwurf der Beteiligung am 20. Juli den meisten Kreisauern gegenüber fallen gelassen und – speziell wegen ihrer Christlichkeit – auf Defätismus, Nichtanzeigen des Gewussten und Widerspruch gegen den NS-Weltanschauungsglauben (also Führerungehorsam) als Grund des Todesurteils erkannt. „Was sind das für Zeiten", in denen schon ein anderes Denken ein Verbrechen war! So gravierend und gefährlich kann Denken sein – das Praktischste, was es gibt, wenn es denn mutig ins Herz der Dinge zu treffen wagt.

Es scheint mir aber nun unzweideutig klar und unabweislich, dass wir das Erbe dieser Männer und Frauen nur begreifen, aufgreifen, ihm Achtung erweisen und angemessen in seiner Wichtigkeit, Schwierigkeit und notwendigerweise Umstrittenheit am Leben erhalten, wenn wir – wenigstens versuchsweise – uns diesem Unternehmen des mutigen Denkens nunmehr auch im Blick auf unsere heutige Situation stellen; denn erst ein solcher auch nur ansatzweiser Versuch enthebt das Erbe der Moltke'schen und Kreisauer Gedanken der Verharmlosung in unverbindlichen Fest- und Sonntagsreden. Wenn wir Mut hätten – was würden wir heute, ohne ständige Anpassung und Verschweigung unserer Probleme und Fetalitäten, in Verfolg der Kreisauer Intentionen und Kriterien denken und sagen – und tun – müssen? Welcher heute unter uns umgehende gesellschaftliche Konsens wäre aufzukündigen? „Heute sind vielleicht weniger die von ihnen [den Kreisauern] erarbeiteten Entwürfe von Bedeutung als die Kühnheit, mit der sie aus dem Fackelzug von 1933 die Konsequenzen gezogen haben …", meinte Harald Poelchau, der Gefängnisseelsorger all der Kreisauer in ihren letzten Stunden, nach dem Kriege. Mindestens diese Mahnung würde also ihr Erbe zu wahren suchen und von ihm ermutigt sein. Aber stimmt heute diese Reduktion auf die „Kühnheit" noch? Ist in den oben rekapitulierten Grundanliegen der Kreisauer nicht vielleicht doch mehr Substanz an Motiven und Kriterien für unsere heutige Situation gegeben?

Erlauben wir es uns, in einer Moltke-Würdigung wenigstens einige Fragen und Hinweise kurz zu formulieren; denn ganz auszuklammern vermag ich – bei allem Respekt für die Priorität der Kreisauer Überlegungen, ja gerade um dieses Respekts willen! – das aktuelle Bedürfnis und die Frage nach heutigem Mut und heute mutigem Denken nicht. Was aber sehen wir, wenn wir mit den Kategorien der Kreisauer – ich nenne rechtsstaatliche Freiheit, Gerechtigkeit und Raum für verantwortliche Personalität und Beteiligung – in unsere Gegenwart hineinschauen? Ich meine zu sehen und frage daher:

Die Destruktionen in unserer Gesellschaft

Ist es nicht wahr, dass in unserer Gesellschaft derzeit strukturell allzu vieles geschieht, was ihren Grundkonsens und ihre Solidarität verletzt, immer mehr aufkündigt und aushöhlt? dass Wettbewerb und zunehmende Ökonomisierung aller Lebensverhältnisse – bis hinein in Sport und Gesundheitspolitik – immer mehr Vorrang vor der sozialen Lebensqualität der Menschen bekommen? dass – sattsam bekannt und folgenlos besprochen – die Aktien steigen und die Shareholder sich freuen, wenn Entlassungen verkündet werden? Dass die Schere zwischen Arm und Reich ungebändigt und kontinuierlich – mitten in allem Aufschwung – immer weiter auseinandergeht und dass der untere verarmende Rand unserer Gesellschaft immer breiter wird? Hier ist in den explodierenden Gewinnmargen einiges aus dem Lot geraten. Es wird zu viel, unverantwortlich viel verdient, daher die ständigen Firmenkäufe und Übernahmen, bei denen dann wieder unzählige Menschen unter dem Druck von verantwortungslos-kurzfristig verfahrenden Kapitaleignern und Aktionären, keineswegs nur von den sog. Heuschrecken, „freigesetzt" werden. Weltweit wird der Hunger im wirtschaftlichen Fortschritt der Welt zwar wohl für einige Personengruppen gemindert, unter dem Strich aber dauert er unvermindert an, steigt sogar anderwärts und im Ganzen auf ein bisher unbekanntes Maximum (statt dass die Ziele der Millenniumsvereinbarungen ihn minderten), und vor allem: eben der Fortschritt, der einigen mehr Lebensmittel und Besserstellung bringt, beschädigt, mindert, vernichtet ungebremst die ökologischen Lebensgrundlagen und Ressourcen unserer Welt in Klima, Boden, Luft und Wasser weiterhin, weil ihr Verbrauch nicht in die Kostenrechnung der Wirtschaft als Belastung eingestellt wird, sondern gratis verschleudert werden darf; die Vernichtung und Vergiftung von Natur und Ausnutzung von Menschen muss nicht bezahlt werden, so dass gerade auch jeder Fortschritt, jeder Aufschwung und jede ökonomische Besserstellung, die es zweifellos auch gibt, die Vernichtung unserer natürlichen Grundlagen – nicht immer, aber allzu oft und leise, jedoch kontinuierlich – fortsetzt und befestigt. Fortschritt und Aufschwung setzen die Exploitierung der Natur, nicht nur in Afrika und Lateinamerika, weitgehend fort. Man mache sich das klar: fast nur unsere ökonomischen Einbrüche und Rezessionen verschaffen derzeit der Natur gelegentlich eine Atempause. Die Vergiftung der Natur (und unserer Lebensmittel) dürfte nicht weniger als ihre Erwärmung unser Problem ausmachen. Ein kleiner Teil der Menschheit verbraucht den weit überwiegenden Großteil der natürlichen Ressourcen; mit unseren zu Dumpinglöhnen hergestellten Produkten unterbieten, unterhöhlen und ruinieren wir ausländische Ökonomien, z. B. die Landwirtschaft in afrikanischen u. a. Ländern, und der Export unseres Lebensstils würde den Ruin unserer gesamten Biosphäre bedeuten. Und gehören nicht zu unserer Art Fortschritt und Wachstum, die als Kategorie in der offiziellen Politik faktisch kaum in Frage gestellt werden, auch der Waffenexport als Teil unseres Wohlstands und auch, dass unsere Gesellschaft von unglaublich-massenhafter Verrohung und vom Schinden gequälter Tiere in Legebatterien und auf Tiertransporten (von 250 Millionen transportierter Tiere kommen 10 % = 25 Millionen Tiere tot am Ziel an), in Schlachthöfen, die nur zu oft mangelhaft und wirkungslos betäuben, von der jährlichen Kastration von zwanzig Millionen junger Eber (aus Kostengründen ohne Narkose), von erstickenden Fischen beim Fang und ungezählter Vernichtung von Walen im Beifang der Großnetze lebt? (Allein Kanada gibt jährlich mehr als 300 000 Robben zur Tötung frei.) Soll all dies, längst bekannt und kritisiert, marktnotwendig und darum legitimiert sein, der Widerspruch aber unrealistisch und töricht? „Wer Kälber ein Kälberleben lang stehend im Dunkeln hält, damit ihr Fleisch weiß bleibt, und Hühner in Legebatterien sperrt, mehrere zusammengepfercht auf einer Fläche von der Größe eines Blattes Schreibmaschinenpapier, der ist auch fähig, KZs zu bauen“.[40] Dies weist auf massive Komponenten des impliziten, zwar nicht bewusst gewollten und noch nicht geradezu „herrschenden“, faktisch aber doch sehr wohl untergründig und manifest *mit*herrschenden, sich massiv auswirkenden und latent drohenden Menschenbildes unserer Gesellschaft hin, in der wir leben und die wir sind. Leben wir nicht, so frage ich, in einem System, das neben Wohlstand und Freiheit für die einen *gleichermaßen und konstitutiv* Ungerechtigkeit, Brutalität und Menschenverachtung für die anderen und Naturbedrohung für uns alle generiert und nur hierdurch möglich und bezahlbar ist?

Die Schulpolitik

Und unvermeidlich gehört hierher auch, dass in unserem Lande – unbeachtet bzw. immer wieder folgenlos benannt – das Schulsystem ungezählte Kinder – durch strukturelle Fehlentwicklungen, verzweifelte Klassengrößen und überforderte, ausgelaugte, z. T. auch ungeeignete bzw. didaktisch unausgebildete Lehrer und Lehrerinnen – um ihre Lebens- und Wachstumsmöglichkeiten gebracht werden? dass im Zeichen von Pisa – entgegen allem, was längst klar ist – der Leistungsdruck und die Leistungskategorie – jedenfalls bei uns in Deutschland – *noch mehr* in den Mittelpunkt gerückt und gesteigert wird, statt dass die ganzheitlichen, personalen, musischen Komponenten und anderen geistigen und seelischen Wachstumschancen der Kinder und Jugendlichen in den Mittelpunkt der Aufmerksamkeit gerückt würden (wie es die Nr. 1 der Pisa-Liste, nämlich Finnland, längst weiß und vormacht und wie es z. B. das pädagogische Reformwissen Hartmut v. Hentigs oder das methodische Vermögen der Themen-zentrierten Interaktion Ruth Cohns und manch anderer pädagogischer Ansätze und Hilfen längst nahe legen und ermöglichen), was alles ein Unrecht an diesen heranwachsenden Menschenkindern ist? Und dies alles, obwohl man weiß, dass Bildung die entscheidende Antwort auf die bleibende strukturelle Arbeitslosigkeit und auf die wachsende Integrationsnotwendigkeit ist, in die auch künftig allzu viele Menschen (selbst in demographischer Perspektive) hineinlaufen – Bildung die entscheidende Antwort nicht nur für die Behebung, sondern gerade auch für die sinnvolle *Gestaltung der Zeit der Arbeitslosigkeit selber* (statt innerer Leere, Sinnlosigkeit und Gewalt)! Was, wenn nicht Bildung kann die Verhaltensautonomie der Menschen in unserem fast übermächtigen Konsumsystem ermöglichen und entstehen lassen? Alles dies verlangt Bildung, nicht nur Leistung! Und unsere Familienpolitik ermuntert die ärmeren Schichten durch finanzielle Verlockungen zur Erzeugung von mehr Kindern, gleichzeitig aber wächst die Kinderarmut, und die aus solchen finanziellen Ermutigungen neu Geborenen werden, da sie überwiegend nicht in wohlsituierten Familien geboren werden, in die Falle der wachsenden Kinderarmut hineingeboren. Welche *faktisch regierende Werteskala* steht hinter einer Politik, die dies kontinuierlich ermöglicht und fortschreibt? Und ist es schließlich nicht wahr und längst bekannt, dass die Neigung zur Gewalttätigkeit unter Jugendlichen – bis hinein in ihre Vorstellungen von Beziehung und Liebe – sowie die entsprechende pornographische Unterwanderung, Bedrohung und virtuelle Verzerrung der Jugendkultur durch Internet und Computerspiele ein bedrohliches Ausmaß angenommen haben und ohne bildungspolitische Folgen bleiben? Deutschland ist inzwischen

nicht nur einer der größten Waffenexporteure, sondern auch zweit-
größter Produzent von Pornographie in der Welt – auch dies Teil unseres Bruttosozialprodukts, von dessen Ertrag wir vergnüglich, obgleich vielleicht auch unwillentlich, leben. Nicht zu reden, um dies zu
wiederholen, von der Unterwanderung der Jugendkultur durch die
medial-virtuellen Scheinwelten, die die unmittelbar-menschliche Be-
ziehungsfähigkeit nicht unerheblich bedrohen und aushöhlen. (Um
nicht missverstanden zu werden: Ich spreche weder gegen die Tatsache
von medialen Welten noch gegen die von Pornofilmen, wohl aber
gegen das ungefilterte und unqualifizierte Hereinbrechen all des vielen
Schrotts auf die Jugendlichen, denen nur wenig Hilfe zu autonomem
und selektivem Gebrauch und zum produktiven Bestehen der Konsu-
mentensituation gewährt wird.) Und keine Bildungspolitik, die doch
alleine Schlüssel und Antwort auch hierfür wäre, fängt dies auf und
stellt Zeit und Gelegenheit der Zuwendung zu Schülern durch qualifi-
ziert ausgewählte LehrerInnen in übersichtlichen Klassen und Ganz-
tagsschulen, die Lebens- und Gedeihraum sein sollten, zur Verfügung
oder jede (offene) Jugendarbeit, die die Jugendlichen in reale Beziehungen verwickelt und sie nicht sich selbst allein und der destruktiven
Suggestionswelt der einschlägigen Internetseiten überlässt. Man weiß,
dass (mindestens für die ersten Schuljahre) kleinere Klassengrößen die
Bindungs-, Lern- und Ausbildungsfähigkeit der Jugendlichen signifikant steigern. Nicht einmal die angemessene Einsicht in diese Notwendigkeiten (schon angesichts der hohen Schulabbrecherquote), stattdes-
sen nur Leistungssteigerung in Schule *und Universität,* die als Ausbil-
dungs-, nicht aber als lebendige, kreative Lern- und Bildungsanstalten
geführt werden, erscheint als Intention, Antwort und Kriterium am
Horizont der Diskussionen (nur viele einzelne Lehrer und Lehrerinnen
suchen dieser Tendenz mit unendlichen Mühen und persönlichem
Einsatz entgegenzuwirken). Leistung ist der Abgott und Aberglaube,
dem „Menschenopfer unerhört", schon im Schulsystem der heranwachsenden kleinen und jungen Menschen dargebracht werden; von
den Universitäten hier nicht zu reden.

Mut zum Denken?

Unser wirtschaftliches System und die von ihm weitgehend dominierte Politik findet offenbar aus den ökologischen und menschlichen Destruktionen, die es – neben gewiss auch viel Wohltätigem – bewirkt, von selbst nicht heraus; die irrationale, fast religiöse Inbrunst und Gläubigkeit an die Lösungsmöglichkeiten des Marktes, die derzeit glücklicherweise (ob nachhaltig?) im Abnehmen scheint, aber auch die finanzmarktgetriebenen Zwänge der Wirtschaft verlangen nach dem mutigen Vorrang der Politik (Kreisau: Der Staat soll *Herr* der Wirtschaft sein), denn „Märkte sind gute Diener, aber schlechte Herrscher!" (v. Uexküll). Solange aber immer wieder vitale – öffentliche und menschliche – Anliegen wie Wasser, Energie, Infrastruktur u. a. privatisiert werden, begibt sich die Politik immer wieder ihres eigenen Primats und Vorrangs vor der Wirtschaft in wesentlichen Entscheidungsbereichen; die Hartnäckigkeit in der Verfolgung der vielen kleinen nötigen und möglichen Schritte, die in der Konsequenz zum Umsteuern führen, wird oft vermisst, nur selten durchgehalten. All diese Umstände verlangen nach Menschen, die den Mut haben wirklich zu denken, den Aberglauben an die halbwahren, begrenzten – das immerhin! – Selbsttregelungskräfte des Marktes aufzugeben und sich – gedanklich wie politisch wie ethisch – anders zu engagieren. Wir wissen viel und so manche Alternative für unsere Probleme ist längst bekannt, aber der Mut ist nicht vorhanden, die vorhandenen Einsichten zu gebrauchen, bzw. er versickert oft in den Mechanismen der politischen Machtgestaltung (man vergleiche die unglaubliche Macht der verschiedensten *in* den Ministerien verankerten Lobbys!). Gewiss, moralischer Druck und Aufregung alleine helfen nicht, beide können vielmehr nur der Motor zu *intelligenten* Lösungen sein, auf die es ankommt und die nur langsam, Schritt für Schritt, wachsen können. Man muss wissen und nicht vergessen, welche wirtschaftlichen und ideologischen Interessen diesen Markt-Aberglauben durchzusetzen und machtvoll, auch in den Medien, zu stabilisieren suchen. Es bedarf also Mut zum Denken und de Engagements für solches – welches? – Gegendenken. Diesen Mut und diese Kühnheit hatten die Kreisauer. Aber was kann das heute bedeuten? Das scheint in all unserer wahrlich nicht nur eingebildeten Ohnmacht die sich immer wieder aufdrängende Frage zu sein.

Die Langfristigkeit der Einsicht

Um diesem hochkomplexen Sachverhalt sich hartnäckig und nachhaltig zu stellen, bedarf es zunächst – das scheint mir das Erste – der kühlen Einsicht, dass all die heute auf die Globalisierung antwortenden Intentionen und Gestaltungsversuche und -ohnmachten erst in mittel- und längerfristigen Entwicklungen sich auch nur annäherungsweise umsetzen lassen, so wie es auch im 19. Jahrhundert ca. 50–70 Jahre dauerte, bis – vom Beginn der Frühindustrialisierung an gerechnet – das ungefähre Gleichgewicht von Kapital und Arbeit, von Produktion und Menschenrechten erreicht wurde. Mindestens ebenso lange wird es dauern, bis in der globalisierten Weltinnenpolitik sowohl die koordinierten Rahmenbedingungen der EU und der internationalen Staatengemeinschaft sowie die Koordination der internationalen Gewerkschaften ein ungefähres Gleichgewicht zwischen Kapital und Arbeit und eine „Gerechte Teilhabe" an genügenden Lebensbedingungen für alle Menschen auch nur graduell steigend wieder ermöglichen können. Die Problemstände, an denen wir leiden, sind in diversen entscheidenden Komponenten durchaus neu (d. h. ca. 20/30 Jahre alt) und müssen bzw. können angesichts der in mentalen wie ökonomischen und politischen Hinsichten verunsichernden Entgrenzung und Globalisierung erst allmählich – in einem graduellen Entwicklungsprozess – klugen Lösungen zugeführt werden. Geduld also, so schmerzlich sie ist, ist hier zu lernen.

Der kalte Zorn unserer Einsicht

Dennoch verlangt und erlaubt all das oben genannte Unrecht und Schlimme, das täglich den Hungernden in der Welt und dem inzwischen unteren Drittel unserer Gesellschaft angetan wird, nicht nur langfristige Einsicht, sondern – das wäre das zweite hier Notwendige – Opposition, Widerspruch, Gegenpolitik und kalten Zorn schon jetzt, und das *mitten im* System der Demokratie und ihrer sozialen Marktwirtschaft. Denn wir leben Gott sei Dank in einem Rechtsstaat, wie ihn zu haben Helmuth v. Moltke und seine Freunde sich gefreut hätten; die rechtlichen Umstände, unter denen wir heute leben, dürften exakt das sein, was er und seine Kreisauer Freunde sich nur hätten wünschen können. Ist es dann aber – angesichts unseres Wohlergehens – nicht unbescheiden, undankbar und frivol, die Heilung all der genannten Desiderate und Defizite obendrein auch noch zu wünschen und einzufordern? Wir leben in einer durch Freiheit und weitgehende Rechtsstaatlichkeit, Frieden und wirtschaftliche Produktivität wie auch durch weitgehenden Wohlstand ausgezeichneten Region, in der – außer unserer erheblichen, wenngleich eingeschränkten Rechts- und Sozialstaatlichkeit – eine Fülle kultureller wie politischer Stiftungen und beglückend große Zahl von Menschen in den verschiedensten Bereichen sich ehrenamtlich aus allgemein menschlichen, säkular-ethischen oder religiösen Motiven engagiert; und speziell im Blick auf die religiöse Situation gesehen hat die bei uns in verschiedenen Formen und Graden herrschende Staats/Kirchen-Trennung eine Freiheit der Subjektivität und der religiösen Aufklärung und Vielfalt ermöglicht, die anderwärts kaum auffindbar ist (auch wenn diese Freiheit ihre markanten Schwächen und bedrohlichen Blindheiten und Ausblendungen an sich hat – bei uns bedroht von naivem, selber fast religionsartigem Säkularismus wie in den USA durch ebensolchen Fundamentalismus). Daher möchte ich den Modellcharakter dieser durch Freiheit, Wohlstand und weitgehende Achtung der Menschenrechte ausgezeichneten Region – trotz all ihrer seelischen und sozialen Erosionen – keineswegs bestreiten.[41] Nicht für die allermeist Wohllebenden also, sondern für die – auch bei uns – auf der Nachtseite Lebenden wie auch für die Natur, von der wir leben (und auch die Tiere, die vielfach massenhaft stumm gequält leiden), dürfen und müssen wir diese Forderungen, Hoffnungen und Erwartungen aufrechterhalten und an der Wende bzw. schrittweisen Neuakzentuierung unseres Systems arbeiten. Ihrer aller Leiden ist ein Indiz der nicht zu übersehenden letztlichen Brutalität unseres – nicht ohne Grund mit Lob und Dank gelebten – Lebenssystems. Für sie darf und muss der Zorn und der Widerspruch, damit er langfristig bleibt und währt, kalt und rational sein. Die fälligen mentalen und wirtschaftlich-technologischen Paradigmenwechsel, die hier speziell im Blick auf den Fortschritts- und Wachstumsbegriff unabweislich sind und längst gefordert werden, können dabei nur graduell und schrittweise innerhalb dieses Systems, nicht gegen es und außerhalb seiner erfolgen; nur sie können – wenn überhaupt – seine Fortschreibung und Verwandlung bewirken; denn das aus Konkurrenz und Gewinnstreben (eingeschlossen der immer doppeldeutige und gefährdete Egoismus) motivierte System der freien Marktwirtschaft scheint für jede aussichtsreiche Wirtschaftspolitik unerlässlich und alternativlos richtig, nicht dagegen seine derzeit zunehmend asoziale Gestaltung. „Zivilisiert den Kapitalismus" [nicht: schafft ihn ab!] hat Marion v. Dönhoff daher ihr letztes Buch (1997) genannt. Gegen wen – außer gegen uns selber in unserem Wohlleben und die Hochkomplexität der Probleme – sollte eine abrupte Revolution, ein nur kontradiktorischer Widerstand sich denn richten? Es gibt – jedenfalls in unseren hochkomplexen Industrie- und Kommunikationsgesellschaften – keine durch Revolution oder Widerstand an die Macht zu bringende Menschengruppe, die per se es besser machen würde (in sozial und soziologisch anders strukturierten Ländern mag das anders sein und Revolution durchaus eine Möglichkeit).[42] Es kann daher, sosehr die Ungeduld rechtens drängt, nur um allmähliche Evolution innerhalb unseres Wirtschafts- und Rechtssystems gehen. Entsprechend gibt es keine Wege „aus der Gefahr", nur „Wege in der Gefahr", Wege entlang dem Abgrund, wie C. Fr. v. Weizsäcker immer wieder eindringlich gezeigt hat; denn erst Angst und Schmerz erzwingen offensichtlich – angesichts unserer nur zu kurzfristigen Interessen und Borniertheiten – in aller Regel die notwendige Einsicht. Dies alles muss auch der Zorn und der Widerspruch als Bedingung seiner sinnhaften Möglichkeit kalt und dauerhaft wissen.

Unbescheiden und fordernd bleiben – für wen?

Hebt man daher den Blick über unsere Wohlstandsregionen und sieht auf all die Opfer und unbestreitbar Leidenden weltweit und auch die Destruktionspotentiale in unseren eigenen Regionen, dann bestätigt sich grundlegend, dass es notwendig, berechtigt und keineswegs unbescheiden ist, diese Dinge zu sehen, diese Forderungen zu erheben und die Notwendigkeiten der Veränderung in aller Ohnmacht fortwährend im Bewusstsein und in der Öffentlichkeit zur Geltung zu bringen und präsent zu halten. Was aber lässt sich tun? In der Zwischenzeit dieses langwierig-ohnmächtigen Prozesses sollen wir uns, so meine ich, der

angeblichen Legitimation jener Zustände durch angebliche Marktnot-
wendigkeiten nicht beugen und all dem, was derzeit – scheinbar unausweichlich – geschieht, wenigstens nicht zustimmen, sondern offen
benennen, was Unrecht, ungebändigte Gier, ständige Verleugnung der
(in der „sozialen Marktwirtschaft" eigentlich vorgesehenen und gebotenen) Solidarität und unerlaubt hohe Rendite bleibt (was der Egoismus, die Marktgläubigkeit und Gruppenzugehörigkeit der Wohlver-
dienenden, die die Medien weitgehend beherrschen, natürlich gerne
bestreitet) – auch wenn es heute noch nicht veränderbar ist, weil die
Lösungen nur langsam und pragmatisch wachsen müssen und ent-
wickelbar sind. In der Evolution – und wir sind ein Teil derselben –
entstand die eindrucksvolle Komplexität des Lebens immer nur in
kleinen Schritten; die großen Schritte waren meist katastrophenförmig.
Der Marx'sche Trost gilt daher noch immer: „Nichts ist von Natur aus
so, alles ist entstanden, also kann und wird sich alles auch wieder ver-
ändern." Die „richtige" Lösung jenseits des allmählichen Prozesses,
unabhängig von ihm und vor ihm, gibt es nicht (oder kaum), selbst
wenn es heute eine ganze Reihe von unwiderleglichen Einsichten gibt,
die nur eben nicht realisiert werden. Zu all dem daher nicht schweigen,
den Widerspruch in aller Ohnmacht nicht verschweigen, das ist es, was
wir sicher können und sollen: den Widerspruch aufrecht und bewusst
erhalten, jeder in seiner kleinen Öffentlichkeit ihn beharrlich sagen
und Solidarität mit Natur und Menschen in aller Ohnmacht einklagen.
Notwendiger Zorn und kalte Empörung sind daher berechtigt und
nötig, sie sind aber immer nur die eine notwendige Hälfte; kalte Einsicht in die unabweisliche Langfristigkeit dieser Prozesse und das allmähliche Erfinden intelligenter Lösungen sind die andere Hälfte der
persönlichen Einsicht und engagierten Investition von Verstand und
Gefühl. Wenn man ständig sagt und hört, dass die Bundesrepublik seit
der Agenda 2010 besser „aufgestellt" sei, so wird brutal übersehen und
ständig verschwiegen, dass eben dies im Wesentlichen durch massive
Schlechterstellung der Menschen am unteren Rande unserer Gesellschaft und auf ihre Kosten bewerkstelligt wurde – durch eine massive
Desolidarisierung mit den Armen und Schwachen. Mir scheint, dies
Unrecht zu sehen, es als solches zu *benennen* und in aller Ohnmacht
nicht zu verschweigen, sei ein bleibend wichtiges Element und ein Auftrag aus dem Erbe der Kreisauer, wenn man sie und den Geist ihres

Widerspruchs ernst nimmt. Dies dürfte die einzige Möglichkeit sein, die wir – im Durchschnitt gesehen – kleinen Individuen haben, will man sich nicht sinnlos in kurzfristigen Aktivismus hineinhetzen lassen. Ich sage nicht, dass ich oder irgendjemand eine fertige Lösung dieser Probleme schon wüsste (sosehr immer wieder die Konsequenz kleiner Schritte, die letztlich zur Umsteuerung des Systems führen können, bekannt ist, aber nicht aufgebracht wird), aber die Politik und die Lobby sollten aufhören, die menschliche Wahrheit dieser Wahrnehmung: die systemische Ungerechtigkeit, politische Schwierigkeit und Ratlosigkeit unserer Gesellschaft und unsere nur begrenzte Steuerungsfähigkeit zu verleugnen. Die Ohnmacht der Politik in vielfacher Hinsicht ist evident; sie sollte aufhören, dies und die Lage sich und uns in der Öffentlichkeit zu verhehlen, sondern unsere Grenzen eingestehen. Das wäre ein Beitrag zu befreiender Klarheit. Unser Wohlstand und Wohlsein lebt *auch* auf dem Boden von nicht notwendiger Ungerechtigkeit, Unrecht und Raubbau an Mensch und Natur. Den kalten und langfristigen Einspruch hiergegen aufrecht erhalten, das wäre der zweite hier mögliche Schritt.

Widerspruch wogegen? Ständiges Wachstum? Welcher Fortschritt?

Dies aber scheint dann die entscheidende Frage: Worauf soll sich der Widerspruch richten? Welches ist der Konsens und die Loyalität, die wir heute gegenüber unserem eigenen Lebens- und Gesellschaftssystem aufzukündigen haben, wenn wir dem politischen, religiösen und ethischen Erbe der Kreisauer auf der Spur bleiben wollen? Denn wir leben in einem Paradigma, das einst *Fortschritt* bedeutete, inzwischen aber *konstitutiv auch* destruktiv und lebens- wie menschenfeindlich geworden ist. Sollten wir wirklich dem mörderischen Aberglauben weiter huldigen, dass wir alles dürfen, was wir können (z. B. durch Hirntoddefinition transplantierbare Organe gewinnen – mit unabsehbaren seelischen Folgen für das Lebensverständnis und Sterbewusstsein), und dass Fortschritt nur durch *ständiges Wachstum*, jedenfalls in seinem gegenwärtig meist quantitativen Verständnis, möglich sei? *Fortschritt und Wachstum nur noch in bestimmten Perspektiven und unter definierten Bedingungen:* Wachstum in Zukunft nur erwünscht und zu fördern, *wenn* es umwelt- und menschenverträglich ist – das scheint die Antwort!? Und – müssen wir wirklich dem Dogma, dass jedes nicht wachsende und zunehmende Bruttosozialprodukt bereits den Kern seines Ruins und Abschwungs in sich trage, noch länger glauben und daher regelmäßig seelische und wirtschaftliche Depressionen uns einhandeln, wenn der Zyklus wieder einmal die Wachstumskurve bricht, statt eben diese Einbrüche als zum System gehörig anzunehmen, mental wie wirtschaftlich einzurechnen und daraus systemische, fehler- und abschwungsfreundliche Konsequenzen ziehen? Wir müssen offensichtlich lernen, auch mit einer schrumpfenden Volkswirtschaft zu leben und fertig zu werden, denn mit ständigem Wachstum unter zunehmendem Ressourcenverbrauch kann es ja in einer endlichen, begrenzten Welt nicht weitergehen. (Die Literatur und die Belege hierzu sind inzwischen Legion.[43]) Das Dogma des notwendigen quantitativen Fortschritts, der weiterhin auf der Beschädigung und Verseuchung von Wasser, Luft, Boden, Lebensmitteln aufbaut, wäre zu verabschieden?! Schon die selbstgemachte Psychologie auch in dieser Frage macht bekanntlich einen wesentlichen Teil der Abschwünge aus! Die derzeit wachsenden Ökologie- und Nachhaltigkeitsbemühungen oder auch das exponentielle Wachstum der Mikrofinanzen sind vielleicht wirklich ein erster Hoffnungsschein, dessen Verstärkung uns in unserem Wohlleben noch wehtun muss und wird, weil wir über unsere Verhältnisse leben. Abschied vom unqualifizierten Wachstum mit unabsehbaren Folgen in unserem Lebensstil!

Der Steuerungswahn

Außer diesem Fortschritts- und Wachstumsbegriff aber dürfte und müsste die Aufkündigung der Loyalität und die Ankündigung des Dissenses im Blick auf die ständige *Anmaßung* und den Aberglauben unserer politisch wie ökonomisch wie ökologisch wie kulturell unterstellten *Steuerungsfähigkeit* betreffen, als wenn wir, als wenn der Mensch all die von ihm ausgelösten Prozesse beherrschen und gestalten könnte und deswegen in alle bestehenden Konstellationen eingreifen, alle Strukturen und Parameter der weitgehenden Auflösung und der (dann sogenannten) Flexibilisierung aussetzen dürfte, ohne die

Folgen all dieser Eingriffe auch nur abschätzen, geschweige denn beherrschen und gestalten zu können.[44] Änderungen bis an die Grenze des Machbaren vorzunehmen und dann von den auftretenden Fehlern und Problemen überrascht zu sein, das sollte unsere Politik sich nicht länger erlauben dürfen. Jede einschneidende Änderung, auch die gut gemeinte, kann gefährlich werden. Hier betätigt und bestätigt sich implizit eine verheerende und subkutan heute fast selbstverständlich gewordene Allmachtsphantasie, die die uns gesetzten Grenzen und Kostbarkeit gewachsener Strukturen nicht mehr bedenkt, sie zuerst einmal überspringen zu dürfen meint und daher nicht mehr fehlerfreundlich denkt, keine Fehler antizipiert und im System voraus- und eindenkt. Bis tief hinein in den mental, seelisch und politisch verbreiteten Machbarkeitswahn und -aberglauben wirkt sich diese Anmaßung aus. Bis in die meist in uns selber, in unserer Weltanschauung und Anthropologie verankerte Tiefe dieses Aberglaubens an die Machbarkeit aller Dinge hinein müssen wir, meine ich, die Aufkündigung des Konsenses lernen; denn es ist weithin verloren gegangen, die Möglichkeit, ja die Tatsache zu bedenken, dass wir – in allen Dimensionen unserer Lebendigkeit – nicht nur vom Tun und Machen, sondern auch vom Empfangen und vom allmählichen Wachstum der Dinge, vom geschenkten Leben und vom Grenzbewusstsein leben – diese auch organologische, letztlich aber spirituelle Einsicht ist ein Ast am Baum der Lebensbedingungen, den abzusägen wir im Begriffe sind. Fast nur die religiösen Traditionen belehren uns über diesen Sachverhalt der Grenzen und des Wahns der Machbarkeit (z. B. beim kindlichen und jugendlichen Lernen, welches auf Strukturen und Zeit zum Wachsen, nicht auf ständig kurzfristig gemachte Wechsel in Schul- und Lernsystemen angewiesen ist). Die Aufkündigung der Loyalität gegen die im Steuerungswahn implizierten Allmachtsphantasien hätten wir hier zu vollziehen. Das wäre der dritte hier zu lernende Schritt.

Schlimmes oder Schuld?

Hinzu kommt, so scheint mir – außer Einsicht und Widerspruch –, zunächst noch ein Drittes, das die Lage für wache Menschen und Gewissen verschärft: dass nämlich vieles von dem, was wir erleben müssen, nicht nur „schlecht" und „schwer" ist, sondern für einen gewissen Blick, den die Kreisauer hatten, immer auch *Unrecht* werden kann, was uns in peinsame Beteiligtseins- und Schuldfragen verwickeln kann, auch wenn all jene geforderten Veränderungen unser Vermögen zur Alternative übersteigen und überfordern. Ich zitiere hierzu vorwegnehmend Moltkes – offensichtlich auch ihn selbst bewegende, belastende – Einsicht aus dem Jahre 1942: „Aber heute dämmert es einer nicht allzu breiten, aber aktiven Schicht, nicht dass sie betrogen worden sind, nicht dass ihnen eine schwere Zeit bevorsteht, nicht dass sie den Krieg verlieren könnten, sondern dass das, was geschieht, eine Sünde ist und dass sie persönlich verantwortlich sind für jede grausame Tat, die geschieht, nicht im weltlichen Sinne natürlich, sondern als Christen …" Das wäre eine neue, weitere Stufe der Beunruhigung, der Empfindsamkeit und Wachsamkeit, die die Kreisauer uns zu erwägen geben, zu der sie uns wachrufen: wenn man die betroffenen, „Erniedrigten und Beleidigten" bedenkt und nicht vergisst, dass unser aller Wohlleben sich zum guten Teil aus eben dem finanziert und nährt, woran Natur und Menschen leiden. Wenn die Wahrnehmung unserer Probleme und die Suche nach Auswegen eine moralisch-ethische Dimension hat, dann ist unser Versagen an dieser Front unweigerlich auch mit Leid und Schuld behaftet, man mag damit fertig werden wie man will. Wir sind mit unserem Wohlleben verwickelt in all dies Unheil, auch wenn wir uns dem Bewusstsein von Schuldverwickelung nicht immer annähern oder nur begrenzt aussetzen. Dieses Thema haben die Kreisauer erneut in den Raum und vor uns hin gestellt, gleichgültig, ob und wie wir es wagen, uns zu ihm zu verhalten. Daher – all dem Leid nicht zustimmen und seinen *auch Unrechts- und Schuldcharakter* uns bewusst halten, dies immer wieder in unseren kleinen und großen Öffentlichkeiten bekunden und geduldig nach *intelligenten Lösungen* suchen – das scheint die notwendige und einzig mögliche, durchhaltbare Weise des Widerspruchs zu sein, die wir beitragen können. „Wir brauchen Zeichen des Entsetzens", meint dazu jene kluge, in Leiden und Hoffnungslosigkeiten alterfahrene Frau, die wir oben bereits zu den Kälbern und zur implizit kapitalistischen Anthropologie unserer Gesellschaft bereits zitierten; eine „Ethik des Erschreckens" hat Hans Jonas das im „Prinzip Verantwortung" genannt. Nähern wir uns der Einsicht von Unrecht und Schuld, die in all diesen Entwicklungen und unseren Beteiligungen daran durch unser Leben und Wohlleben mitgegeben ist? Lassen wir sie allmählich zu und an uns heran? Mit der moralisch-ethischen Dimension würden Solidarität und Gerechtigkeit als politische Kategorien bestätigt, und es käme das Vergehen gegen sie als Frage der Schuld, die sehr vorsichtig erwogen und zurückhaltend bedacht werden muss, in den Horizont der Politik und unser aller Beteiligung.[45]

Unser peinliches Involviertsein – die hinzunehmende Selbstkritik

Dies aber bedeutet die peinliche Einsicht, dass wir selbst durch unser Leben und Wohlleben, auf das wir (indem z. B. unsere Gehälter durch Waffen- und Pornoexport mitfinanziert sind!) gar nicht einfach verzichten und mit dem wir nicht einfach aufhören können, unweigerlich mit dem Gefährdungs-, Destruktions- und Unrechtspotential unserer Welt verbunden sind und dieses ständig durch unser Leben und unsere Teilnahme selber mitzementieren. So sehr es also Widerstand dem oben genannten Aberglauben und mutige Unterstützung der politischen Alternativen gilt, so sehr müssen wir wissen, dass *auch wir selbst*, unser Lebensstil, unser Wohlergehen und unsere Verwobenheit – und nicht nur die bösen Wirtschafts- und Bankenbosse wie auch die angeblich nur feigen Politiker – es sind, denen unser Widerstand, also unser Schicksal, unser Schuldbewusstsein und unsere Buße – dies kirchliche Wort scheint mangels Alternative unserer Gegenwartssprache unvermeidlich – gelten muss. Wir können uns nicht am eigenen Schopfe aus der Lage, die wir beklagen, ziehen, bleiben ihr also unvermeidlich verbunden und ausgesetzt. Auch dies ein Hinweis auf die uns gesetzten Grenzen der Steuerungsfähigkeit! Hier gilt es Zorn und Widerspruch zu erhalten *und gleichzeitig* auf schmerzhafte Weise die vereinfachenden Projektionen zurückzuziehen, von denen unser Zorn allzu billig und unangemessen *auch* lebt.

Was bedeutet das für unseren Lebensstil und unser Selbstbewusstsein? Zumindest dies, dass wir die Zumutungen und Härten, die die kommenden politischen Entwicklungen an uns und unser Wohlleben unausweichlich bedeuten müssen, einsehen und zu akzeptieren und zu tragen lernen – unter leidenschaftlicher Wahrung der Solidarität und Vermeidung sozialer Ungerechtigkeit, auch in unserem eigenen Lande. Zum öffentlichen Bewusstsein auch dieses peinlichen Wissens beizutragen, dürfte unausweichlich und für jeden von uns eine Aufgabe sein. Wir bestimmen das mentale Klima der (nicht projizierenden) Auseinandersetzungen und Diskussionen mit, individuell und durch Institutionen, in denen wir mitwirken! Dies wäre ein weiteres Element im politischen Bewusstsein, das uns die Kreisauer erneut ins Bewusstsein rufen, zu dem sie uns provozieren.

Der notwendige Spagat im Lebensgefühl

Dem Unrecht also und der Sünde im eigenen (persönlichen wie gesellschaftlichen) Leibe, die man nicht verhindern kann, wenigstens „nicht zustimmen" („non consentire", eine alte Formel Luthers) und die Unzufriedenheit, das disagreement im Interesse aller Betroffenen, der Menschen wie der Natur und der Tiere, aufrechterhalten und aussprechen, ihm eine Öffentlichkeit verschaffen! Schon das ist der manifestierte Widerspruch – in Ohnmacht! Um das aber aushalten zu lernen, ist es, glaube ich, vor allem nötig, sich ganz grundsätzlich auf einen notwendigen *Spagat im Lebensgefühl* einzustellen, welcher ohnehin unsere Aufgabe und eine menschliche Wahrheit ist. Denn wir Menschen – die meisten, wenngleich längst nicht alle – leben, wie gesagt, *einerseits* in einer wunderbaren Welt und Schöpfung (bei uns: in Demokratie und Rechtsstaat, Friede und Wohlstand) – und es wäre unwahr und undankbar, dies nicht zu sehen, zu sagen und danken zu wollen. *Und* wir leben *andererseits* gleichzeitig in einer Welt, die voller Brutalität, Destruktion, Unrecht (in das uns unser Wohlstandsverwobensein verwickelt) und die daher voller Gebot und Forderung („Du sollst … [helfen, lieben, dich verantwortlich fühlen]") ist, voller Gebot und Forderung, welche verlangen und gebieten, auch diese Schattenseite zu sehen, sie zu sagen und nicht auf sich beruhen zu lassen – um des ständigen Unrechts an Menschen und Tieren und des Raubbaus an der organischen Natur willen. Denn all dieses unübersehbar Schlimme macht die Rückseite all der Segnungen und Wohltaten aus, mit denen wir auf der Vorderseite unserer Gesellschaft und unserer Menschlichkeit leben. Solche Rückseiten wird es immer geben, eben sie aber bedürfen der Eindämmung und Gestaltung, nicht der resignierten Hinnahme, weil sie sonst ausufern und – als angeblich unvermeidbare Konsequenzen der Globalisierung – zusätzlich auch noch legitimiert und für unvermeidlich erklärt werden. Gewiss, es muss Härten und Zumutungen geben, denn wir leben über unsere Verhältnisse; die Schere zwischen Arm und Reich, Gerechtigkeit und Unrecht wird immer bestehen, sie muss aber so weit nicht aufgehen, wie sie es derzeit wieder einmal in bisher ungeahntem Ausmaße tut. Diese höchst *relative* Verbesserung (nicht die radikale Alternative) ist es, für die wir uns einsetzen sollen, wenn wir nicht Illusionen erzeugen wollen; aber die dennoch ungeminderte Aufmerksamkeit gebührt der Peinlichkeit unserer Verwobenheit in das Elend, das wir beklagen. Nur der zu lernende Spagat im Lebensgefühl und die Fähigkeit, zwei einander entgegengesetzte, aber gleichermaßen wahre Empfindungen und Wahrheiten auf Dauer in uns, im Herzen unseres Lebensgefühls aufrecht zu erhalten und zu bewahren, hilft uns, diese doppelte Einsicht zu leben und ihr gerecht zu werden. Nur dieser bewusste Spagat hilft, so vermute ich, neben Dank und dem großen Ja auch den Zorn, den Widerspruch und das große Nein kalt und rational zu erhalten, damit sie langfristig bleiben und fortdauernd währen. Das „Ja" mit seinen Quellen ist der entscheidende Ast, auf dem wir sitzen. Wir sollten ihn nicht absägen, sondern vielmehr uns auf ihn besinnen, ihn pflegen und leben (dazu weiter unten mehr). Auch diese subjektiv-persönliche Einstellung in ihren verschiedenen Komponenten in Dank und Zorn kann ein weiteres Element unserer politischen Bereitschaft werden.

Wir haben es heute mit ganz anderen Problemen und Formen des Unrechts als die Kreisauer zu tun: nämlich nicht mit einer totalitärmörderischen, sondern mit den Problemen und dem menschlichen Unrecht und Schaden einer nur in einigen Regionen freiheitlichen und wohllebenden Welt, deren Möglichkeiten wir mit Dank (und immer wieder beunruhigtem Gewissen) genießen. In unserer dankbar zu lebenden Modellregion Europa könnte und sollte daher der nachdenkliche Widerspruchsgeist des damaligen Widerstands reflektiert, ruhig und kontinuierlich als Vorbild und Motivbündel, lebendig und als Motor erhalten bleiben. Die derzeitige Un- bzw. Schwerveränderbarkeit der Lage ist dann kein Grund, den Widerspruch aufzugeben, *wenn* man ihn denn menschlich wie politisch wie ökologisch für wahr hält – egal wie aussichtsreich er ist.

Die verschärfte Situation, der verschärfte Widerspruch: die fällige Opposition im System

Dieser Widerspruch muss sich derzeit offensichtlich verschärfen: die *Opposition und der Widerspruch im System*, die wir schuldig sind, droht angesichts der destruktiven Dramatik des gegenwärtigen Zustands unseres alternativlosen (aber anders gestaltbaren) marktwirtschaftlichen Systems und seiner (derzeit allzu kapitalistischen) Fassung und Folgen allmählich Züge von *notwendigem Widerstand gegen seine derzeit immer mehr entartende Verformung und Schlagseite* annehmen zu müssen. Die Loyalität gegenüber diesem an Mensch und Natur (nicht nur, aber) *auch* unbeherrschbar-destruktiven System, so alternativlos es derzeit ist und so sehr die Alternative nur als Veränderung *im* System selbst entwickelt werden kann, beginnt allmählich, eine Aufkündigung der Loyalität und das Misstrauen gegen seine Selbstheilungsversprechungen zu erzeugen und zu rechtfertigen. Denn dieses System nähert zunehmend den Verdacht, dass es – so viel Gutes politisch durchaus *auch* geschieht, verfolgt und entschieden wird – die Kraft nicht hat, aus der Falle seiner fundamentalen Probleme herauszuführen und die Unkosten seiner langfristigen und systemischen Fehlleistungen – ökologisch wie wirtschaftlich und menschlich – aufzufangen, auszugleichen, zu bezahlen; die Subventions- und Konjunkturpakete, die hier helfen sollen, steigern ständig die Schulden und die Unbezahlbarkeit unseres Lebenssystems. Seine Unkosten scheinen definitiv seinen Lebensgewinn und seine Versprechungen zu überschreiten. Die fundamentalen systemischen Voraussetzungen unserer wirtschaftlichen Verfassung selber sind es, die in Zweifel geraten, und die politischen Gestaltungskräfte werden der auftauchenden Probleme ganz offensichtlich nicht Herr; sie können die entstehenden Zweifel nicht wirklich stillen, höchstens beschwichtigen, weil alle einschneidenden und wirklich eingreifenden Versuche an objektive Schwierigkeiten und nur langsam und schwer zu erweiternde Grenzen stoßen –

all dies mit der Folge einer immer stärkeren Naturvernichtung und Desolidarisierung gegenüber den Menschen aller Kontinente, die um sich greift. Das neu einsetzende Wachstum und die Verarmung am unteren Rande unserer Gesellschaft werden ständig als Teil der *Lösung*, nicht als zentrales politisches und menschliches *Problem* gehandelt, das der Lösung erst noch *bedarf*. Die innerdeutschen Desintegrationskräfte wachsen insgeheim und ständig. Es geschieht, ich übersehe und bestreite es nicht, viel Gutes, Wichtiges und Richtiges in unserer Politik, aber es handelt sich allermeist nur um Reparatur dieses Systems, seine Strukturfehler werden kaum angegangen, dazu reicht die Kraft nicht – ich sage es mit Trauer, ohne Vorwurf (wenn wir den wirtschaftlichen Aufschwung brauchen, wer soll dann die Kraft haben, genau dann nur einen nachhaltigen Aufschwung zu fördern?), meine aber mit vielen anderen zu sehen und lasse mir nicht ausreden, dass es so *ist: die Systemfehler werden kaum angegangen und dauern und wirken destruktiv fort.* Unseren Blick auf fundamental neue, tiefere Ebenen unseres Systems statt auf Reparatur des Bestehenden zu richten, das wäre dann die Aufgabe. Solange wir nur den status quo reparieren, was schon schwer genug ist, bleiben die entscheidenden Grundlagen und die im Kern – ökologisch wie sozial – destruktiven Voraussetzungen weiterhin dramatisch gefährlich und die allein möglichen kleinen Schritte, die eine systemische Umsteuerung erbringen könnten, werden nicht hartnäckig verfolgt und konsequent vollzogen – eher hartnäckig nicht verfolgt. Die essentiell aus Konkurrenz, Gewinnstreben und *auch* notwendigem, daher unweigerlich zu bejahendem Egoismus genährte Dynamik des Systems bedarf daher einer immer weiter zu entwickelnden politischen Rahmensetzung sozialer Leitplanken und Kontrollen, die politisch und gesellschaftlich erzwungen und gewagt werden müssen, weil aus Egoismus Gier und Verblendung von Vernunft und Einsicht wurde – alles bekannt, aber nicht durchsetzbar? Sogar die richtigen politischen Zielsetzungen werden durch die Einflüsse der Lobby immer wieder abgeschwächt und verändert. Egoismus und Gier werden bleiben (dies zu wissen, wäre fehlerfreundlich, und wer die entsprechenden anthropologischen Einsichten hat, wird hierdurch weder überrascht noch erschrocken sein), jedoch die politischen Grenzsetzungen dürfen nicht länger fehlen; auf sie – statt auf moralische Besserung und Aufrufe zu ihr – lässt sich m.E. vorrangig die Hoffnung setzen. Doch schwach ist unsere politische Kraft und nur ansatzweise, aus kurzfristigen Rück-sichten immer wieder gebrochen, hat unsere Politik den Mut zu neuen wirtschaftlichen Modellen und zur Konsequenz von Entscheidungen, die schrittweise zu einem systematischen Wandel führen könnten und müssten: nur gebrochen, also gefährlich ungenügend. Es sollte aber die unweigerliche und konsequente Allmählichkeit der nur kleinen Schritte und der zumutungsvollen Geduld auch mit uns selbst nur un-ter der Bedingung einer generell neuen Kompasseinstellung und all-mählicher humaner und ökologischer Systemveränderung geben – gleichzeitig mit der zunehmenden Bedrohung der ökologischen wie der politischmenschlichen Probleme, die (hoffentlich nicht zu spät) durch ihren Schrecken, entlang dem Abgrund, Einsicht erzeugen müs-sen. Bisher ist aber nicht einmal eine Art Tobin-Steuer, vor allem aber das Verbot der sog. Leerverkäufe oder die Kontrolle undurchschauter, undurchschaubar vergifteter Finanzprodukte durchsetzbar gewesen; nur langsam wachsen die intelligenten Lösungen (obwohl es bereits mehr von ihnen gibt, als mutlos und aus kurzfristigen Interessen reali-siert werden; was die Lobby hier alles zu verhindern weiß, ist in den einschlägigen Bundestagskommissionen bekannt. Helmut Schmidt hat die allseits diskutierten und bekannten Regelungsvorschläge für die Finanzmärkte in der ZEIT vom 15.1.2009 S. 20 in 6 Punkten kurz und schlagend zusammengefasst; kaum etwas davon geschieht und das wenige nur halbherzig). All dies verlangt radikalisierten *Widerspruch und Opposition, ja Widerstand im Rahmen unseres in der Tat schwer-fälligen demokratischen Systems, nicht allerdings Widerstand gegen es, nicht seine Aufhebung oder Desavouierung.* Das unterscheidet uns von den Kreisauern, die den Widerstand *gegen* das damalige System suchen mussten.

Misstrauen und Entzug der Loyalität als Widerstand der Ohnmächtigen

Auf diesem schwer aushaltbaren, nur allmählich möglichen Wege der Umsteuerung hilft m. E., ohne sich zu überfordern, ohne sich und anderen falsche Versprechungen zu machen und so die nächste Illu-sion und Enttäuschung zu programmieren und zu provozieren, derzeit nur das Signal einer wachsenden, politisch durchaus gefährlichen

Misstrauenserklärung und der manifeste Entzug der Loyalität gegenüber den bisherigen Gewichtungen und Akzentuierungen unserer Politik (ein Entzug, der in der um sich greifenden Desolidarisierung und im Anwachsen der rechten und linken Ränder im demokratischen Spektrum längst eingesetzt hat); nur in Misstrauenserklärung und Entzug der Loyalität kann die widersprechende Ohnmacht sich derzeit ausdrücken und wirksam werden. Das kalte disagreement scheint – gemeinsam mit den Schrecken, die entlang dem Abgrund Einsicht erzeugen können – das *zunächst* einzige Mittel, das unsere Ohnmacht hat. Manche werden vermutlich im Blick auf diese Anliegen ihre Hoffnung auf Demonstrationen und auf unsere Parteien setzen und sich ggf. in ihnen engagieren. Ich habe dieses Vertrauen nicht oder nur begrenzt, da in ihnen derzeit die Kraft allenfalls dazu reicht, den – für viele von uns durchaus schönen – status quo zu reparieren, nicht aber systemisch umzusteuern. Die Ängste und Nöte sind derzeit noch nicht groß genug, und die Parteien, sosehr gute Parlamentarier in ihnen wirken, hinken den Notwendigkeiten nur hinterher (was sie vielleicht auch müssen, weil sie sehr viel schneller als ihre Bevölkerungen nicht sein können); die wichtigen Impulse versickern in ihrem Verfahrensgefüge bzw. ihren Entscheidungsmechanismen, und die verschiedenen Lobbies, eingenistet in den Ministerien und verhängnisvoll wirksam bis hinein in die Bundestagsausschüsse, tun ein übriges. Ich wiederhole dies ohne Vorwurf an unsere politischen Instanzen, weil ich die Überforderung durch die große Aufgabe sehe; die systemische Umsteuerung meine ich in ersten Ansätzen nur schwach und in Ansätzen, ohne wirkliche Konsequenz zu erkennen; fast überall vergrößern und verstärken sich die Aporien derzeit in unserer Welt, bestenfalls werden sie gebremst; im Ganzen aber verschärfen sie sich, entgegen den immer wieder gegebenen Heilungs- und Selbstregulationsversprechen der Industrien und der verschiedenen Märkte. Diese derzeit für unsere Politik offensichtlich konstitutive Ohnmacht innerlich anzunehmen, auf ihr zu bestehen und sie zu „akzeptieren", sie reuelos wahrzunehmen, sie sich nicht ausreden zu lassen, das ist m.E. die einzige Weise, eben sie zu bestehen, durchzustehen und in ihr aufrecht zu bleiben. Denn nach der unendlich oft belegten Einsicht der Gestalttherapie müssen Sackgassen (der „impass") „angenommen" werden, dann öffnen sie sich irgendwann: „Wenn du die Wüste annimmst, beginnt sie zu blühen". Die Ohnmacht wegzureden oder aktivistisch zu übertünchen, das hilft beides nicht. Das kühle disagreement und die untergründig-manifeste Nicht-Zustimmung müssen in engagierter Gelassenheit andauern. Sie scheinen mir in aller angenommenen Ohnmacht derzeit die einzige Kraft, die keine falschen Versprechungen macht und nicht in ihre eigene Selbstillusionierung und also Selbstresignation hineinrennt.

Die „kleinen Gemeinschaften" als Ursprungsort der Alternativen und der Ermutigung

Was aber folgt danach? Eine Konsequenz des Gesagten könnte sich eröffnen, wenn man seinen Blick darauf richtet, dass die ganze Welt – national und international – voller Organisationen, voller sog. NGOs (Nichtregierungsorganisationen) ist, die unmittelbar an der Basis in verschiedenster Vielfalt und mit großem Effekt an der Neuordnung, Neuerfindung und Neugestaltung der Welt arbeiten. Die Unterstützung von Attac, Pro Asyl, Green Peace, Kap Anamur, Kontakte, BUND, Aktion Sühnezeichen, Grünhelme (Rupert Neudeck), Kinderhilfe Afghanistan (Reinhard Erös), individuell zu unterstützende Projekte von „Brot für die Welt" bzw. „Misereor", des Deutschen Aussätzigenhilfswerks, der Jesuitenmission oder der vielen anderen, örtlichen Initiativen und basisnahen Organisationen, die man nur suchen muss (sie alle zusammengefasst in dem die Netzwerke aller Kontinente hoffentlich koordinierenden Weltzukunftsrat) bieten wunderbare und aussichtsreiche Ebenen, auf denen unmittelbare und sinnvolle Beteiligung wie auch spürbare Freude und sichtbare Ergebnisse möglich sind. Sie könnten heute die „kleinen Gemeinschaften" sein, von denen die Kreisauer sich Neufundamentierung und Heilung der großen Politik versprachen. Die kleinen Gruppen und Gemeinschaften wirken der Ohnmacht entgegen, die die große Politik für uns derzeit erzeugt. Denn es gibt – wenngleich beschädigte und eingeschränkte, jedoch gültige und weithin übers Land verstreute – Inseln und Oasen des sinnvollen und erfüllten Lebens mitten in hochproblematischen und hochdestruktiven Umständen, die uns umgeben: es gibt „ein wahres Leben im falschen" – dies ist der einzige Satz, den ich den Axiomen von 1968 heute entgegensetzen möchte (weil ich die Suggestion Adornos, es gebe kein wahres Leben im falschen, nicht mehr zu teilen vermag; sie hat sich als auf falsche Weise radikal, als falscher Radikalismus erwiesen). Die Welt, auch unsere Gesellschaft, ist – bei aller Vernetzung – kein monolithischer Block, sondern ein Verbund von Subsystemen verschiedenster Größe, in denen sich durchaus etwas gestalten und das Leben gewinnen und vermehren (oder eben vertrödeln und verlieren) lässt. „Wenn das übergeordnete System genügend von Krisen geschüttelt und damit verwundbar wird, können die alternativen Bewegungen die Gelegenheit bekommen, das alte System durch ein neues zu ersetzen" (Laszlo), d. h. die Logik ihrer Alternativen Schritt um Schritt von unten her zur Geltung zu bringen und sie den von oben her wirkenden Regierungspolitiken zu implementieren. Die neue Logik und ihre pragmatischen Möglichkeiten unserer Welt werden von all jenen Gruppen und Netzwerken der NGOs längst vorbereitet. Ihnen in ihrer ganz offensichtlich schon jetzt wachsenden Systembedeutung daher – parallel zu den Parteien und ihren etablierten Politiken – unser Vertrauen und unseren Kredit zu geben, macht offensichtlich Sinn und bietet Aussicht. Die Alternativen wachsen langsam, von unten her, aus der Wahrnehmung des Elends und der Gefährdung. Ob sie sich, vielleicht zu spät, durchsetzen, bleibt zunächst offen. Wenn wir ihnen unsere Energie zuwenden, die wir den Parteien derzeit nicht zutrauen und daher entziehen, gewinnen sie mehr Kontinuität, die das je nach aufregenden Ereignissen jeweils nachlassende und neuen Punkten sich zuwendende öffentliche Interesse vielfach vermissen lässt (nach dem indischen Tsunami wanderte das Interesse vom Balkan ab und hinterließ dort bis zum heutigen Tage dramatische Hilfsbedürftigkeit u.s.f.). Frauenhäuser (für von serbisch-christlichen Milizen im Zuge ihrer Kriegführung planmäßig entehrte, vergewaltigte muslimische Frauen, damit sie als Erzeugerinnen einer nächsten Generation nicht mehr in Frage kommen) wären daher ein Ort solcher Hilfe.

Von hier aus, von den vielen NGOs und analogen Projektgruppen her, lässt sich aber auch der Blick auf eine weitere, verwandte Ebene erweitern. Es gibt ungezählte Orte, Inseln und Oasen in unserer unmittelbaren Lebensumwelt, an denen sich gelingendes Leben gestalten lässt; jeder kann in seiner kleinen oder größeren Öffentlichkeit orts- und basisnah – leise und nachhaltig – die kleine Alternative an seinem Platz leben und mitschaffen: Ich kann jede Unterrichtsstunde in „meiner" Klasse – immer wieder nur eine Stunde – ein wenig besser, kreativer gestalten und meinen Schülern/ Schülerinnen wohl tun und sie als Lebensraum gestalten. Ich kann „meine" – immer wieder nur eine – Vorlesung, „mein" Seminar lebendiger machen und zum Ort sinnvollen Lernens und integralen, nicht nur intellektuell abgespaltenen Lebens machen. Die Kirchen können mehr zum Ort lebendiger, autonomer Religiosität und Freiheit statt vorgegebener Denkweisen werden. Jeder kann in seiner kleinen oder größeren Öffentlichkeit – leise und nachhaltig – in seinen „kleinen Gemeinschaften", die die Kreisauer meinten, die kleine Alternative an seinem Platz mitschaffen: Bürgerinitiativen, fröhliche (nicht nur leistungsbesessene) Sportvereine. In jeder Art von schulischen, betrieblichen, gemeinnützigen, kirchlichen Arbeits-, Lern- und Leitungsgruppen, in denen wir arbeiten, kann (was längst in entsprechenden Fortbildungen lehr- und ausbildbar ist) eine Bestärkung und Berücksichtigung der menschlichen Komponenten und Kompetenzen stattfinden, in „dynamischer Balance" mit den sachlich und fachlich jeweils gebotenen Themen und Aufgaben. Sie können zu Feldern lebendigen Lebens, Lernens und Arbeitens werden, auf denen das erwünschte und graduell, in Maßen vermehrte Leben stattfinden und blühen kann – egal was im großen Kontext stattfindet. Sie können – als die vielen kleinen, uns möglichen Gemeinschaften – ein Ort sinnvoller Tätigkeit, sinnvollen Lebens, Orte also eben dessen, was wir wünschen und in der großen Politik vermissen; egal, wie eingeschränkt das Getane bleibt – Du tust konkreten Menschen wohl. Diese Möglichkeiten in den Blick zu fassen, könnte heute der Resignation im öffentlichen Bereich und gegenüber der öffentlichen Politik entgegenwirken und sie ausgleichen. Denn diese Resignation sieht etwas Richtiges, aber sie hat nicht Recht, indem sie nur dies sieht, die bestehenden Alternativen und uns gegebenen Möglichkeiten aus dem Blick zu verlieren.

Gründe der Hoffnung

Das bedeutet – es gibt nicht unerhebliche Hoffnungsschimmer. Denn es gibt in lebendigen Systemen immer wieder sog. „Bifurkationen", das sind die unableitbar aufbrechenden Chancen der Alternativen, der

Möglichkeiten und des Muts, wo die scheinbar sichere Determination nichts mehr erwarten ließ. Kompetente und wirkungsfähige Einzelne und Netzwerkgruppen an entscheidenden Systemstellen könnten bzw. werden dann eines Tages – hoffentlich, mit dem unterstützenden Widerspruch und aus Not geborenem disagreement unser aller im Rücken – die schmerzhaften Schlüssel zur schrittweisen Umsetzung des Widerspruchs finden und dann auch in den Parteien Zustimmung und Umsetzung finden. (All dies bedeutet daher keine Auswanderung aus dem parlamentarischen System unserer Politik und seinen Wahlmöglichkeiten; wir sollen nur eben den begrenzten Stellenwert, das begrenzte Vermögen unserer Parteien wissen und uns von der Hoffnungslosigkeit, die sie verbreiten, nicht anstecken lassen. Wir können uns vom Vertrauen auf die Parteien, nicht aber vom weiterhin möglichen Leben und Gemeinsinn ablenken lassen.) Die überall möglichen „kleinen Gemeinschaften" sind Orte der Ermutigung, wenn das parlamentarische System uns entmutigt. Wir meist kleinen Figuren in diesem Spiel können hierzu in unserer Ohnmacht, meine ich, nichts weiter tun als – die langfristige Einsicht üben, den Widerspruch aufrechterhalten, den Spagat im Lebensgefühl bewusst halten und die kleinen Ort und Gemeinschaften üben, die großen und die kleinen NGOs unterstützen und uns so für schmerzhafte Einschnitte und Transformationen bereit machen, die Ohnmacht annehmen und durchstehen, die immer auch möglichen Chancen des Mutes wissen (denn die Welt, auch unsere politische Subwelt ist kein determiniertes System) und in all dem unser uns geschenktes Leben mit Dank und Aufmerksamkeit auf dem Vulkan führen, tanzen und feiern, denn „der Höchste hat geboten sich zu freuen", wie die galizischen Chassidim Martin Bubers wussten. Auch hierin sind wir heute den Kreisauern sehr nah und analog: den Widerspruch denken und dabei wissen, dass man die Wende nicht machen, nur vorbereiten kann: *sie* mit der Hoffnung auf eine große Wende, *wir* mit der skeptischen Hoffnung auf allmähliche Systemverschiebung. „Wir haben nur gedacht", so resümiert Moltke – wir werden es weiter unten sehen – seine Aktivität im Widerstand, über dessen höchst begrenzte Aussichten wir oben bereits sprachen, den sie aber trotzdem durchstanden und nicht locker ließen. Diese Hartnäckigkeit zu lernen könnte ein weiterer, letzter Schritt unseres politischen Bewusstseins und Widerstandes sein oder werden – an unserem Ort.

Eingestandene Ohnmacht, fröhlich und zornig ausgesprochener Widerspruch, Aufkündigung zentraler Loyalitäten und das Wirken in den „kleinen Gemeinschaften" Yorcks und Moltkes also – das wäre, was wir realistisch zu sehen, zu begreifen und zu leben hätten. Innovationen und Neuorientierungen werden von all jenen Gruppen und Netzwerken der NGOs längst vorbereitet und in vielen ganz alltäglichen Stunden, Sitzungen, Gruppen gültig gestaltet. Es gibt ein wahres Leben im falschen. Unternehmen und wagen wir es.

Nicht ins Unglück, in die Unzufriedenheit starren – Leben lernen

Zentral scheint hierbei, nicht nur und ausschließlich auf die in der Tat manifesten Aporien und auf das Unglück zu starren, weil man sonst einäugig und blickverengt wird im Blick auf alles das, was *auch* Gutes geschieht und Leben wie Mut ermöglicht und was trotz aller Furchtbarkeiten ständig um und in uns ist. Vor Resignation bewahrt nur, genauso wie die Kreisauer ständig auch dorthin zu schauen, wo die Quellen des Muts und der Wahrheit leise und vielfach unbeachtet, unwahrgenommen im Erdreich des Herzens und Glaubens warten und vor sich hin sprudeln: auf die intelligenten und rational denkbaren und heranwachsenden (nicht auf die illusionären und phantastisch-phantasierten Falschversprechungen der Märkte) Verbesserungs- und Lösungsversuche der weltweiten Netzwerke, Blicke auf und in die Musik von Bach, Mozart, Brahms und Mahler über die Blues- und Gospeltraditionen bis zu Bruce Springsteen und Peter Maffay, in und auf die Choräle und die alten Arbeiterlieder, auf und in die Texte der Bibel, der Buddha-Reden im Palikanon bis zu Tillich, Metz, Thich Nhat Hanh, und Dorothee Sölle, die alle *die Seele und den Mut ernähren*; und hinzuschauen auf die Quellen des spirituellen Bewusstseins und Vertrauens, die – wie bei den Kreisauern – gerade in solchen Zeiten unerlässlich sich entwickeln und aufleben können, denn es gilt mehr zu bestehen und zu beleben als die Ebenen von Bewusstsein, Anstand und Ethik; von diesen allein lebt weder der Mut noch die Erfüllung des Lebens. Sie alle aber gehören zu den vielen Ästen am Baum des Mutes, auf denen wir sitzen, und zu den Bifurkationen und Lebensgeistern des „Ja", die in uns und um uns her aufzusprudeln bereit sind, wenn wir uns öffnen und auf dem Vulkan zu feiern bereit sind. „Nur wer selber lebt, kann andere anzünden", lautet ein geheimer Satz von Carl Rogers, einem Papst der Personalitätsforschung. Jede Opposition, jeder Widerstand, die diese alternative Lebensfreude nicht im Leibe hat, endet letztlich in resignierter Kritik und unproduktiver Erbitterung. Vom „Nein" kann man nicht leben. Dieses „Ja" zu finden und zu leben, gehört also zum Wissen des kalten Widerstands und der zornigen Opposition: es ist weniger möglich als wir denken und uns anmaßen, weil die Komplexität der Märkte und die Unübersichtlichkeit der derzeit vor sich gehenden Übergänge und Transformationen unsere Steuerungsfähigkeit (auch die des Staates und des Marktes) überfordert, *und* es ist immer wieder *sehr viel mehr möglich* als wir denken, weil kein System determiniert ist. Insofern haben wir die Einbrüche und Rezessionen zu begrüßen, weil ihr Schmerz unausweichliche Gelegenheit zu Wahrnehmung, Änderung und neuen Kräftekonstellationen ist und eine Atempause für die Natur. Nur wer die immer möglichen Wunder der Bifurkationen weiß, die fast immer gerade aus System*in*stabilitäten entspringen, ist Realist. Vielleicht schaffen die kleinen Schritte am Rande des Abgrunds, wie z. B. die derzeit vielleicht doch möglichen, bisher aber unrealisierten Neuregelungen der Finanzmärkte ja doch etwas Wesentliches. Was aber will man bis dahin anderes tun als mutig und lebendig mit Zorn und Dankbarkeit leben? Dazu braucht man Quellen des Muts. Besorg sie Dir! Die Welt ist voll von ihnen, spirituell oder säkular, wir nehmen sie oft nur nicht wahr. Wir müssen nur den Mut haben, uns mitten im Strudel der Probleme zum Ja und zur Freude, zum Mut ins Dunkel und Ungewisse hinein zu bekennen. Den „Mut zum Sein" hat Paul Tillich, der unrealisierte Mentor der Kreisauer, das genannt.

Dies gilt auch, wenn unsere Chancen angesichts der hochkomplexen Verankerung des Systems, seiner Destruktion und der Kurzfristigkeit unseres Wahlverhaltens auf mittlere Sicht schlecht sind; die Ohnmacht der Weltgemeinschaft in Darfour wie in Pakistan/Afghanistan, Iran und Israel/Palästina gibt einen substantiellen Hinweis auf die unüberspringbare Skepsis, die unserem Handeln und Verhalten Grenzen setzt. Man kann nicht erwarten, dass sich – auch auf lange Sicht – diese Probleme wirklich lösen lassen. Die Welt ist von Torheit, Begrenztheit,

Schwäche und Bösem durchwaltet. Es lohnt sich, dies zu wissen und keine illusorischen Hoffnungen zu haben, aber die Schere zwischen Arm und Reich, Gerechtigkeit und Ungerechtigkeit, Destruktion und Konstruktion muss nicht so weit aufgehen wie sie es derzeit tut. Für diese relative Einsicht lässt sich einstehen. Dies tut auf Dauer nur, wer weiß, was Leben ist, wer selber lebt und daher den Widerstand durchhält, nur eben weil dieser politisch stimmt, menschlich wahr und spirituell geboten ist – egal wie aussichtsreich. Sich unabhängig vom Erfolg machen! Was willst Du denn sonst mit Deinem Leben anfangen? Das ist etwas, was von den Kreisauern zu lernen ist: Widerspruch trotz Aussichtslosigkeit, nur eben weil er wahr ist. „Hoffnung ist nicht mein Metier!" – dieser (bereits zitierte) Satz Helmuth James Grafen von Moltke ist die Hürde, die der Mut auch heute zu nehmen und zu verinnerlichen lernen muss. Dann ist er gehärtet. Denn Achtung: Jeder Aufbau, jedes Wachstum ist langsam, nur die Destruktion ist schnell! Dietrich Bonhoeffer hat die Bedingung für all dies sehr präzise benannt: „Es kommt nur darauf an, dass diese Perspektive von unten nicht zur Parteinahme für die ewig Unzufriedenen wird, sondern dass wir aus einer höheren Zufriedenheit, die eigentlich jenseits von unten und oben begründet ist, dem Leben allen seinen Dimensionen gerecht werden, und es so bejahen."

Die derzeit erstaunliche Aktualität der Kreisauer

Diese Konstellation der Kreisauer Aktualität, dass die Hoffnung fundamental auf den kleinen Gemeinschaften ruhen kann, weil die große Politik sie derzeit nicht gewährt, kann auch wieder vergehen, doch eben, in einem Zeitraum drohender Stagnationen und unbeherrschbarer Instabilitäten, scheint sie im höchsten Maße zutreffend und einschlägig. Schien es in den ersten 2–3 Jahrzehnten nach dem Kriege mit ihren überwältigenden politischen und ökonomischen Glückslagen, als hätte sich die diagnostische Kraft der Kreisauer Texte erschöpft, weil das, was sie wollten, Realität geworden war, ihre inhaltlichen Impulse und Inhalte daher überholt, blind oder illusionär und ihre Motive zwar ehrenwert, jedoch nur noch subjektiv bewegend und politisch unspezifisch, so sehen wir heute, dass eben das erreichte System unserer politisch-ökonomischen Verflechtung erneut zum bedrohlichen Problem geworden ist. Eben das war es, was die Kreisauer damals zu lernen hatten: dass nicht die ungenügende und destruktive, unmoralische Realisierung der vorausgesetzten (guten nationalsozialistischen) Idee das Problem ausmachte (so sah es der nationalkonservative Widerstand, z. B. Schulenburg in der oben zitierten Wette mit Moltke: in zehn Jahren wird alles gut – im und mit dem NS), sondern dass eben in den Fundamenten eine ganz andere und neue Struktur gefunden und umgesetzt werden musste. Das Augenmerk auf die Tiefe des Schadens richten und sich nicht mit kleinen Reparaturen von der Art „Der Kern und die Absicht unseres Systems ist gut, nur die Machart und Realisierung ist ungenügend" zufrieden geben. So konnte man das damals hören, und so kann man es auch heute im Blick auf unsere Verhältnisse im mörderisch gewordenen Kapitalismus noch immer hören: wirtschaftliche Stabilität helfe mehr als alle Gerechtigkeitsduselei (als wenn Stabilität des Marktes und unqualifiziertes Wachstum, die nur die alten Logiken fortsetzt, die Lösung der fundamentalen Aporien auch nur im Ansatz leisteten). Daher konnte für die Kreisauer und könnte analog für uns die Ahnung Pater Delps, Moltkes Kreisauer Genosse und späterer Zellennachbar, zu denken geben, Deutschland werde „aufs neue in den Schmelztiegel geworfen, weil es die letzte Probe falsch bestand …". (Und selbst wenn es die letzte Probe bestand, wäre es jetzt doch fällig für einen neuen Schmelztiegel der Umgestaltung.) Zu sehen also, ob vielleicht gerade an der Wurzel und im Fundament Entscheidendes nicht stimmt, den Blick auf die entscheidende Problemstelle zu halten – das wäre Erbe und Auftrag, Geist vom Geiste der Kreisauer, von ihrem scharfen Blick, ihrem Anspruch und dem Erbe ihrer Autorität. Hier hat das radikal-diagnostische Erbe der Kreisauer – durch unsere neu verschärfte Lage – unvermutet neu an Stimmigkeit und Gültigkeit, an Brisanz und Triftigkeit gewonnen. Nein, der Kern und die systemische Absicht unseres Systems ist nicht gut, sondern *hochambivalent, missbrauchbar, verformbar*. Der Kapitalismus muss erst wieder zur wirklich sozialen Marktwirtschaft werden.

Nicht also den *Abfall* von den im Kern produktiven Marktideen des Kapitalismus müssen wir kritisieren und reparieren, sondern eben seinen immer latenten, immer wieder hervorbrechenden *Raubtiercha-*

rakter als die immer drohende und immer wieder durchbrechende Gefahr und die hervorbrechende Fratze des Kapitalismus, wenn er nicht politisch und sozial in sozialer Marktwirtschaft gezügelt wird, – ihn bzw. sie haben wir zu begreifen (weil wir agierenden Menschen immer wieder Engel, unter verführerischen Umständen aber auch Teufel sein können). Das sollen wir politisch wie anthropologisch wissen und politische, strukturelle Abhilfe schaffen (Kreisau: „Der Staat soll herrschen") – das wäre die Aufgabe, in der die Kreisauer uns befestigen und ermutigen (über die mentalen, geistigen Zumutungen der Kreisauer s. weiter unten). Eben diese Denkfigur leitet uns zur grundsätzlichen Kapitalismuskritik und zur fundamentalen Forderung der sozialen, sozial verpflichteten Marktwirtschaft an, die kein aufgebbarer Luxus, sondern Lebensnotwendigkeit und ein Exportartikel unserer politischen und ökonomischen Kultur ist, wenn man die Hungerzahlen, den Wassermangel und die Gefährdung unserer natürlichen Lebensgrundlagen weltweit bedenkt. Daher das verschärfte Bewusstsein von Opposition und notwendigem Widerstand als unsere Aufgabe. Wir leben in einem Paradigma, welches die Welt auf Dauer ruiniert, die Armen ärmer macht, aus dem wir aber nicht ohne weiteres aussteigen können. Der homo sapiens sapiens wird immer mehr zu einem Verhängnis für unseren Globus. Man erinnere sich noch einmal der vielen dramatischen Diagnosen, für die stellvertretend ich die Arbeiten von Laszlo und den Weltzukunftsrat oben nannte: 13 % der Weltbevölkerung emittieren 60 % der CO_2-Gase. Wenn alle Welt (mit dem Verbrauch Luft, Energie, Wasser, Rohstoffen) so leben wollte wie wir es tun, es wäre das Ende der bewohnbaren Welt. In der südlichen Hemisphäre vernichten Epidemien, Hunger, verschmutztes Wasser und durch Elend ausgelöste Bürgerkriege jedes Jahr ebenso viele Menschen wie der Zweite Weltkrieg in sechs Jahren; und was wir das „Erfolgsmodell des Westens" nennen, erlebt die Mehrheit der Weltbevölkerung als Ungerechtigkeit, Arroganz, imperiale Macht und Blindheit für das Leiden (Jean Ziegler). Es lohnt sich, hierüber erschrocken zu sein und vielleicht sogar die Schuld, mindestens aber die Verantwortung für die Folgen unseres Lebensstils allmählich näher an unser Bewusstsein heranzulassen.

4. Am Abgrund des Erschreckens – wer sind wir? Fällige Selbsterkenntnis angesichts von Suggestion und Verführung im Nationalsozialismus

Aber ist dies schon alles, was zu sagen ist und was das Gedenken dieser Kreisauer Männer *und Frauen* – denn die beteiligten Ehefrauen sind hier im Blick auf das mitgetragene Lebensrisiko- und das Durchhaltevermögen des Muts immer dabei gewesen und daher völlig einzuschließen – ausmacht? Es wäre freilich schon viel genug. Aber es gilt, meine ich, noch einen weiteren Schritt der Einsicht zu gehen, bei dem ich, wie ich wohl weiß, mich nicht im Einklang mit dem Mainstream der Einschätzungen befinde; aber der Schritt muss m.E. gegangen und gewagt werden, weil sonst die Wahrnehmung und Einschätzung der Männer und Frauen im Widerstand insgesamt unangemessen bleibt. Nämlich:

Wir haben alle schon seit Jahrzehnten sehr viel über die damaligen Ereignisse, Verbrechen und Abwärtsspiralen gehört, so dass uns völlig klar scheint, wie schlimm und verbrecherisch das alles war, was damals geschah (was es ja tatsächlich war und ist und bleibt). In dieser retrospektiv scheinbaren Selbstverständlichkeit drohen aber die damaligen Wahrnehmungs- und Erlebnisbedingungen der NS-Zeit zu verblassen, unterzugehen und zu versinken. Es wird zunehmend die Annahme vertreten, dass die fatale Entwicklung seit 1933 eigentlich und bei Licht besehen durchaus jedem und jeder erkennbar war und dass der Widerstand, wäre er nur gewollt und gewagt gewesen, überhaupt und jedenfalls viel früher zu realisieren gewesen sei; daher die verbreitet abfälligen und, wie ich finde, anmaßenden Urteile über die angeblich nur feigen und angepassten Menschen der damaligen Zeit und die Appelle an den heutigen Mut. Und in der Tat, die vielen verstreuten, versteckten und vereinzelten Informationen über die Rechtsbrüche, die öffentlich verteidigten Morde (von Potempa 1932 bis zu den Röhm-Morden 1934), Konzentrationslager, Judenverschleppung, Kriegsgräuel u. a. m. waren vorhanden und wurden zunehmend, wenngleich meist nur diffus bekannt. Wir können sie heute, versprengt in den vielen Notizen der damaligen Zeitungen und dokumentiert als damals weitergereichte

Gerüchte nachlesen und diese Gerücht bestätigen. Aber all dies ordnet sich – ich meine: unzweifelhaft, von gewichtigen, aber seltenen Ausnahmen abgesehen – erst dem späteren, nachträglichen Blick zu einem eindeutigen und unwiderleglichen Bilde zusammen. Selbst Juden als die primär Betroffenen haben damals – allzu vielfach und verhängnisvoll – daran geglaubt, dass der Spuk bald vorüber sein werde, und selbst wer „Mein Kampf" gelesen hatte, hat vielfach nicht geglaubt, dass das, was da angekündigt wurde (weil es über alle Phantasie des brutal Denkbaren ging), realisiert werden könnte und ernst zu nehmen wäre. Nicht umsonst haben die Alliierten den ihnen vielfach zugespielten Nachrichten über die massenhaft-industrielle Ermordung von Juden zunächst und viel zu lange nicht geglaubt und ihnen keine Folge gegeben; so wie sie in den Versuchen des Widerstandes keine ernsthafte Möglichkeit, sondern Ausrottungskämpfe unter den sich zerfleischenden NS-Würdenträgern gesehen haben. Warum sage ich das? Weil erst, wenn man sich dies alles klar macht, man sich das völlig *Ungewöhnliche, Unselbstverständliche und Wage- wie Todesmutige* dessen klar macht, was bei den Kreisauern, den Goerdeler-Freunden, der Weißen Rose, der Roten Kapelle oder im militärischen Widerstand des 20. Juli heranwuchs; weil man die Bedingungen und Leistungen des Widerstands erst vor dieser Folie wirklich erkennt, realisiert und angemessen einschätzt. Erst so wird der ungeheure Mut und das ganz Unselbstverständliche der hier entstehenden Entschiedenheit bewusst, geschätzt und geachtet, deren es bedurfte, um sich der sich immer deutlicher aufdrängenden Klarheit zu stellen und ihr Folge zu geben. Gewiss, es hat vielfach die *Möglichkeit* des Wissens gegeben, aber es herrschte offensichtlich – und es hat m.E. keinen Sinn, das zu bestreiten, nur weil dem späteren, rückwärtsgewandten Blick dies so unwahrscheinlich ist – in den damaligen Wahrnehmungskonstellationen des *möglichen* Wissens das, was der (spätere) Generalsekretär des Ökumenischen Rates Visser't Hooft in seiner Schilderung der erschreckenden Verdrängungsgeschichte im Lager der Alliierten einen „Dämmerzustand zwischen Wissen und Nichtwissen" genannt hat: „Man kann sich weigern, Tatsachen voll zu begreifen, wenn man sich außerstande fühlt, mit den Konsequenzen fertig zu werden", wenn „die Fakten das Begriffsvermögen überstiegen". Visser't Hooft bekennt von sich selber, „dass ich Monate brauchte, um diese Nachrichten [über die kaltblütige

Vernichtung von Juden] wirklich zu begreifen"[46], und selbst Moltke berichtet, dass er – bei *seinen* Informationsquellen! – erst im Oktober 1942 auch nur das vage „Gerücht" der massenhaften Judenvernichtung zu Ohren bekommen habe, und dass z. B. sein Landrat in Schlesien erst 1942 von einem KZ (in seinem eigenen Landkreis!) erfahren habe, als er dort etwas veranlassen sollte (Moltke 1943: „neun Zehntel der Bevölkerung weiß nicht, dass wir Hunderttausende von Juden umgebracht haben. Man glaubt weiterhin, sie seien lediglich [in Lagern] abgesondert worden …".) Moltke beschreibt all dies ausführlich in jenem langen, nie angekommenen Brief an Curtis aus dem Jahre 1943, in dem er eindringlich für die Beachtung der aus Desinformation, Angst und Terror zusammengesetzten Schwierigkeiten der Kommunikation und der Wahrnehmung im damaligen Deutschland wirbt.[47]

Damit komme ich in diesem Zusammenhang zu etwas Zweitem und werde jetzt persönlich und zudringlich: Man muss sich noch einmal die Verängstigung und den Druck auf die Nicht-Wahrnehmung bewusst machen, wie sie z. B. Feuchtwanger in seiner Romantrilogie „Die Geschwister Oppenheim" bzw. „Der Erfolg" (fast noch drastischer in deren Fernsehverfilmung) durch den Terror und Schrecken der SA und der Hauswarte (damals noch nicht einmal der SS) abmalt, um zu wissen, dass wir alle oder die meisten von uns im Schnitt gesehen keine Helden sind, die dem allem standgehalten hätten. Das ist das Bedrückende, das hier zu Tage und an uns herantritt, wenn man die Gestalten des Kreisauer Kreises und andere ihr Leben riskieren sieht. Wir alle sind, anders als sie, glaube ich, im Schnitt keine Helden. Wir kennen doch alle jenen berühmten psychologischen Testversuch (im sog. Milgram-Experiment), in dem eine statistisch unerhörte Zahl von Menschen bereit war (und also ist), sich an der Folter von Menschen zu beteiligen, wenn einem nur scheinbar gute Gründe dafür angeboten werden. Und wir glauben, dass gerade wir, Sie und Du und ich die Ausnahme von dieser deprimierenden, statistisch aber signifikant nachgewiesenen Verhaltensneigung sind? Woher die irreale Unterstellung und aufforderungsreiche Suggestion, damals (oder in irgendeinem künftigen Falle) würde eine große Zahl von Menschen, die ganz durchschnittlich fühlen und leben wollen, zu Helden mit Lebens- und Todeswagemut werden, wenn sie nur eben den Mut aufbrächten? dass wir den seit geraumer Zeit unter uns umgehenden Satz „Das Leben ist der Güter höchstes" („lieber rot als tot") nicht gerne bejahen und vor der notwendigen Konsequenz seines Gegenteils („Das Leben ist der Güter höchstes nicht") nicht vielmehr erschrecken würden? Ich kenne dieses Thema seit meiner frühen Jugendzeit, ich bin in einer reinen Nazi-Familie aufgewachsen: lauter persönlich nette, liebevolle, anständige und gebildete Menschen, sogar den höheren und höchsten SS-Informationsquellen nahestehend – aber niemand hat etwas kapiert und sehen wollen, niemand hat die Konsequenzen erwogen, bzw. man hat sie gesehen und sich dennoch an Erschießungen im SS-Einsatzkommando verantwortlich beteiligt und sie noch lange Zeit nach dem Kriege, bis zum späten Tode hin, gerechtfertigt. Ethische und moralische Haltung genügen eben nicht, um all die damals umlaufenden und die Köpfe und Herzen beherrschenden Verführungen und Dämonien zu bestehen (was nur noch einmal Moltkes Einsicht bestätigt, das Bestehen einer wirklichen Gefährdung „setzt mehr als gute ethische Prinzipien voraus"); man muss mehr Dimensionen der Wahrnehmung und der Stärke als die des bürgerlichen Anstands haben, um all dies zu bestehen und die Augen nicht – wie im Milgram-Experiment – zu verschließen.

Daher muss hier noch einmal der Hinweis auf die damalige Triftigkeit und Eindrucksfähigkeit der sattsam bekannten Argumente erfolgen, die in der Tat nur zu leicht zur Entschuldigung statt zur Wahrnehmung der allzu naheliegenden Wahrnehmungsbehinderung missbraucht werden konnten und können: Wenn man sich die wirtschaftliche und politische Situation der späten Weimarer Jahre und die Armut klarmacht, die sie bis in die 1930er Jahre hinein hinterlassen hat (ein Viertel der Bevölkerung in Arbeitslosenunterstützung!) und wenn man sich erinnert, wie die Straßen kurz nach Hitlers Machtantritt von Arbeitslosen frei wurden; wenn man versteht, warum Menschen die endliche Vereinigung von *nationalen* (bürgerlichen) und *sozialen* (der Arbeiterschaft) Interessen, wie von Naumann einst im *Nationalsozialen Verein* von 1896 geplant (später von Gertrud Bäumer, Theodor Heuss u. a. propagiert), hier im *Nationalsozialismus* zunächst realisiert wähnten; wer die beispiellosen Erfolge Hitlers in der Abschüttelung von Versailles, im Rheinland, in München, in Österreich, im Sudetenland erlebte und endlich den Wiederaufstieg Deutschlands und schließlich noch die unerwarteten militärischen Siege und den Angriff auf Russland, d. h. gegen den materialistischen atheistischen Bolschewismus, der in Tschekka-Prozessen und Christenverfolgungen massiv mordete und geistige wie seelische Verwüstungen ohne Ende flächendeckend anstellte (das ist der Grund warum selbst Moltke, der über die Siege in Polen und Frankreich verzweifelt war, den Sieg über Russland zunächst durchaus bejahte!) zu erleben meinte – ich sage: wer all dies sah, konnte sich nur zu leicht einreden (ohne besondere Feigheit, nur eben ohne besonderen Mut und mit durch gewisse *Wahrheiten* gehaltenen, geblendeten Augen), dies sei nicht nur fälliger, sondern auch ein politisch und menschlich wünschenswerter Erfolg – was es evident *nicht* war, wie wir heute wissen (weil man dabei die KZ, die Folterkeller, die Etablierung einer totalitären Herrschaft, all die Morde hinter der Front im Russlandfeldzug u. a. m. bei dieser Aufrechnung übersah und nicht einrechnete).

Wir müssen hier an diesen gefährlichen Hinweisen und Argumenten, die sonst eigentlich aus der DNVP- oder einer krypto-NS- oder rechtsradikalen Ecke stammen, beunruhigend entlangschrammen, weil sie wichtig sind, *um zu verstehen – und dann dennoch und noch immer nicht all das Unrecht zu entschuldigen und zu verkleinern*; denn eben sie sind es, die allzu viele Menschen hinderten, das zu sehen, was in der Tat zu sehen war.[48] All diese mental naheliegenden Umstände zeigen das geradezu Unwahrscheinliche der Wahrnehmung und des Mutes der Menschen im sich aufbauenden Widerstand – gegen den Mainstream der damaligen Öffentlichkeit. Ideologie in Kopf und Herz hinderte, all die Furchtbarkeiten zu sehen, oder kreatürliche Angst und ein kleines angepasstes, vielleicht oder sicher auch feiges Herz (wer will das richten!), manchmal vielleicht auch beides. Selbst im Umkreis des Widerstands hat es dieses allzu naheliegende Weggucken gegeben, wie Charlotte v. d. Schulenburg erinnert: „Später habe ich mich manchmal gefragt, warum hast du nicht viel mehr dagegen getan, sondern friedlich weitergelebt? Vieles war doch ungeheuer schockierend, gerade auch im humanen Bereich. Und da muss man sich eingestehen, dass man einfach träge seinem gewohnten Leben nachgeht. Es gibt ein schönes russisches Sprichwort: Fremdes Leid ist wie ein kleiner Vogel, der schon wieder hundert Meter weiter geflogen ist, und jetzt ist er ganz weg."[49] Aber erst wenn man dies alles und die dann allzu naheliegende Missdeutung der Nazi-Herrschaft sich klarmacht (weil Deutschland, wie Moltke meinte, seit den ersten Siegen in einem schlimmen „Sumpf von äußerem Glück, Wohlbehagen und Wohlstand" watete), dann erst sieht und schätzt man die ungeheure Hellsichtigkeit und Klarheit der Kreisauer (und all der anderen Menschen im Widerstand) angemessen ein. Dann auch erkennt man ihren Mut (Moltkes und Yorcks Mut aus jeweils recht verschiedenen Quellen und Perspektiven, wie gezeigt), weit über das Deutschland der Weimarer Zeit und der Hitler-Gegenwart hinaus in einem fundamentalen Entwurf zu denken, in seinen wirklichen Proportionen. Erst dann erkennt man den ungeheuren Wagemut (nicht nur!) der Kreisauer zur immerhin hier möglichen Klarheit, mit der sie, gegen allen Anschein des Rechts und des Erfolgs, das Mörderische dieser Politik und ihres „Führers" realisierten, bei dieser Erkenntnis blieben und ihr unter Lebensgefahr des Hochverratsvorwurfs Folge gaben.

Ich betone aber – peinlich und anstrengend genug – noch einmal die Kehrseite dieses Arguments bzw. dieser Wahrnehmung, die ich unterstelle: Wenn man das Ungewöhnliche und Todesmutige der Menschen im Widerstand sieht, dann kann einen wahrlich das Gruseln und Erschrecken über die eigene Kleinheit und die vermutliche oder gefürchtete Anpassung ankommen. Wir sind – immer im Schnitt gesehen – nicht die Helden, die die Becks, Stauffenbergs, Tresckows, Moltkes, Yorcks, Delps, Lebers, Einsiedels, Scholls, Einsteins, Harnacks, Leo Baecks zu erwartbaren Durchschnittsbürgern, wie auch wir es dann ebenso wären, machen könnten. Erbringen wir denn – auch nur unter den heutigen, wahrlich ermäßigten, vergleichsweise risikolosen Bedingungen – den Mut, die Klarheit und den Einsatz, die heute nötig wären und sind, um der oben angedeuteten fundamental-destruktiven Unheilsspirale unserer Gegenwart entgegenzutreten, entgegenzudenken, uns nicht mit ihr abzufinden – egal ob mit Erfolgsaussichten oder ohne sie? nur eben, weil es politisch richtig und menschlich wie geistlich, spirituell wahr wäre oder ist? weil Ehre, Gewissen, politische Einsicht, persönliche Verpflichtung, Glaube oder Gehorsam gegen das Doppelgebot (oder wie sonst man begründen mag) es gebietet? Ich kenne, wie gesagt, in einem reinen Nazi-Hause nach dem Kriege aufgewachsen, diese Selbstanfechtung seit früher Jugend der Nachkriegszeit: Ich wäre, fürchte ich, mitmarschiert – bei all dem Gepränge der Aufmärsche und ihrer triumphalen Musiken, im Gemeinschaftsgefühl all der vermutlich beglückenden nationalen Massenerlebnisse, in denen man untergehen konnte (wie davor zuletzt am Tage von Potsdam 1933, an dem wildfremde Menschen sich auf den Straßen vor Glück um den Hals fielen, selbst wenn der ganze Tag eine raffinierte Inszenierung der Partei war), untergehen im nationalen, endlich wieder erlaubten Stolz – ich wäre mitmarschiert, einfach weil meine Familie, meine kleine Welt keine Gegenwelt hatte – sei es die des Sozialismus, sei es die der christlichen Kirchen (auf die ja damals zunächst auch nur bedingt Verlass war – entgegen der merkwürdig unrealistisch und ambivalenzlos überschätzenden Meinung, die Moltke von den Kirchen hatte; obwohl es sich festzuhalten lohnt, dass Moltke – in beiden Briefen an Curtis 1942 und 1943 – den beiden Großkirchen eine überragende Bedeutung als „Rückgrat" der Bewegung beim allmählichen geistigen Erwachen zuschreibt, nachdem es heute üblich geworden ist, sie nur noch als angepasste Größen zu sehen). Wie auch immer – dieses Zittern über die eigene Anpassungs- und Blickverengungsgefährdung (die heute in ganz anderen, unerkannten Formen uns besetzt) ist es, das einem die wirkliche Wahrnehmung der Widerständler und ihres bewunderungswürdig mutigen Verhaltens erst einbringt. Die political correctness möchte sich und uns gerne der hier entstehenden Ratlosigkeit und Skepsis im Blick auf uns selber und auf künftige Gefährdungen entziehen („Wenn damals alle hätten … Jeder von uns könnte heute …"). Aber ich werde noch einmal zudringlich und beziehe jenen erschütterten, bereits zitierten Satz Moltkes abrupt und unerlaubt auf uns: Wir waten „durch einen viel schlimmeren Sumpf von äußerem Glück, Wohlbehagen und Wohlstand". Ist es nicht exakt das, was wir tun, wenn wir gesellschaftlich weltweit, ökologisch und pädagogisch unsere Lage anschauen, wie oben beschrieben – und schon gar, wenn wir es mit den Augen der Kreisauer und ihren oben gezeigten politischen Fundamentalkategorien von Verantwortung, Beteiligung *und Schuld* tun? Erst so, in der eigenen Selbstwahrnehmung, erkennt man, was diese Menschen – nicht nur die Kreisauer, aber im Besonderen auch sie – gedacht, als Gedanke und politisches Konzept getan und gewagt haben. Es gibt keine Ehre und Ehrung für ihren ungeheuer gewagten und unselbstverständlichen Mut, ohne dass wir die wahren menschlichen Proportionen herstellen und eingestehen, die zu uns heute und auch zu den Durchschnittsmenschen von damals passen, die wie wir waren (und wie natürlich auch viele in der damaligen DDR waren). Nur so entsteht m.E. die angemessene Wahrnehmung dieser Männer und Frauen im Widerstand, und auch die Ehre für sie. Die Kreisauer, viele andere bekannte und unbekannte Menschen (von denen Moltke nachdrücklich an Curtis schreibt), und unter ihnen und vielen anderen voran Helmuth James Graf von Moltke und Peter Graf Yorck von Wartenburg, haben uns den *Mut trotz Aussichtslosigkeit, ja Sinnlosigkeit* vorgemacht, – aber sie haben keinen Mut zu falschen Illusionen über uns oder zu falschen Hoffnungen auf uns selbst machen wollen! Gewiss, für die Kreisauer und viele andere Menschen gehörte dieses Verhalten zu ihrer sie stützenden preußisch-ständischen oder – bei anderen – zu ihren humanistischen oder christlichen Traditionen, und diese Traditionen sind im Kriege und in den Monaten nach Januar 1945 vielfach beeindruckend bewährt worden. Es wird Gott sei Dank immer etliche solcher mutigen Einzelnen aus allen sozialen Schichten und geistigen Herkünften geben, wie sie in Annedore Lebers Dokumentenband „Das Gewissen steht auf" (am besten in der 2. Auflage von 1984) eindrucksvoll erscheinen, und es ehrt manche Überlebende des Widerstands, wenn sie später – auch für die Hingerichteten – meinten, man habe nur getan, was zu tun jeder Anstand gebot; in der Tat eignet denen, die so etwas tun und wagen, eine gewisse Unauffälligkeit und Selbstverständlichkeit. „Wenn man einmal einen gewissen Entschluss gefasst hat, wird alles, was dann damit zusammenhängt, sozusagen Alltag. Es wird selbstverständlich" (Freya v. Moltke brieflich). Auch heute ehrt es gewisse Sympathisanten der Kreisauer, wenn sie meinen, man dürfe jene nicht glorifizieren, weil man sonst unsere eigene Untätigkeit entschuldigt. „Was er tat, können andere auch". Ja, gewisse, manche andere, aber weitaus nicht alle anderen, und gewiss nicht wir alle; und deswegen bedeutet mein Gedankengang, so fürchte ich, keine Glorifizierung Moltkes und seiner Freunde, sondern kühle, realistische Wahrnehmung unseres begrenzten Mutes, unserer begrenzten Menschlichkeit und die exorbitante, immer zu achtende und zu ehrende Besonderheit jener Menschen im Widerstand gegen Hitler; er bedeutet die Herstellung der wahren Proportionen. Realistisch gesehen gilt leider im Blick auf uns osmotisch anfällige Durchschnittsmenschen das Gesagte. Lauert und lugt nicht immer wieder und an allen Ecken auch unserer gegenwärtigen Welt die erschreckende Suggestions-, Verführungs- und Missbrauchtwerdensbereitschaft von einzelnen Menschen und dominierenden Gesellschaftsteilen hervor? Mir scheint, wir haben allen Anlass, selbstskeptisch mit uns zu sein. Das erst erkennt und ehrt die Kreisauer und alle sonst damals im Widerstand Gefährdeten und Getöteten erst recht und eigentlich.

Was meinen Sie dazu? Erwägen Sie selber. Man muss vielleicht an dieser Stelle nur einmal sein vielleicht etwas zu optimistisches Menschenbild, welches diesen skeptischen Annahmen nur zu gerne widerspricht, daraufhin prüfen, ob es den Einsichten des Apostels Paulus im 7. Kapitel des Römerbriefes mit seinem fundamentalen Ambivalenzwissen über uns Menschen standhält: „Denn das Gute, das ich will, das tue ich nicht; sondern das Böse, das ich nicht will, das tue ich." (Beispiel hierfür: rein technisch und ökonomisch wäre die genügende Ernährung der Weltbevölkerung möglich, aber wir Menschen, die dies ermöglichen und vollbringen müssten, sind offenbar nicht von der Art, dass wir das tun und durchsetzen). Wer diese Einsicht durchgestanden, in sich aufgenommen und den Schock hinter sich hat, erspart sich viele künftige Enttäuschungen, hat sie hinter sich, erkauft sich aber dafür eine gewisse Selbstskepsis und Demütigung. Ich verneige mich vor jenen Menschen im Wissen um mich selbst. Es gibt hierfür einen schönen Kanon, der dies ins Herz zu nehmen hilft: „Gott, der du groß bist, gibst am liebsten große Gaben. Ach, dass wir Armen nur so kleine Herzen haben." Dieses Zittern am Abgrund des eigenen Selbst – „wie wärest Du gewesen?" – führt uns, glaube ich, weiter und ist letztlich realistischer, aussichts- und folgenreicher als die suggestiven, doch auf Dauer nicht haltbaren Ermutigungen, die vielerorts ausgestreut werden, dass jeder den Widerstand erbringen könnte und sollte. „Das Schaudern ist der Menschheit bester Teil", dieser Satz des alten Goethe und vielleicht auch der des alten Sophokles in seiner Antigone Chorgesang „Viel Schreckliches gibt es, doch nichts Schrecklicheres als den Menschen" – dies gilt es vielleicht zu wissen, damit wir über uns erschrecken, nicht als Entmutigung gedacht, sondern als durchzustehende Bedingung des möglichen entstehenden Muts.[50] Das freilich muss man erst einmal leisten! Um so heller leuchten vor diesem Problemhintergrund die Gestalten derer, die klar geblieben sind und „der Erfolgsgeschichte des Bösen" (Moltke) nicht hinterherliefen. Auch unter diesem Aspekt also gebührt unserer heutigen Politik, will sie dieser anthropologischen Einsicht Folge geben, generell in all ihrem Tun und Denken eine fehlerfreundliche Risikoeinschätzung, da wir Menschen (aufs Ganze und im statistischen Mittel gesehen) doch wohl als für jederlei Grenzüberschreitung anfällig und für Missbrauch als verführbar angesehen werden müssen. Die unbewältigbaren Abgründe unserer menschlichen Art und Natur bleiben ein unabweisliches Thema für jeden, der verantwortlich sich orientieren und handeln will. Unser Verhalten in der Hitler-Zeit bleibt eine ernstzunehmende Mahnung.

5. Von der Kostbarkeit des Mutes und der Klarheit – im Glauben der Kreisauer. Die christlichen Grundlagen und Herausforderungen in ihrem Denken und Handeln

Die Zusammenhänge im zeitgenössischen Bewusstsein und die unterm
„Sieg des Bösen" sich aktualisierende Bedeutung des Christentums

Lassen Sie uns abschließend nun zu den religiösen, nein: christlichen Grundlagen und Fermenten im Denken und Handeln der Kreisauer, speziell auch Moltkes und Yorcks kommen. Dabei muss hier manches, was zur Profilierung zu sagen wäre, aus Zeitgründen übergangen werden, schon weil dieses Thema nicht ohne Berücksichtigung der christlichen Hintergründe und Entwicklungen der damals zeitgenössischen Situation und auch der anderen Kreisauer angemessen zu besprechen wäre. Wie sehr überhaupt die gesamte Lage damals bemerkenswert viele Menschen, denen dies ursprünglich wahrlich nicht nahe lag, zu ihren religiösen Grundlagen und zum christlichen Glauben führte, das wäre dabei mit in den Blick zu nehmen: mit welchen Gedanken und Empfindungen, mit welch ganzer oder vorbehaltsvoller Hingabe sehr viele Menschen sich damals – in Gottesdiensten in Schützengräben, Bunkerkellern oder anderen Notsituationen – dem christlichen Glauben, der kirchlich-christlichen Sprache und ihren Liedern, Gottesdiensten und Riten anvertraut, sie benutzt und sich zu eigen gemacht haben, auch wenn sie selber mehr einer liberal-bürgerlichen Religiosität zugehörten: mit welcher Intensität sie ihre eigenen religiösen Empfindungen und Entwürfe sich bewusst machten. Da gab es natürlich Menschen, die einer ganz konfessionell-kirchlichen Frömmigkeit (katholisch und evangelisch) zugehörten und sich in ihr verstanden, andere wieder, die ganz spontan und individuell – unter Rückgriff auf christliche Erinnerungsfragmente ihrer Kindheit oder punktuelle Nachdenklichkeit und Bibellektüre in der Haft – dem christlichen Glauben sich jetzt erst erstaunlich eindringlich öffneten und wunderbar naiv-fromm sich neu auszudrücken unternahmen, z. T. unter ausdrücklichem Zweifel, ob die Kirche ohne Neuwerdung ein Ort geistlicher Wiedergeburt Deutschlands werden könne. Sehr viele andere haben, ohne nähere biblische oder kirchliche Grundlage, eine idealistisch-bürgerliche und liberale, wenngleich noch immer bewusst christliche, jedoch nicht kirchlich geprägte Gewissensfrömmigkeit als Wurzel und Rückgrat ihres Widerstands formuliert. Wieder andere begannen – noch unter diesen bedrückenden Umständen – neue Formen christlichen oder auch allgemein religiösen Glaubens jenseits der konfessionell-kirchlichen Formen in Ansätzen für sich zu formulieren, und noch einmal andere – am äußersten Rande des Spektrums – sahen sich schließlich veranlasst, bewusst christliche Vorstellungen und Erbstücke mit bewusst ganz anderen weltanschaulichen Elementen zu ihrem geheimen Credo, das die Hinrichtung zu bestehen hatte, sich zusammenzufügen. Jedenfalls aber war fast der gesamte militärische Widerstand in seinen Spitzen wie auch der bürgerlich-zivile – verschieden jeweils in Kreisau und im Kreise um Beck und Goerdeler, nur in geringem Maß der sozialdemokratische und linke Widerstand – von christlichem Glauben und Grundüberzeugungen manifest und unübersehbar geprägt oder mitgeprägt; gerade an den Sozialdemokraten im Kreisauer Kreise ist diese erstaunliche Entwicklung zu beobachten. Für manche unter all den vielen hatte der christliche Glaube die Bedeutung und den Rang eines expliziten Fundaments, für andere eher den eines impliziten, stärkeren oder schwächeren, christlich-religiösen oder christlich-humanistischen Ferments. Daher wurde der Gestapo bei den Verhören irritierend deutlich, in welchem Ausmaße der Widerstand christlich und sogar kirchlich infiziert, ja durchwachsen war und, in vielfach variierten Formulierungen, „das Christentum die sittliche Grundlage des Staates" für die gesuchte Erneuerung Deutschlands abgeben sollte. Bezeichnend daher und stellvertretend für viele in diesem Geiste Henning v. Tresckow, der entscheidende Koordinator des Widerstands in der Heeresgruppe Mitte", nach dem Attentat vor seinem Suizid: „Jetzt wird die ganze Welt über uns herfallen und uns beschimpfen. Aber ich bin nach wie vor der felsenfesten Überzeugung, dass wir recht gehandelt haben. Ich halte Hitler nicht nur für den Erzfeind Deutschlands, sondern auch für den Erzfeind der Welt. Wenn ich in wenigen Stunden vor den Richterstuhl Gottes treten werde, um Rechenschaft abzulegen über mein Tun und Lassen, so glaube ich mit gutem Gewissen das vertreten zu können, was ich im Kampf gegen Hitler getan habe. Wenn einst Gott Abraham verheißen hat, er werde

Sodom nicht verderben, wenn auch nur zehn Gerechte darin seien, so hoffe ich, dass Gott auch Deutschland um unsertwillen nicht vernichten wird. Niemand von uns kann über seinen Tod Klage führen. Wer in unseren Kreis getreten ist, hat damit das Nessushemd angezogen. Der sittliche Wert eines Menschen beginnt erst dort, wo er bereit ist, für seine Überzeugung sein Leben hinzugeben." Und Stauffenberg selber, scheinbar nur George-Jünger (man weiß, mit welchen Worten auf den Lippen er starb), der aber – bewusst katholisch erzogen und lebend, wenngleich kirchlich distanziert – immer ein goldenes Kreuz unter dem Hemd an sich trug, sagte am Abend des 14.7.44, angesichts der militärisch sich vollziehenden Lagezuspitzung: „Mir bleibt nur noch der Mord – aus christlicher Verantwortung". Dann hat er am Abend des 19. Juli, unmittelbar vor und im Bewusstsein des Attentats am folgenden Tage, nach einem langen Arbeitstage, reich an Besprechungen und Gesprächen (auch mit v. Hassel), am Abend noch Trott getroffen (Gespräche also mit den beiden Außenpolitikern des Widerstands). „Dann ließ er auf der Heimfahrt an einer Kirche in Steglitz halten und trat dort für eine Weile ein." Vermutlich stimmt es also wirklich, dass „nach überwiegenden Zeugnissen … es kaum jemals eine politische Aufstandsbewegung [gab], die so stark wie diese vom Ethischen, von dem, was man gemeinhin unter Gewissen versteht, vom Begehren nach Sühnung, Reinigung, Umkehr aus der Bahn des Frevels bestimmt war" (Eberhard Zeller), und was Hans Rothfels bald nach dem Kriege schrieb: dass in der Krise der damaligen Zeit „die Rangordnung der Werte sich zurecht rückte und ethisch-religiöse Postulate anstelle politisch-säkularisierter wieder an die oberste Stelle traten". Diese Einschätzung mag man relativieren, nachdem wir heute eine sälularisiert-ethische Begründung des Handelns damals im Kirchenkampf wie auch heute zu erkennen und zu achten gelernt haben, aber der ganze Komplex der damaligen mentalen Besinnungen und Grundlegungen fordert unsere Wahrnehmung und Nachdenklichkeit heraus, denn es ist nicht zu übersehen, welche explizit religiösen, meist dezidiert christlichen Kräfte es waren, die damals den Widerstand motivierten und trugen. Bedenkt man dazu, wie schwer und wenig selbstverständlich es war, in den politischen Widerstand hineinzufinden und ihn durchzuhalten, dann wird man die Motive, die dies schafften, auch die verbreitet christlichen, beachten und in ihrer erstaunlichen Regeneration wie in ihrem Format und Gewicht zu achten und zu gewichten wissen. Irgendeine „kritische" Einsicht – ohne persönliches Risiko und Mut sowie spirituelle Fundierung, sei sie explizit religiös oder säkular-humanistisch gefasst – schaffte diesen Sprung in das lebensbedrohende Wagnis offen-sichtlich nicht. Moltkes Satz „Der Grad von Gefährdung und Opferbereitschaft, der heute von uns verlangt wird und vielleicht morgen von uns verlangt werden wird, setzt mehr als gute ethische Prinzipien voraus" lernten wir bereits kennen. Selbst ein eher unreli-giöser Mann wie Julius Leber hat sich letztlich zu dieser spirituellen Dimension bekannt.[51]

In die ganze Vielfalt der in diesen Entwicklungen denkbaren und ent-falteten Glaubens- und Selbstverständnismöglichkeiten fügt sich auch Moltkes und seiner Freunde Entwicklung ein. Bleiben wir bei ihm und bei seinem Freunde Yorck. Soviel in Kürze:

Dass in den christlichen Glaubenseinsichten und öffentlichen kirch-lich-institutionellen Wirkungen unerlässliche Elemente der Gegen-wartsdiagnose wie der Zukunftstherapie für den deutschen Staat und die deutsche Gesellschaft liegen, war den Kreisauern – im wesentli-chen, auch mit ihren sozialdemokratischen Mitgliedern, gemeinsam – völlig selbstverständlich; entsprechend waren unmittelbar auch zwei protestantische und drei katholische Theologen an der Arbeit beteiligt; mehrere Mitglieder des Kreises kann man darüber hinaus in ihrer intensiven theologischen Interessiertheit und Bildung durchaus als Laientheologen bezeichnen. Wie aber hat Moltke – ebenso wie sein Freund Yorck – persönlich in dieser Frage gestanden? So viel ist zu-nächst deutlich zu sehen, dass nach einhelligem Zeugnis der Ehefrauen beide Familien, der Moltkes und der Yorcks, nicht eigentlich kirchlich geprägt oder kirchlich verbunden waren, sondern nur bei besonderen Gelegenheiten die Kirche aufsuchten.[52] Gleichwohl waren beiden El-ternhäusern christliche Tradition und christlich durchtränktes (wenn-gleich kirchlich distanziertes) Lebensgefühl selbstverständlich, ohne dass scheinbar viele Worte davon gemacht wurden und man der Kir-che zu bedürfen schien – eine erstaunliche Art von Kirchendistanziert-heit, gemessen an heutigen Verhältnissen; dies alles freilich bei beiden, Moltke und Yorck, in aufschlussreich verschiedener Weise.

Das Moltke'sche Haus war von der überaus liebevollen und ganz selbstverständlich und innig gottvertrauenden Atmosphäre, die die Mutter um sich schuf, geprägt gewesen; dabei war die Frömmigkeit der Mutter von einer völlig unkonfessionellen, ganz freien und menschlich warmen, durch die Christian Science, die ihr und ihres Mannes wesentliches Lebensthema war, geprägten Art eher denominationell gefärbt, eben hierin aber zurückhaltend und völlig unaufdringlich; Gottvertrauen und Liebe („sie ist mehr als der Glaube") prägten dieses religiöse Bewusstsein und die familiäre Atmosphäre. Die Mutter lehrte den jungen Moltke beten. Die Christian Science-Bindung der Eltern war wohl auch der eigentliche Grund dafür, dass diese Frömmigkeit und ihr Lebensstil nicht kirchlich gebunden und gedacht war.[53] Moltke hatte daher seit dieser mütterlichen Prägung und dem intensiv und mit dem Pastor strittig erlebten Konfirmandenunterricht doch einen erheblich christlichen, wenngleich für lange in der Latenz gebliebenen Bildungs- und Motivhintergrund in sich; noch spät bezeugt er, dass er seit früher Jugendzeit ganze Passagen von Paulus-Briefen auswendig kannte, ohne sie allerdings näher zu verstehen. So war es wohl auch nicht Zufall, dass Moltke genau in den Tagen des Kriegsbeginns – in Verlängerung seiner „sozialistischen" Neigungen – die beiden großen katholischen Sozialenzykliken „Rerum Novarum" und „Quadragesimo Anno" studierte.

Dann aber widerfuhren ihm während des Krieges erhebliche Erweiterungen und neue Bewusstheiten, ja Umbrüche und Wandlungen. Bereits im Frühjahr 1940 – also schon vor Beginn der Kreisauer Vernetzungen, Arbeiten und Einflüsse – liest er, zeitgleich mit dem Hören Bach'scher Musik auf Schallplatte, in der Bibel „mit mehr Freude … denn je zuvor" und merkt, dass ihre Geschichten „Gegenwart" sind und „eine ganz andere Spannung als je zuvor" haben. „Früher waren das für mich im Grund Geschichten, zum mindesten das Alte Testament, heute aber ist mir all das Gegenwart", daher „… alles was man tut, auch wenn es auf historischem oder philosophischem Gebiet liegt, ob es Tolstoi ist, oder ob man die Bibel liest, so unheimlich aktuell erscheint." Man erkennt die entzündende und existentialisierende

Gewalt der Zeitumstände in ihrer Einwirkung auf jede Textlektüre und Moltkes Bereitschaft, Empfindsamkeit und Empfänglichkeit für eben diese Intensivierung. Um diese Zeit aber bezieht Moltke im Briefwechsel mit Yorck noch immer seine oben beschriebene Position der Unwichtigkeit von Religion, Offenbarung und Christentum für die Staatstheorie.

Dann, im Herbst desselben Jahres, beschäftigt Moltke sich mit Goethes drei Ehrfurchten (aus dem Wilhelm Meister), auf die v. d. Gablentz ihn als schönste Formulierung allgemeiner Ethik aufmerksam gemacht hatte, und ist begeistert: „Welch eine großartige Formulierung. N.S. hat uns wieder gelehrt die Ehrfurcht vor dem, was unter uns ist, d. h. also den Dingen, dem Blut, der Abstammung, unserem Körper. Insoweit hat er recht, und wir wollen die Lehre nicht vergessen. Er hat aber getötet die Ehrfurcht vor dem, was über uns ist, nämlich Gott, oder wie immer Du es bezeichnen magst [man beachte diese noch ganz distanzierte, bewusst ungenaue, im Ungefähren belassende Umspielung des Wortes „Gott"], und hat versucht, dieses unter uns zu ziehen, durch die Vergottung diesseitiger Dinge, die unter die Rubrik der Ehrfurcht vor dem, was unter uns ist, fallen. Der N.S. hat aber weiter zerstört die Ehrfurcht vor dem, was uns gleich ist, indem er ebenfalls einen Teil derjenigen, die uns gleich sind, unter uns zu stellen versucht. – Der Liberalismus entarteter Form hingegen lehrt die Ehrfurcht vor dem, was uns gleich ist unter Vernachlässigung der beiden anderen Ehrfurchten. Aber im Gleichgewicht gerade liegt die Weisheit, und diese Weisheit kann eigentlich nur der liberale Landmann haben, weil allen anderen die Beziehung zu den lebendigsten Dingen unter uns soweit fehlt, dass sie diese Ehrfurcht kaum bekommen können." In der Folgezeit wird Moltke – bestärkt vermutlich mehr durch den Druck und Drang der politischen Entwicklungen als durch Lektüre oder Gespräche mit den Kreisauer Freunden (darauf weist mich Freya v. Moltke brieflich hin) – eine neue, ganz eigene Stufe spezifisch christlicher Überzeugung erreichen, die ihm innerlich geradezu durch die in der Nazi-Herrschaft gemachten Erfahrungen aufgezwungen wird. Im Oktober 1941 scheint es, als wenn jede geeignete Gelegenheit ihm zur religiösen Thematik wird. Er trifft bei einer Veranstaltung der Akademie für Deutsches Recht in Berlin Carlo Schmidt, ist von ihm als Per-

son unmittelbar überzeugt, spricht ihn an und lädt ihn in die Derfflingerstraße ein und: „Wie immer mit allen Leuten, die wirklich meiner
Auffassung zuneigen, waren wir bereits nach zehn Minuten bei der
Frage der Religion angelangt und ich habe wenige Unterhaltungen
erlebt, die so konzentriert und befriedigend waren ...“. Der Existenzia-
lisierungspegel steigt unverkennbar weiter, zugleich mit einer sich
verstärkenden Todesahnung, und mit ihm für Moltke das Thema Religion. Am gleichen Tage dann, zwischen Arbeiten und Träumen, wurde
„ich mir einer Wandlung bewusst, die während des Krieges in mir
vorgegangen ist und die ich nur einer tieferen Erkenntnis christlicher
Grundsätze zuzuschreiben vermag. Ich glaube nicht, dass ich weniger
pessimistisch bin als früher, ich glaube nicht, dass ich das Leid der
Menschheit jetzt ... weniger fühle ..., aber trotzdem trage ich es leich-
ter; es hemmt mich weniger als früher. Die Erkenntnis, dass das, was
ich tue, sinnlos ist, hindert mich nicht, es zu tun, weil ich viel fester als
früher davon überzeugt bin, dass nur das, was man in der Erkenntnis
der Sinnlosigkeit allen Handelns tut, überhaupt einen Sinn hat ...“ Die
Seele fasst sich neu und wird mit einer bis dahin ihm unbekannten
Gewissheit imprägniert. Wenige Wochen später heißt es: „Es ist mir in
diesen Jahren immer klarer geworden, dass von der Aufrechterhaltung
der in den 10 Geboten niedergelegten moralischen Grundgesetze die
Existenz eines jeden von uns abhängt, nämlich Freiheit und körperliche Unversehrtheit, aber auch Essen und Trinken, Wohnung, Klei-
dung, Heizung. Da man sich ja dieses Zusammenhanges nicht beim
Betreten der eigenen Wohnung, beim Heizen des Ofens u.s.w. bewusst
werden kann oder dem Ausdruck geben kann, bleibt tatsächlich nur
die gemeinsame Mahlzeit übrig, bei der man darauf hinweisen kann.
Und das scheint mir, ganz abgesehen von aller religiösen Fundierung,
in erster Linie die Aufgabe des Tischgebets zu sein.“ All diese Akzente
seines neuen christlichen Bewusstseins haben mit der Wahrnehmung
von Leiden und Opfern zu tun.[54]

So schlägt Moltke seiner Frau regelmäßiges Tischgebet mit den Kindern vor (was sie ablehnt). Wieder einige Monate später, im April
1942, schreibt er an seinen Freund Lionel Curtis: „Vielleicht erinnern
Sie sich, dass ich in Gesprächen vor dem Kriege der Meinung war, dass
der Glaube an Gott nicht wesentlich sei, um dahin zu kommen, wo wir

jetzt sind. [Wir lernten diesen Ausgangspunkt auf Seiten Moltkes gleich in seiner ersten Auseinandersetzung mit Yorck und Gablentz in seiner Annahme der notwendigen Gott- und Sittlichkeitslosigkeit des Staates kennen.] Heute weiß ich, dass ich unrecht hatte, ganz und gar unrecht. Sie wissen, dass ich die Nazis vom ersten Tag an bekämpft habe, aber der Grad von Gefährdung und Opferbereitschaft, der heute von uns verlangt wird und vielleicht morgen von uns verlangt werden wird, setzt mehr als gute ethische Prinzipien voraus, besonders da wir wissen, dass der Erfolg unseres Kampfes wahrscheinlich den totalen Zusammenbruch unserer nationalen Einheit bedeuten wird. Aber wir sind bereit, dem ins Gesicht zu sehen." Wenn also Moltke hin und wieder – beginnend in seiner Ravensbrücker Haftzeit, nie vorher – seine Briefe mit der Wendung „Gott schütze Dich und uns", „Gott behüte Dich und die Dir anvertraut sind" oder „Gott behüte uns alle" endet, so ist dies kein Ausdruck irgendeiner religiösen Selbstverständlichkeit und Üblichkeit, sondern eine in den Kriegsumbrüchen und Widerstandsprozessen erst kostbar eroberte neue Möglichkeit. Erst die religiöse, theologische Erkenntnis des Bösen (Moltke) und des Nihilismus (Yorck), die der Nationalsozialismus für sie beide darstellt, wird eine klare Diagnose der eigentlichen Dimensionen und „Dämonien", die im (so nobel und verführerisch benannten) „Nationalsozialismus" das Land beherrschen, deutlich. Seither wird die persönliche wie die politische und gesellschaftliche Bedeutung der religiösen Dimension, hier: des christlichen Glaubens und der Kirche als Gemeinschaft des Glaubens und als dieses Glaubens geistliche wie institutionell-politische Öffentlichkeit und Widerstandskraft für Moltke und in der Arbeit der Kreisauer grundlegend, präsent und aktiv gehalten. Das „Zusammengehörigkeitsgefühl der Gemeinde" und ihre Choräle werden ihm immer wichtiger und wachsen in sein Lebensbewusstsein hinein; den Jahreswechsel 1943/44 erlebt er in zwei ihn beeindruckenden Gottesdiensten. Immer wieder auch liest er theologische Werke, schon in der Woche des Kriegsbeginns (also noch vor den Kreisauer Gesprächen!), wir sahen es, hatte er die päpstlichen Sozialenzykliken studiert, im Sommer 1940 liest er u. a. Spinoza (begeistert!), Kant und Tolstoi – ein sich explosionsartig verstärkendes religiöses, nein: jetzt vielmehr explizit christlich geprägtes Lebensgefühl, zusammen mit gleichzeitig sich verstärkender Sterbebereitschaft, ihn ergreifend und tragend, wie wir noch genauer sehen werden. All dies sind bei Moltke Zuwächse und Neuerwerbungen seiner Spätbiographie, die sein früheres Wissen, Bewusstsein und Glauben weit überschritten und erweiterten. Die immer wieder gehörten Musiken (Bach, Mozart, Beethoven, Brahms) dürften ein übriges beim inneren Aufnehmen all dieser Texte und Einflüsse hinzugetan haben. Am Ende finden wir ihn in einer intensiv biblisch-paulinisch und reformatorisch geprägten, schließlich in allem erstaunlichen, fast verkirchlichten Ausdrucksfassung seines Glaubens, der er sich willig hingab, denn „wir wissen es meistes gar nicht, wie jämmerlich wir sind. Jetzt weiß ich auch, warum Paulus und Jesaja, Jeremia und David und Salomo, Moses und die Evangelisten nie veralten: sie waren eben nicht so jämmerlich; sie hatten ein Format, das für uns unerreichbar ist, auch durch Menschen wie Goethe ja wie Luther nicht erreichbar. Was diese Männer erlebt und erfahren haben, das werden wir nie ganz verstehen." Die biblisch-reformatorische Sprache erweist hier eine Kraft, die andere Sprachen nicht leicht haben. In Liljes Neujahrsgottesdienst hörte er „eine mächtige Predigt"; sie war die „beste Predigt, die ich bisher gehört habe; und sie war so grundlegend für das Jahr 44 ... Wir können nur hoffen, dass wir die Kraft haben werden, uns der Aufgabe, die dieses Jahr uns stellen wird, würdig zu erweisen. Und wie könnten wir das, wenn wir nicht ... wüssten, dass wir in Gottes Hand stehen." In diesem Glauben sieht er sich gegründet und befestigt – so ausdrücklich und mehrfach seit dem Jahreswechsel 1943/44. In solcher Identität als Christ erlebt er den Prozess vor Freisler: „nicht als Protestant, nicht als Großgrundbesitzer, nicht als Adliger, nicht als Preuße, nicht als Deutscher ... sondern als Christ und als gar nichts anderes" sieht er sich verurteilt und hingerichtet.[55]

Die Vertiefung von Yorcks Glauben

Deutlich anders bei Yorck der Ausgangspunkt und die auch bei ihm allmählich immer bewusster und wacher werdende christliche Prägung: Er kommt aus einer ursprünglich stärker preußisch-lutherisch (aber nicht kirchlich-konfessionell) sowie humanistisch-idealistisch geprägten, eben darin für ihn aber religiös zunächst eher latent gebliebenen Familiengeschichte, die doch speziell von antiken und preußisch-idealistischen, ebenso aber christlich-konservativem, ein wenig vielleicht auch an subjektiv-erwecklichem, fast (wie er selber formuliert) „mystische" Elemente anklingendem, in alledem jedenfalls sehr traditionsbewusstem Geist geprägt war, der des Vaters (ausdrücklich so genanntes) „politisches Luthertum" zum Hintergrunde hatte (wieweit beim Sohne akut und aktualisiert, ist derzeit nicht einschätzbar). In alledem war zunächst „christlich, aber nicht kirchlich" die Devise; man ging in die Natur und nur zu hohen Gelegenheiten in die Kirche, wie gezeigt. Schon im ersten Briefwechsel mit Moltke aber bringt er, wir sahen es, als dieser seinen liberalen Staatsbegriff einführte, sein Verständnis von „Freiheit für den anderen" und den Begriff der „göttlichen Ordnung" ein, den er gerade erst von den Mittelalterstudien seines BK-zugehörigen Bruders geerntet hatte, wie gezeigt. Er also ist es, der in diesem Dialog das theologische Thema schon damals anschneidet und einbringt. Weitere Zwischenstufen seiner frühen Entwicklung sind uns derzeit verborgen. Wir wissen aber, dass er – darin ein echter Konservativer – zu Transformation und Neugestaltung des Glaubens erstaunlich offen und eindrucksvoll bereit war, obwohl er neues Land – wie z. B. Bonhoeffer in seinen Tegeler Gefängnisbriefen – nicht betreten sollte. Mitten im Kriege, nach dem Tode seines Bruders, schreibt er: „Die Zerstörung des alten Lübeck, wie ist sie traurig, und doch stellt auch sie uns vielleicht vor die Aufgabe, aus dem Verlust Gewinn zu ziehen. War es denn noch ein Gotteshaus, das dort zerstört wurde, oder [nur] ein Gegenstand erbauender Kunstbetrachtung, die es selten zu dem Erkennen des eigenen Unvermögens brachte? Soll nicht vielleicht der Mensch, dem neue Sehnsucht nach Gott im Herzen wächst, gezwungen werden, diesem Sehnen auch neuen und glaubhaften Ausdruck zu verleihen und seinem Gott das Haus [neu] zu bauen? Fast scheint es mir, dass nur tiefste äußere und innerliche Not uns so treffen müssen, dass wir durch alle Überlegungen hindurch auf den einfachen Grund gelangen und dass durch die Zerstörung der Glaubensbeweise früherer Zeiten wir daran gehindert werden, es uns vor uns selbst leicht zu machen, sondern der Zwang besteht, unseren lebendigen Glauben zu erweisen." Eine wahrlich bemerkenswerte Innovationsbereitschaft lutherisch-subjektiver Art. Das „Erkennen des eigenen Unvermögens" ist in eben der zutiefst reformatorischen Tradition, die er sich also angeeignet hatte, ein Kriterium echten Glaubens, der der Erkenntnis von Schuld und Gnade nicht ausweicht – das ist mehr und anderes als jenes preußisch geprägte Luther- und Obrigkeitsverständnis und eher traditionelle Bibelverständnis der frühen Zeit, das wir in der Familie Yorck vorfanden, immer vorbehalten, dass wir nicht wissen, von welcher Art der Einfluss der Mutter und anderer Quellen war, da er sich ausdrücklich auch einen „mystischen Teil des religiösen Empfindens" zuschreibt. „Ein Zwiespalt öffnet sich in mancher Seele, die begreift, dass es darum geht vor allem erst Mensch zu sein, das Wesen, das sich Gott im Bilde schuf. Zum neuen Mahnruf wurde mir des zweiten Bruders Tod, und prüfend suche ich den Weg, den zu gehen die uns zugemessene Aufgabe ist … Es kommt darauf an, die Ewigkeit als gnadenvolles Geschenk zu erfassen und durch den Schmerz zu bleibendem Gewinn vorzudringen" (Mai 1942).[56]

Wir sehen ihn hier offen und suchend unterwegs, keineswegs auf eine bestimmte Form seines Glaubens schon festgelegt, Elemente verschiedener Art aufnehmend und zu verbinden suchend. Und diese Offenheit verbindet sich bei ihm mit einer Entdeckung und Wertschätzung der Liturgie, speziell bei den Michaelsbrüdern, auch mit einer immer wieder bezeugten Neigung zum Katholizismus und dessen Gottesdiensten, wie gezeigt. Mit all dem finden wir ihn am Ende seines Lebens jedenfalls „mehr und mehr", wie seine Frau formuliert, d. h. wohl bewusster und intensiver, von einer „tiefen Religiosität" durchdrungen, mit intensiver theologischer Lektüre beschäftigt, dabei anders wohl und mehr noch als Moltke mit seiner Frau – auch zusammen mit dem inzwischen nah befreundeten Gerstenmaier – seit 1943 in regelmäßigem Gottesdienstbesuch. Wie viel Musik auch ihm in alledem bedeutete, bezeugt seine Frau ausdrücklich.[57] Beide aber, Moltke und Yorck, bezeichnen das letzte Abendmahl, das sie mit ihren Frauen zu feiern noch Gelegenheit hatten, als Höhepunkt ihrer Verbundenheit, wie wir gleich sehen werden. Yorck erbittet in der (vergleichsweise kurzen) Haft sogleich außer landwirtschaftlichen Werken, die noch einmal seine tiefe Verbundenheit mit Landschaft, Grund und Boden ahnen lassen, die Bibel, Karl Holls Luther-Band und seines Onkels Max York „Weltgeschichte in Umrissen". Es scheint, als habe er – anders als Moltke, der in dieser Zeit ganz neue Bewusstseinsstufen und Erweiterungen seines christlichen Selbstverständnisses erfuhr – in den Kriegsjahren „nur" eine erhebliche Intensivierung und Vertiefung seines von früh an christlich-konservativ geprägten Selbstverständnisses und mehr oder weniger bewussten, eher latenten christlichen Glaubens erlebt.

Aspekte und Probleme der Kreisauer Hintergründe

Insbesondere muss man nun sehen, dass das Christentum all dieser Männer im Kreisauer Kreis sich durchweg nicht nur privat und individuell, sondern als dezidiert öffentliches Christentum, als öffentlich verantwortlichen Glauben verstand; ein rein privates Gottesverhältnis war ihnen, so sehr intim und eher scheu-verschwiegen es zunächst begründet und verwurzelt, daher persönlich zurückhaltend thematisiert und ausgesprochen war, nicht denkbar; dass diese Motive bei ihnen durchweg und zentral an der Stelle standen, an der bei anderen die „Ehre" des Standes oder des Offiziers als Motiv genannt wurde, lohnt sich zu beachten. Wie sich dieses öffentlich-religiöse Bewusstsein beider, Moltkes und Yorcks, in der letzten Stunde ganz spezifisch ausdrückt und zur Geltung bringt, werden wir gleich sehen. Was wir nämlich dann in den letzten Briefen Moltkes an seine Frau Freya – und entsprechend im letzten langen Brief Yorcks an seine Frau Marion – zu lesen bekommen, zeigt eine solche Dichte und Explizertheit eines nicht nur allgemein religiösen, sondern dezidiert christlichen Bewusstseins, wie es vorher – jedenfalls bei Moltke – nicht vorhanden oder erkennbar war. Jetzt erwies sich, dass das bisher eher geheime Wurzelgeflecht dieser Motive bei beiden Männern wie ein Pilzmyzel im Boden, in der Latenz, zum Auftauchen und Erblühen bereit gewesen und durch die Kriegs- und Unrechtserfahrungen, durch die Kreisauer Arbeit und schließlich durch das Erleben der Haftzeit ganz neu herangewachsen und zur Blüte und Befestigung gekommen war. Die politische Verantwortung dieses Glaubens gehört zu seinen essentiellen Bedingungen und Konsequenzen.

Einer besonderen Bemerkung bedarf an dieser Stelle nur noch der ungewöhnlich starke interkonfessionelle Einschlag im Denken der Kreisauer. Sie haben für die damaligen Verhältnisse mit ihrem über-

und interkonfessionellen Denken ohne Zweifel zur Avantgarde christlichen Denkens und Sich-Verhaltens gehört; daher in den Kreisauer Entwürfen, wie bereits gezeigt, die Idee einer „deutschen Christenschaft" beider Konfessionen. Wunderbar Delp: „Die geschichtliche Last der getrennten Kirchen werden wir als Last und Erbe weitertragen müssen. Aber es soll daraus niemals wieder eine Schande Christi werden ... der Eine Christus ist doch ungeteilt und wo die ungeteilte Liebe zu ihm führt, da wird uns vieles besser gelingen als es unseren streitenden Vorfahren und Zeitgenossen gelang" – eine Interkonfessionalität und elementare Überwindung der Konfessionsgrenzen, die die beiden großen Konfessionskirchen als ganze weder im Kirchenkampf noch auch in langen Jahren nach dem Kriege nicht einmal im Ansatz, und so wie in Kreisau bis zum heutigen Tage nicht erreicht haben. Die Kreisauer konnten sich damals nur gemeinsam-christliches Denken und Leben als Fundament der individuellen wie öffentlichen Kultur und Sittlichkeit vorstellen – für die damaligen Jahre in der Tat fast alternativlos nachvollziehbar; denn eine andere Kraft öffentlicher Religiosität und Sittlichkeit gab es damals nicht; die diffuse bürgerliche Religiosität der Weimarer Zeit schien ihnen evident versagt zu haben und unpräzis-anfällig zu bleiben. Daher findet man die Vorstellung, dass sich das ganze NS-Elend aus der säkularistischen Aushöhlung Deutschlands erkläre und die künftige Heilung der Gesellschaft und ihrer Humanität nur von einer Re-Christianisierung zu erhoffen sei, in Widerstandskreisen immer wieder, auch bei den Kreisauern, wie gezeigt; man findet sie auch nach dem Kriege katholischer- wie evangelischerseits weit verbreitet als Antwort auf die damals allseits beklagte sog. Säkularisierung. (Eine Wende und ihr Ende erfuhr diese Klagewelle erst durch Gogartens Schrift „Verhängnis und Hoffnung der Neuzeit" von 1953, in der die Säkularisierung erstmals nicht als bedauerlich und Verfall, sondern als legitime Folge des christlichen Glaubens verstanden wurde.)

Genau an dieser Stelle aber liegen, wie wir bereits sahen, Unklarheiten und unausgetragene Differenzen im Kreise der Kreisauer im Hintergrunde verborgen, die über Recht, Aussicht und vor allem über die *Modalität* dieser Re-Christianisierung und Art ihrer Interkonfessionalität durchaus erst entscheiden. Die christliche Prägung der künftigen

Gesellschaft wurde hier nun einmal mit dem in diesem Kreise protestantisch wie katholisch plausiblen Titel und Kernbegriff der „göttlichen Ordnung" (oder entsprechenden Varianten) formuliert, dies natürlich unter dem Vorzeichen und mit der Konsequenz eines äußerst eingeschränkten Pluralismus' religiöser Positionen, flankiert von einer konkurrenzlos zugestandenen Priorität der beiden christlichen Großkirchen in Leben und Verfassung der künftigen Gesellschaft (was in der Folge, wir zeigten es bereits, fast oder faktisch einer Revokation der Staatskirchentrennung gleichkam); Moltkes ursprüngliche, aufgeschlossene, die Aufklärung vollziehende, für Liberalität und Neuzeit offene Position, die den christlichen Staat und das Mittelalter als Vorbild verneinte, war inzwischen – begreiflicherweise (wegen der schwerlich akzeptablen Modalität ihrer völligen Trennung, statt Unterscheidung, die den notwendigerweise bleibenden Zusammenhang von Staat und Kirche voraussetzt!) – korrigiert und erweitert, dabei aber im Interesse des jetzigen Anliegens (sc. der Überwindung der säkularistischen oder nihilistischen Aushöhlung des öffentlichen Bewusstseins) unnötigerweise (oder doch damals, weil die liberale Tradition nicht kirchenkampffähig war, notwendigerweise?, weil man „mit liberalen Ansichten so etwas wie Widerstand nicht durchsteht", wie Moltkes Frau später formulierte) unscharf und problematisch geworden: sie hatte ihre liberalen Komponenten verloren und die Staatskirchentrennung außer Acht gelassen, faktisch revoziert, so nachvollziehbar dies in der damaligen Situation gewesen sein mag. Wir zeigten dies bereits. Moltkes Auffassungsänderung, die nicht zuende gebrachte Diskussion mit Yorck und die damalige Friedens- und Übereinstimmungs*notwendigkeit* im Kreisauer Kreise untereinander und zwischen den beiden Großkirchen haben hier – wie schon an anderen oben genannten indizienreichen Punkten (Schule, Gewerkschaften etc.) – unklare und auf die Länge gesehen gefährlich-regressive Tendenzen entstehen lassen, die Moltke von seiner neuen Position aus, hätte er sie festgehalten, aber neu durchdacht, sehr produktiv hätte überwinden können.

Moltkes Nachgiebigkeit dürfte ihren Grund zusätzlich auch darin gehabt haben, dass er und andere, speziell auch Yorck, – vermutlich wegen des eher zerrissenen Bildes der protestantischen Kirchen – das Heil und größere Gewicht bei der katholischen Kirche und deren geistlichem wie institutionellem Gewicht sah. Moltke zu Rösch: „Eines will ich als evangelischer Christ Ihnen sagen: Das Christentum in Deutschland kann nur durch die deutschen Bischöfe und den Papst gerettet werden."[58] Entsprechend ist auch Yorcks Neigung zum Katholizismus und zum vorindividualistischen Mittelalter, die die Art seines Denkens deutlich einfärbt und – wie bei Moltke – natürlich auch eine Voraussetzung für die Zusammenarbeit in diesem Kreise war, unzweideutig bezeugt.[59] Die gegenüber dem Protestantismus stärkere Kirchlichkeit des Katholizismus – auch trotz seiner damaligen nationalistischen Anfälligkeit in Deutschland – gewährte in dieser Krisenzeit größere Klarheit, Abgrenzung und Sicherheit, nicht anders als die konfessionell-christologischen Bestimmungen in den Grenzziehungen und Frontbildungen im protestantischen Kirchenkampf (jeweils mit problematischen inhaltlichen Konsequenzen in der Folgezeit). Die in Kreisau erreichte Ökumene steht daher in mehrfacher Hinsicht – längerfristig gesehen – auf problematischem Boden; sie besteht aktuell in gemeinsamem Mut und Frömmigkeit gegen Hitler, bleibt aber gedanklich, d. h. theologisch in mehrfacher Hinsicht hochambivalent in ihren Voraussetzungen wie Begründungen und tendiert zu einer regressiven Christianisierung; das genuin liberale Erbe, das Moltke nur juristisch, nicht eigentlich theologisch verstanden und zu wahren gewusst hatte, ist ihr verloren gegangen; auch Tillichs Theologie, die hier hätte öffnen und klären können, spielte, wie bereits gezeigt, keinerlei Rolle. Hier sind also – aus nachvollziehbaren Gründen – bei den Kreisauern, auch bei ihren evangelischen Theologen und laientheologischen Mitgliedern, zentrale Motive leitend gewesen und in den Konzepten grundlegend geblieben, die nach 1945 – vertreten durch ganz ähnliche Gruppen und Personen – in die Regression führen mussten und es auch taten. Wie bei den obengenannten politischen und wirtschaftspolitischen Zielformulierungen hatten die legitimen und begreiflichen Motive z. T. durchaus überholte und von heute aus gesehen problematische Voraussetzungen festgehalten. Auch der Widerspruch und Widerstand also stand und geschah unter den Bedingungen zeitgenössischer Blickwinkel und Beschränkungen. Auch der ökumenische Konsens in diesem Kreise war daher – mindestens gemessen an Moltkes, Haubachs und Trotts Intentionen, andere wären genauer zu untersuchen – mit problematischen und durchaus nicht weiterführenden

Implikationen konservativ bzw. regressiv-rechtslastig behaftet (bei allem lebendigen Reichtum, der diesen Traditionen eigentlich eigen sein kann).[60] Die strategische Kooperation gegen Hitler, die der Ausgangspunkt für Moltkes Öffnung zu anderen Personen, Gruppen und Positionen war, weil er Kirchen und Arbeiterschaft für die Grundlegung eines neuen Deutschland gewinnen und zusammenführen sollte, war in dieser Situation in der Tat wichtiger als die konzeptionelle Klärung, die der Zukunft überlassen bleiben musste. Dies muss man, auch bei heute ganz anderen theologischen Optionen, als offenbar notwendig respektieren. So war es die tief-fromme Haltung der Kreisauer, die sich nicht nur privat, sondern mit aller Kraft ihres Selbstverständnisses öffentlich und in öffentlicher Verantwortung verstand und daher das aktuell Notwendige – nämlich den Widerstand gegen die Ideologie und den Unrechtsstaat Hitlers für eine neue deutsche Gesellschaft – zu leisten unternahm. Welch ein Glück wäre es, wenn wir heute – mit unseren uns angemessener erscheinenden Theologien – so viel Kraft und Wahrheit in die Politisierung unserer Tage brächten wie die Kreisauer es damals taten! Typisch und schicksalhaft bleibt es, wie gesagt, dass das liberale Erbe auch in diesem Kreisauer Kreise damals unterging bzw. in der Latenz verschwand (und somit keiner durch die Kirchenkampferprobung hindurchgegangenen Renovierung unterzogen wurde). Gerade in den konservativen Traditionen, die sich hier bewährten, gemeinsam in einem kirchlich-kritischen Katholizismus, einer konfessionellen BK- sowie einer Michaelsbruderschaftlichen Theologie und einem unkonfessionell-lutherischen Erbe (Yorck), kam zwar nicht alles, was an christlicher Substanz damals gut, liberal und teuer und möglich war, wohl aber alles, was stabil und widerstandsfähig war, zusammen, und dies, um nicht allein sich selbst zu genügen, sondern um dem politischen Leben widerständig zur Verfügung zu stehen und es zu gestalten – wie denn überhaupt die Konservativen und Konfessionsgebundenen vielfach – gerade aus ihrem spezifischen Erbe – energischen Widerstand gegen Hitler in Gang gesetzt und durchgestanden haben.

Darum dürfen aber die problematisch gebliebenen Voraussetzungen des Kreisauer Ökumeneverständnisses von heute aus doch nicht übersehen werden. Aus bedrückend guten Gründen musste bis zum heutigen Tage die Ökumene mit der römisch-katholischen Kirche Stückwerk bleiben. Die Voraussetzungen eben dieser bis heute bestehenden Hemmung stecken auch in ihren, der Kreisauer, eigenen Voraussetzungen und Grundlagen. Auf die Länge gesehen mussten diese Unklarheiten und Schwächen behindernd und regressiv hervortreten. Dies realisierten die Kreisauer nicht, sie konnten es auch nicht realisieren. Ihre gemeinsame Frömmigkeit und der von ihnen getragene politische Impuls war von diesen tiefer liegenden Problemen und Schwächen im theologischen Untergrunde nicht berührt und nicht gebremst; wohl aber waren es ihre Entwürfe – von heute her gelesen. Auf dem Boden jener gemeinsamen Motive wirken noch heute die beiden großen Konfessionskirchen unseres Landes – bei in fundamentalen Hinsichten noch heute bleibend und manifest verschiedenen Voraussetzungen – immer wieder produktiv zusammen, z. B. in ihrem „Gemeinsamen Sozialwort" des Jahres 1997. Auch die Ökumene gedeiht vor Ort bis zur Stunde besser als die amtliche der Kirchenleitungsebene, die protestantische Seite noch immer offener als die katholische, theologisch wie kirchenamtlich – nicht nur in „Dominus Jesus" (2000) – antiökumenisch verletzte und rechtslastig gebremste.

Die *interreligiösen* Belange und Wichtigkeiten schließlich, die heute inzwischen unsere Situation entscheidend bestimmen und bereichern, waren damals auch nur als Fragestellung noch nicht zum Thema geworden (so dass Adam Trott zu Solz, der als einziger solche Erfahrungen und diesbezügliche Neigungen aus seinem Fernost-Aufenthalt gewonnen hatte und in Kreisau hätte einbringen können, hierzu nicht den geringsten Anlass und Eingang fand; die Zeit war noch nicht reif hierfür). Auch dies lässt die christlichen Profile der Kreisauer in einer gewissen – konfessionell-interkonfessionellen – Perspektive merkwürdig vergangen und den 1950er Jahren zugehörig erscheinen; sie bleiben im Banne sich heute überholender *interkonfessioneller*, nur innerkirchlich noch wichtiger Anliegen. Die zentrale und entscheidende Fragestellung liegt heute in der gesuchten *Interreligiosität*. Aber: wenn wir heute – im Blick auf die gemein-religiösen Aufgaben der Religionen angesichts des ungeistlichen Säkularismus, des Weltfriedens und der nur gebrochenen interreligiösen Friedensfähigkeit der Religionen – so mutig interreligiös denken würden, wie die Kreisauer es in ihrer Situation interkonfessionell – trotz aller bleibenden Spannungen und Differenzen – taten, so wären wir heute weiter und es wäre viel geholfen. Wäre ihr christlicher Mut, über die Grenzen zu schauen und zu gehen, der unsere bzw. der unserer Kirchen, so könnte sich geistig heute viel mehr bewegen, speziell auch interreligiös: sowohl in der Betonung des *Gemeinsamen* wie auch in der mutigen, kontroversen und produktiven Herausarbeitung der *Differenzen* (im jüdisch-christlichen wie im islamisch-christlichen Dialog, von den Einsichten asiatischer Religionen nicht zu reden).

Weiteres übergehe ich und springe gleich in die zentrale Schlussgeschichte Moltkes wie Yorcks und in ihre letzten Erfahrungen hinein.

6. Der Höhepunkt des Dramas: Die letzten Wochen Helmuth James Graf v. Moltkes und die äußere und die innere Szene seines politischen Endes vor Freisler im Volksgerichtshof

Damit kommen wir zum letzten Punkt in diesem Kapitel: zum religiösen, nein: christlichen Glauben, Wissen und dankbaren Loben im Leben, Denken und Sterben der Kreisauer, speziell wieder Moltkes und Yorcks, das man nur mit Staunen und Ehrfurcht miterleben und zur Kenntnis nehmen kann: ein Glauben, Wissen und Danken, das beider letzte Haftzeit eindrucksvoll prägte und trug. Yorck wurde im August 1944, Moltke im Januar 1945 hingerichtet, nein: aufgehängt, ermordet. (Die letzten Tage anderer aus diesem Kreise, ausgenommen die Delps, sind so genau nicht dokumentiert.) In diesem Bewusstsein als Christen sind sie in den Tod gegangen. Beide lebten ihren Schluss mit ausgewählten Bibeltexten, die sie zuinnerst in sich aufgenommen hatten und von dorther ihren Frauen und Kindern zusprachen, Moltke noch mit einem bestimmten Choralvers im Herzen. Eindrucksvoll, wie Moltke im Oktober, in Erwartung seines schnellen Todes, testamentarisch den kleinen Söhnen die besondere Muts- und Lebensleistung ihrer Mutter in all diesen Vorgängen vorstellt und ins Herz schreibt. Er selbst empfindet sich in einzigartiger Weise in der Beziehung zu seiner Frau und den Kindern „so innig nah, dass ich mich gar nicht getrennt fühlen kann" und zutiefst so „geborgen und deswegen getrost und freudig" (eine Geborgenheit, die lt. Jos. 1,9 nur Gott gebührt, so dass er sie, auf seine Frau bezogen, fast schon als Verletzung des 1. Gebotes ansieht), „aber ich nehme an, dass die Beiden, die dieser Missgriff betrifft, es richtig verstehen werden".[61]

Um all dem nun folgen zu können, seien an dieser Stelle kurz die Rahmendaten vergegenwärtigt: Moltke war im Januar 1944 verhaftet worden, aus zunächst ganz nebensächlichem Anlass: er hatte jemanden vor seiner Verhaftung gewarnt (offenbar geschah dies aber vor dem Hintergrunde des wachsenden Misstrauens des SD gegen das Amt Canaris). Seither wurde er in Schutzhaft in Ravensbrück/Mecklenburg gehalten, unter leichten Bedingungen, mit Besuchs- und Leseerlaubnis;

noch im Sommer 1944 durfte er auf seine Entlassung hoffen. Dann aber, nach dem 20. Juli, als die geheimen Verbindungen mit der Verschwörung immer mehr zu Tage traten, wurde er am 19. August 1944 in reguläre Haft genommen und am 27. August (nach einer kurzen Zwischenstation anderwärts) nach Berlin/Tegel ins Gefängnis gebracht (in dem damals auch Bonhoeffer, allerdings nur noch kurz, vor seiner Überführung in die Prinz-Albrecht-Straße, einsaß), in nunmehr verschärfter Haft, im gestreiften Gefangenenkittel, Tag und Nacht gefesselt, ohne Besuchs- und Schreiberlaubnis. Fast nur noch Bibel und Gesangbuch waren ihm jetzt zugänglich; aber der Kontakt zwischen den Häftlingen – Delp auf der einen, Gerstenmaier auf der anderen Seite in den Zellen neben ihm – und der zu seiner Frau durch fast tägliche Briefe, die der Anstaltsseelsorger Poelchau besorgte, blieb erhalten. Nach dem Attentat hat seine Frau ihn wiederholt in Ravensbrück, dann vier weitere Male noch in Tegel, in Gegenwart des Gefängnisdirektors, besuchen können.

Da inzwischen das Tagebuch und die Briefe Moltkes aus der Haftzeit weitgehend veröffentlicht sind, lässt sich heute ermessen, wie eindrucksvoll hartnäckig Moltke seine körperliche Verfassung und wie diszipliniert er seine mentale, geistige und geistliche Kraft sich täglich in der Haft erarbeitet hat: durch regelmäßige, in Phasen graduell sich steigernde gymnastische Übungen und durch täglich ausgiebige, gleichzeitige Lektüre mehrerer Bücher, um durch abwechselnde Anstrengung sich geistig wach und regsam zu halten. Am 24./25. Juli schreibt er rückschauend: „… zuerst habe ich das Warten auf eine Veränderung aus Vernunft eingestellt und das gleich von allem Anfang, weil ich mir sagte, dass ich mich dadurch nur nervös mache. Dann ist diese Haltung zu einer Gewohnheit geworden, und jetzt dringt irgendeine Andeutung, es könnte sich vielleicht etwas ändern, nicht einmal mehr in meine Sinne ein." Durch intensive, ja bewusst angestrengte Lektüre will er aus der Zeit im Gefängnis keine verlorene Zeit werden lassen: breit gestreute Lektüre historischer, z. T. mehrbändiger Werke (Gibbons „Niedergang und Fall des römischen Reiches", Trevelyans „History of England", Rankes Geschichte der Reformation und die der neuzeitlichen Päpste, auch Aufsätze von und über Ranke, Bismarcks „Gedanken und Erinnerungen" sowie eine Monographie über ihn, Reden, Texte und Briefe des Feldmarschalls Moltke, Reinhold Schneiders Hohenzollernbuch, J. Ph. Fallmerayers „Byzanz und das Abendland"), literarische Werke (Goethes Wilhelm Meisters Lehr- und Wanderjahre, punktuell nur Faust, den er als eines der ersten Bücher ins Gefängnis erbittet, oder Gedichte; Stifters Nachsommer und Witiko sowie Seneca, vermutlich De consolatione, werden ihm zugeschickt) sowie diverse landwirtschaftliche Wälzer (Agrartechnik,

Agrarchemie, Rinder- und Schafzucht und Betriebswirtschaft u. a. betreffend) – eine völlig unromantische Weise der Boden-, Tier- und Naturbezogenheit! Schließlich gibt er sich ausgiebig der Lektüre einer Serie dezidiert theologischer Werke hin (Augustins Konfessionen, mit Begeisterung das 10. Buch, und De civitate in Auszügen), eine Luther- und eine Söderblom-Biographie, Bände von Heiler, Holl, Wünsch, Ungenanntes von Lilje, zwei ungenannte von Schlatter, Troeltsch, diesen ohne inneren Nachhall, Künneths „Theologie der Auferstehung", zweimal gelesen, Brunstädts „Allgemeine Offenbarung", Gerstenmaiers „Die Kirche und die Schöpfung"). Mit alledem beschäftigt und übt er lebendig und intensiv seinen Geist. Vorrangig aber erleben wir Moltkes morgendliche Lektüre aller biblischen Schriften quer durch beide Testamente; erstaunlich zügig, wie er die Texte in großen Portionen täglich aufnimmt und mit riesigen Schritten durcheilt („So bin ich mit dem Lesen fast nicht weitergekommen, habe im Ganzen in diesen 2 Tagen vielleicht 200 Seiten gelesen"), karg, fast kommentarlos, selten mit „Freude" oder „großer Erbauung", immer wieder aber vor allem „mit Genuss" (das ist die durchgehend höchste Kategorie seiner intelligenten Freude), sie zu sich nehmend, dabei erkennbar sie innerlich und souverän für sich zuordnend, wie wenige Bemerkungen es andeuten; gegen Ende der Haftzeit immer mehr auf geliebte Bibelstellen konzentriert (Jes. 55,8–13, bestimmte Psalmen oder Jos. 1,9 „Siehe, ich habe Dir geboten, dass Du getrost und freudig seist"), auf bestimmte Kapitel (Jes. 40, Klagelieder 3; 1. Kor. 13 und 15 und die Bergpredigt Mt. 5–7, die beiden letzten „die beiden tiefsten Stücke" im NT) und ganze Schriften (Psalter, Paulus-Briefe, mehrfach der Römerbrief, acht mal das „schönste" Johannesevangelium) konzentriert. Daneben aber noch in zweiter, jedoch ebenso entscheidender Reihe – bis an die Grenze der Übersättigung – eine überlange Reihe von Luther-Schriften als „Wesentliches im Tageslauf" (zwischendurch als Abwechslung immer wieder die schwerfallende, aber geistig gymnastizierende Lektüre der Kant'schen Kritik der reinen Vernunft). Diese Lutherschriften sind – zusammen mit den biblischen Büchern – das unvergleichliche Hauptelixier seiner geistlichen Stärkung: „Das Beeindruckende daran ist vor allem die nie auch nur im Geringsten wankende Gewissheit von der Allgegenwart Gottes". Unter allen Luther-Texten wird einzig immer wieder der Große Katechismus hervorgehoben, den Moltke seiner Frau zum Geburtstag im März 1944 in selbstersonnenen Bildern malt und schenkt, um ihr und den Söhnen „handlich und zusammengefasst" das Wesentliche zu zeigen, und in diesem Katechismus wiederum besonders die Auslegung des 1. Gebots, welches Moltke immer wieder beschäftigte und dessen Verstehen ihm zum Inbegriff der Wahrheit der ganzen Schöpfung wird; mit Hilfe jener Titel von Brunstädt, Gerstenmaier und Künneth, begreift er, dass die Frage des 1. Gebots und der Auferstehung keine Spezial-, sondern Grund- und Fundamentalfragen der Schöpfung von ihrem Anbeginn an sind: beide offenbaren *das* Wunder der Schöpfung: „man kann dann die ganze Schöpfung als Einheit sehen und kommt von der Vorstellung ab, dass alles der Mensch ist". Es ist, als wenn hier noch einmal ein fernes Echo der drei Ehrfurchten Goethes in neuer Perspektive nachhallt, neu begriffen und präzisiert, und man kommt auf den Gedanken, dass Moltke in seiner existentiell-souveränen Lese- und Auffassungsweise tatsächlich das Zeug hat, theologisch neu und innovativ zu denken, wäre ihm weiteres Leben geschenkt worden.

Ist all dies schon tag- und nachtfüllend, so kommt, solange Moltke den Status als Untersuchungshäftling behält, fast täglich mehrere Stunden lang regelmäßig die Lektüre der ihm vom Amt noch immer zugebilligten Times-Nummern und die Debatten des House of Lords und des House of Commons hinzu sowie die Bearbeitung von Materialien, Briefen und Anträgen – mündlich und diktierend – für die Fortsetzung seiner Arbeit im OKW, die eine Sekretärin und ein Mitarbeiter ihm fast wöchentlich bringen und seine Mitarbeit erwarten. Er, der Gefangene, trägt diese Last noch immer, weil er sie als Fortsetzung seiner eigentlichen Widerstandsarbeit im oben beschriebenen Sinne (Kriegsgefangenenrecht, Verwundetenaustausch etc.) betrieb. Und als ob dies noch nicht genügte, ist buchstäblich jeder Brief dieser Haftmonate voll von Fragen, Anregungen und Direktiven für die Hofbewirtschaftung zu Hause in Kreisau; an allem nimmt er teil. Die Bestellpläne werden erwogen, die Verteilung der Wiese auf Jungvieh, Kälber und Schafe bedacht; welche Büsche gepflanzt werden müssen, wie die Holzkohle für die schweren Landmaschinen im eigenen Meiler gebrannt, der Elektrozaun für variable Weiden erstellt werden kann; dass nicht in die Fruchtfolge eingegriffen werden soll und wann wohl der Roggen blüht („Der Kuhstall macht mir große Sorge", „Wird der Mist im Schafstall jetzt gewässert oder funktioniert das noch nicht?", „Schade, dass ich die Bäume diesen Winter nicht habe beschneiden können. Was machen die Bienen?", „Was macht das Heu? Ist es verregnet?"). Er hat „den ganzen Kopf voller Projekte" und bittet seine Frau, die Söhne zur ganz genauen Beobachtung und Wahrnehmung all des in der Natur, an Pflanzen und in der Landbestellung vor sich Gehenden anzuleiten, da das Auge doch des Landmannes „wichtigstes Organ" ist. „Es war ein schöner warmer Sommertag mit mittlerer Wolkenbildung und ich sah im Geiste die Erntewagen bei uns in den Hof fahren", so lautet der letzte Satz seiner schmerzlichen Verbundenheit im Gefängnis-Tagebuch vom 18. August. Und all dies unter erschwerenden und dekonzentrierenden Bedingungen. Er darf zunächst arbeiten, bekommt alle gewünschten Bücher und zusätzliche Lebensmittel, wobei die Verhöre der ersten Zeit ihn heftig belasten. Sie hören aber bald auf, bis hin zum Juli bestätigt und steigert sich die Aussicht auf Haftentlassung (zunächst unter der Bedingung eines Fronteinsatzes, später der des Ausscheidens aus der Wehrmacht und Selbstverpflichtung als Industriearbeiter). So sind es zunächst ruhige Wochen und Monate, unterbrochen von seltenen Tagen innerer Unruhe oder Kleingläubigkeit, schon da mit Ohnmachts- und Schwindelanfällen. Immerhin – er lebt in der Überzeugung, „dass Optimismus falsch und Vertrauen richtig ist"; daher ist er immer wieder „in einem Zustand unverständlich guter Laune. Dabei bin ich aber voll schwärzestem Pessimismus bis oben hin".

Allmählich aber entsteht zunehmende Belastung durch das Miterleben der Brutalitäten im Lager, von denen er hört oder die sich vor seinem Zellenfenster abspielen. Moltke realisiert allmählich, dass seine Arbeit für die Abwehr „versackt" und „der Verfall im Amt schrecklich anzusehen ist"; er spürt, zunächst ungenau, dann aber deutlich, die sich abzeichnende Zuspitzung der Lage nach Einlieferung einer Reihe von Aktiven des Widerstands (er sieht Canaris im Gefängnishof, weiß nach 20 Minuten von Peter Yorcks Ankunft), was sich in wiederholten Ohnmachten und zunehmend schwereren körperlichen Beeinträchtigungen ausdrückt, Spuren einer „Haftpsychose", wie er meint. Die Tage werden durch Gewöhnung „inhaltsärmer" und verlieren an „Gärung". Wohl weiß Moltke von der Landung der Alliierten in der Normandie, was die Stimmung im ganzen Gefängnis hebt, und ahnt die sich zuspitzende Dramatisierung der Lage nach dem 20. Juli des Attentats. Er bereitet mit seiner Frau alles auf den evtl. Einmarsch der Russen in Schlesien oder auf seinen eigenen Tod vor. Die Verhöre setzen wieder ein, er verliert den Status als Untersuchungshäftling mit allen seinen Privilegien und muss schließlich in die Dunkelhaft. Zu dieser Zeit ist er voller Trauer über die gewaltsamen Tötungen, die zum Alltag und wie ein hinzunehmendes „Naturereignis" geworden sind, ausdrücklich eingeschlossen der eigene erwartbare Tod. „Und wo bin ich jetzt?", fragt er Ende Dezember 1944. „Die Landschaft ist einfach nicht wiederzuerkennen. Jetzt will ich ganz definitiv nicht sterben, darüber ist gar kein Zweifel … aus einem psychologisch auf Nicht-Verteidigung eingestellten Angeklagten … ist ein Mann geworden, der entschlossen ist, alles zu tun, was seiner Verteidigung dienen kann … So endet das Jahr, das ich in unmittelbarer und ganz vertrauter, ich möchte sagen vertraulicher Nachbarschaft mit dem Tode verbracht habe, in einem Widerstandswillen, der viel entschlossener ist, als er es auch nur am 19. Januar [Verhaftung] war, oder vielmehr am 24.1. [Einlieferung in das Gefängnis Prinz-Albrechtstraße]" – wir werden diese Entwicklung gleich noch sich auswirken sehen. – Warum er sich mitten in all dem durch die Beziehung zu seiner Frau so getragen und von ihr umgeben fühlte, wie er es immer und immer wieder dankbar ihr schreibt, ermisst man, wenn man den einzigen veröffentlichten, zu Herzen gehenden Brief Freyas v. Moltke an ihren Mann zu seinem 37. Geburtstag am 8. März 1944 in der Haft liest.

Das denkbar stärkste Konzentrat dieser Schlusszeit findet man in den bekannten letzten, seit langem veröffentlichten Briefen Moltkes an seine Frau. Sie stammen aus den Tagen nach dem Prozess (am 9. und 10. Januar 1945) und vor der Urteilsverkündigung am 12.1.45, sind also am 10. und 11. Januar 1945 geschrieben. Das Urteil wurde gegen alle Erwartung der sofortigen Hinrichtung erst am 23. Januar 1945 vollstreckt. Über diese Zeit nach dem Urteil gibt es einstweilen nur noch andeutende Hinweise von Helmut Poelchau, dem evangelischen

Gefängnisseelsorger und treuen, mutigen Begleiter all dieser Todes-
kandidaten, der Moltke noch täglich sehen konnte. Ich blicke zuerst
auf Moltkes politisches Resümee der großen Szene vor dem Volksgerichtshof und Freisler, dessen Präsidenten.

Moltke schildert in dem ersten jener beiden Briefe[62] souverän den Verlauf des Freisler'schen Verhörs, auch wie dieser an bestimmten Stellen
zu toben und zu schreien begann. „Da ich ohnehin wusste, was raus-
kam, war mir das alles ganz gleich: ich sah ihm eisig in die Augen, was
er offenbar nicht schätzte, und plötzlich konnte ich nicht umhin, zu
lächeln." Moltke schildert, wie nach und nach diverse in der Anklage
erhobene Vorwürfe fallengelassen wurden und schließlich alle Aufmerksamkeit Freislers auf Moltke und die beiden Geistlichen, Gers-
tenmeier (evangelisch) und Delp (katholisch), sich konzentrierte. „Das
Schöne an dem so aufgezogenen Urteil ist folgendes: wir haben keine
Gewalt anwenden wollen – ist festgestellt [sc. im Urteil]; wir haben
keinen einzigen organisatorischen Schritt unternommen, mit keinem
einzigen Mann über die Frage gesprochen, ob er einen Posten übernehmen wolle – ist festgestellt [was nicht stimmt, aber im Verfahren so
festgestellt worden, d. h. es war nichts herausgekommen]; ... Wir haben nur gedacht, und zwar eigentlich nur Delp, Gerstenmaier und ich,
die anderen gelten als Mitläufer ... Und vor den Gedanken dieser drei
einsamen Männer, den bloßen Gedanken, hat der N.S. eine solche
Angst, dass er alles, was damit infiziert ist, ausrotten will ... Es ist ja
nicht einmal ein Flugblatt [wie bei den Geschwistern Scholl] hergestellt
worden. Es sind eben nur Gedanken ohne Absicht der Gewalt ... Und
dann bleibt übrig ein Gedanken: womit kann im Chaos das Christentum ein Rettungsanker sein? Dieser eine einzige Gedanke fordert morgen wahrscheinlich fünf Köpfe ... Aber dadurch, ... dass festgestellt ist,
dass ich großgrundbesitzfeindlich war, keine Standesinteressen, überhaupt keine eigenen Interessen, ja nicht einmal die meines Landes
vertrat, sondern menschheitliche, dadurch hat Freisler uns unbewusst
einen ganz großen Dienst getan, sofern es gelingt, diese Geschichte zu
verbreiten und auszunutzen. Durch diese Personalzusammenstellung
ist dokumentiert, dass nicht Pläne, nicht Vorbereitungen, sondern der
Geist als solcher verfolgt werden soll. Vivat Freisler!" Hier ist zu beachten, dass es Freisler im besonderen erbosen musste, dass im Denken

der Kreisauer, wie er es verstand, „an die Stelle der das Volksganze tragenden NSDAP" „die Kirchen als neue Ordnungselemente" treten sollten, was angesichts der Kreisauer Staats/Kirchen-Konzeption in der Tat nicht ganz ferne lag, nachdem der kirchlich-christliche Charakter der Verschwörer durch die Gestapo-Verhöre immer mehr zu Tage getreten war, oder wie Delp es formulierte: „Unser eigentliches Vergehen und Verbrechen ist unsere Ketzerei gegen das Dogma: NSDAP – Drittes Reich – Deutsches Volk: leben gleich lang. Die drei sterben miteinander ... Wer es wagt, diese NS-Dreifaltigkeit oder besser Drei-Einigkeit anzuzweifeln ist ein Ketzer ... Mein Verbrechen ist, dass ich an Deutschland glaubte auch über eine mögliche Not- und Nachtstunde hinaus. Dass ich an jene simple und anmaßende Drei-Einigkeit des Stolzes und der Gewalt nicht glaubte."[63]

Man muss zu dieser Passage und ihrer Zentralformulierung „Wir haben nichts gemacht, nur gedacht und dafür werden wir hingerichtet" sich klar machen, dass Moltke damit nicht ungültig machen will, was er und sie alle auch *getan* haben – er in seinen beiden Ämtern, die Kreisauer gemeinsam gedanklich in der Planung für die Niederlage (allerdings Moltke nicht für ein Attentat auf Hitler, dem enthoben worden zu sein er noch in diesem letzten Brief als gnädige Fügung Gottes ansieht), und nicht nur durch Planung, sondern auch durch mannigfache Verbindungen zu anderen Widerstandsgruppen, und die Kreisauer selber durch Auswahl und Anweisung der künftigen Landesverweser –, sondern gemeint ist (strategisch der eigenen Verteidigung): dass alle denkbaren Vorwürfe im Prozess, speziell im Blick auf die Teilhabe am 20. Juli (aufgrund kluger Aussagetaktiken wie auch tatsächlicher Feststellungen) fallengelassen wurden und dass in der mündlichen Verhandlung vor Freisler tatsächlich das gegenüber dem NS-Staat notwendigerweise illoyale Christsein, die dekuvrierende Verbindung mit den beiden Geistlichen und das an sich schon verräterische Denken und Planen unter tobenden Beschimpfungen („unfassbar unanständiges Treiben", „vom Defätismus völlig zerfressen", „ungewöhnliches Charakterschwein") im Zentrum stand. Das kann aber nicht darüber hinwegtäuschen (was Moltke nicht beachtet), dass Freisler in seiner schriftlichen Urteilsbegründung das bloße Planen sehr wohl bestreitet, vielmehr verräterisches Handeln erkennt.[64]

Dann aber kommt Moltke im zweiten, ganz persönlichen Brief an seine Frau in einem neuen Anlauf noch einmal auf den Prozess zu sprechen und spitzt die Innenseite seiner Wahrnehmung dieser Szene vor Freisler als der großen Stunde seiner Biographie zu, für die er von Gott auf all seinen Wegen und Umwegen vorbereitet worden sei. Ich zitiere noch einmal ausführlich und lasse Sie an diesem erregenden Text teilhaben. Eingangs betont er zunächst noch einmal, dass alle erhobenen Vorwürfe fallengelassen wurden. „Nichts blieb davon. Sondern das, wovor das Dritte Reich solche Angst hat, dass es fünf, nachher werden es sieben Leute werden, zu Tode bringen muss, ist letztes Endes nur folgendes: ein Privatmann, nämlich Dein Mann, von dem feststeht, dass er mit zwei Geistlichen beider Konfessionen ... *ohne die Absicht, irgend etwas Konkretes zu tun,* und das ist festgestellt, Dinge besprochen hat, ‚die zur ausschließlichen Zuständigkeit des Führers gehören‘. Besprochen war: nicht etwa Organisationsfragen, nicht etwa Reichsaufbau [was sie ja reichlich getan hatten, aber die Kreisauer Papiere kamen erstaunlicherweise während des ganzen Prozesses nicht an den Tag; sie lagen auf dem Dachboden des Gutshauses und Moltkes Briefe in Bienenstöcken in Kreisau versteckt] ... sondern besprochen wurden Fragen der praktisch ethischen Forderungen des Christentums. Nichts weiter; dafür allein werden wir verurteilt. Freisler sagte zu mir in einer seiner Tiraden: ‚Nur in einem sind das Christentum und wir gleich: wir fordern den ganzen Menschen!‘ Ich weiß nicht, ob die Umsitzenden das alles mitbekommen haben, denn es war eine Art Dialog – ein geistiger zwischen F. und mir, denn Worte konnte ich nicht viele machen –, bei dem wir uns durch und durch erkannten. Von der ganzen Bande hat nur Freisler mich erkannt, und von der ganzen Bande ist er auch der einzige, der weiß, weswegen er mich umbringen muss. Da war nichts von ‚komplizierter Mensch‘ oder ‚komplizierte Gedanken‘ [vermutlich Moltkes Topoi seiner Selbstironisierung aufgrund früheren Echos auf seine Person] oder ‚Ideologie‘, sondern: ‚Das Feigenblatt ist ab.‘ [Das hatte Freisler am Tage zuvor zu und über Moltke gesagt] Aber [jetzt] für Herrn Freisler. Wir haben sozusagen im luftleeren Raum miteinander gesprochen. Er hat bei mir keinen einzigen Witz auf meine Kosten gemacht, wie noch bei Delp und bei Eugen [Gerstenmaier]. Nein, hier war es blutiger Ernst: ‚Von wem nehmen Sie Ihre Befehle? Vom Jenseits oder von Adolf Hitler?‘ ‚Wem gilt Ihre

Treue oder Ihr Glaube?' ... Freisler ist jedenfalls der erste Nationalsozialist, der begriffen hat, wer ich bin ... " Und dann gegen Ende: „Aus
beiden [Briefen] zusammen müsst Ihr eine Legende [für die Außen-
wirkung im In- und Ausland] machen ... Ich muss darin die Haupt-
person bleiben, nicht weil ich es bin, sondern weil der Geschichte sonst
das Zentrum fehlt. Ich bin nun einmal das Gefäß gewesen, für das der
Herr diese unendliche Mühe aufgewandt hat." Noch während der Ver-
hörmonate hatte SS-General Müller, Himmlers Stellvertreter, zu Freya
von Moltke, die ihn im Auftrag ihres Mannes aufsuchte (s.u.), gesagt:
„Nach dem Ersten Weltkrieg haben unsere Gegner die Herrschaft
übernommen; sie hatten überlebt. Das wird uns nicht passieren."

Soweit der christlich-öffentliche und politische Aspekt dieser Schluss-
briefe. Ich möchte nun, bevor ich zu den persönlichen Seiten dieser
letzten Briefe komme, kurz überlegen, was diese Szene und die große
Legende an die Öffentlichkeit, die Moltke sich wünschte, für eine Botschaft an Herausforderung und Nachdenklichkeit für uns heute ent-
halten könnten. Was ist und was sehen wir, wenn wir eiskalt (Moltke:
„eisig") in die Augen unseres so ganz anderen Ungeheuers der bedrohlichen, nämlich ungeistlichen Kräfte schauen, die im Unter- und
Hintergrund unserer heutigen Verhältnisse – einmal unter Moltkes
Gesichtspunkt betrachtet – lauern? Was sehen wir, wenn wir – „Eyes
wide shut" – hinschauen?

7. Von der Kostbarkeit des Mutes und der Klarheit – im Blick auf die zivilreligiöse Herausforderung unserer heutigen Öffentlichkeit durch die Schlussszene Moltkes vor Freisler

Will man heute, da der christliche Glaube nicht mehr alleine die religiöse Basis in unserer Gesellschaft abgibt, die implizierte Herausforderung dieses vor Freisler bekannten christlichen Denkens und Glaubens, Bekennens und Sterbens in die gegenwärtigen Koordinaten umsetzen, so muss die wachrufende Aufforderung und Zumutung, etwas erweitert und verschoben, meine ich, so übersetzt werden: Was immer Ihr denkt, glaubt und tut, Menschen – wenn es hart auf hart geht, dann genügt es weder menschlich noch politisch, sich auf irgendwelche pragmatischen Schritte und Einsichten, formalen Neutralitäten und distanzierten Toleranzen zu verstehen, sondern dann könnte und müsste man wissen, wozu man steht, was ein gültiger Kompass und was unsere Vision ist; sonst wird man, sonst werden wir nicht bestehen. Erst der größere Rahmen – des Glaubens, heute sagt man (unpassend, aber immerhin): der Werte – koordiniert und gibt Sinn und Maßstab für die kleinen Schritte, die wir machen müssen; die sich ansonsten auf Dauer im Nebel verlieren. Daher – stellt Euch den religiösen, spirituellen Wurzelfragen und Tiefendimensionen, Unbedingtheiten und seelischen Wichtigkeiten unserer Alltagswelt: wie immer Ihr sie versteht, aber stellt Euch ihnen. Dazu hilft nichts als sich seiner selbst, seines Lebens und der Welt um uns her in möglichst vielen Dimensionen bewusst zu werden – unserer selbst und unserer Seele (die noch mehr ist als unser psychischer Apparat). Der Staat muss in der Tat religionsneutral bleiben, aber die Gesellschaft und die Menschen müssen bzw. sollten sich diese unabweislichen Fragen stellen und sie im persönlichen wie im öffentlichen Bewusstsein bewegen, sie in der öffentlichen Diskussion als Probleme erhalten, als die sie uns gestellt sind. Das wäre die fällige Präzision der Staatskirchentrennung, deren Sinn nicht die Ausblendung, sondern die durch keinen Staat geregelte freie Präsenz religiöser d. h. existentieller Themen in der gesellschaftlichen Öffentlichkeit sein muss. Die religiösen bzw. spirituellen Fragen sind eine Wurzeldimension auch des öffentlichen Lebens, des öffentlichen Raumes, deren Ausblendung ein gefährliches Vakuum der Wahrnehmung, der Orientierung und des Verhaltens zu schaffen in der Lage ist. Anständig zu sein und Ethik zu haben ist heute wie damals, wie Moltke in jener verschärften Situation genau erkannte, letztlich zu wenig, um unsere Probleme und deren Dämonien d. h. suggestive die ideologische Besetzung in unseren Köpfen und Herzen auch nur zu erkennen. Solche aber gibt es auch heute reichlich. Weder die Ideologie eines bloßen Pragmatismus oder Säkularismus, die die religiösen Fragen als nicht so wichtig ausblendet oder am liebsten abschaffen und überflüssig machen möchte, als wenn man ohne eine Wurzelgründung auskäme, lässt sich so bestehen, noch lassen sich die Herausforderungen eines noch nicht europäischen, sondern sich refundamentalisierenden, Scharia- (oder analog) geleiteten Islam, der weder die Selbstrelativierung der Staatskirchentrennung noch die historische Selbstrelativierung seiner Heiligen Schrift (durch die auch ihm unweigerlich bevorstehenden, aber bisher fast durchweg verweigerten Einsichten historischer Kritik auch des Koran) kennt, aus solch einem spirituellen Vakuum heraus begreifen, geschweige denn bestehen. Die Antwort auf missleitete Religion – das gilt für christliche (z. B. im deutschen Kirchenkampf oder heute z. B. im Blick auf die Religiosität, die die Bush-Administration trug) ebenso wie für islamische Missleitungen (in Terrorismus und Scharia- oder analog geleiteter Pluralitätsverweigerung sowie Menschen- und Frauenrechtsfeindlichkeit) – ich sage: die Antwort ist nicht verleugnete und ausgeblendete Religion, sondern ist *gestaltete, neu gestaltete und besser verstandene* Religion – gestaltet und verstanden in dem Sinne, in dem die neuzeitlichen Erfahrungen der Aufklärung, der Menschenrechte und der interreligiösen Bereicherung dem religiösen Bewusstsein bei uns bestimmte Einsichten und Konsequenzen ab- und aufgezwungen haben: Du musst wissen, wer oder was und wie Dein „Gott" (Dein oberster Wert) ist, woran Du Dein Herz hängst, und dies vernünftig d. h. vernunft- und einsichtskompatibel (was nicht heißt: rationalistisch!) begreifen: das fundamentale Recht auf religiöse Autonomie und auch die Anerkennung des religiösen Pluralismus und der berechtigten Subjektivität der Gottesbilder; dazu gehört, wie eben schon gesagt, eine gewisse Selbstrelativierung in der zu akzeptierenden Staatskirchentrennung und in der Bibel- wie ebenso in der Korankritik, die erst eigentlich Pluralismus, Toleranz und Konversion auch im religiösen Bereich eröffnen und ermöglichen. Dazu gehören Menschen- und Frauenrechtsbestimmungen, die auch bei uns durch das Christentum eine lange Geschichte der Bestreitung, Entstehung und Anerkennung – noch bis an die Schwelle unserer Gegenwart – brauchten, bis sie (bei uns, längst noch nicht in allen Christentümern dieser Welt) durchgesetzt waren, und es gehört dazu – als Wurzel alles dieses – eine gewisse Nachdenklichkeit darüber, ob und wie wir alle von Gründen und Abgründen leben, die über und vor aller Vernunft sind – ob man dies Glaube, Religion, Spiritualität, Unbedingtheit oder Existenzialität nennt. „Das begriffliche Denken kann einsehen, dass es den Grund seiner Möglichkeit nicht begrifflich bezeichnen kann", erinnert C. Fr. v. Weizsäcker hierzu.[65] Erst diese Nachdenklichkeit, wenn sie zum gesellschaftlichen Bewusstsein gehört, schafft die Proportionen der – uns selbst und der Natur gegenüber – angemessenen Selbstbegrenzung und Bescheidenheit im Blick auf die rationalistischen oder irrationalen Allmachtsphantasien politischer, wissenschaftlicher, technologischer und ökonomischer Art, als dürften wir alles, was wir können, und als wäre all dies und eben dies rational. Denn es gibt unausweichlich eine Provinz im Gemüt (um diese alte Formel zu zitieren) und im kollektiven Unbewussten, aus der immer Kräfte und Anliegen des nicht abschaltbaren Unbedingtheitsbedürfnisses emporsteigen, die, wenn sie nicht vernünftig gestaltet und gedacht werden, sich im schlechten und destruktiven Sinne als Irrationalismen persönlichen wie ökonomischen Aberglaubens zur Geltung bringen; daher so viele abergläubische Irrationalismen in unserer Gesellschaft, auch in Politik, Technologie und Wirtschaft. Nur als Indiz und Beispiel: Woher kommt der immer wieder durchbrechende, fast religiöse Aberglaube an die Allheil- und Heilsmöglichkeit der Selbstregulationen der freien Märkte? Götzenglaube mitten im Herzen unserer angeblich rationalen Wirtschaftspolitik, dem blindlings Menschenschicksale geopfert werden?! Das rationalistische Bewusstsein verleugnet selbstbewusst diese Abgründe seiner selbst natürlich. Aber es gibt sie, in jedem von uns, unbeachtet einfließend in scheinbar rationale Entscheidungen. Denn es gibt Ebenen unterhalb von Vernunft, Moral und Ethik, hochambivalent, schöpferisch und gefährdet/gefährdend zugleich – man nenne sie existentiell, spirituell oder religiös: ihnen muss man sich stellen. Diese Kräfte und Anliegen können daher nur gestaltet, nicht verleugnet werden; sonst holen sie uns von rückwärts her ein und überfallen uns unbearbeitet und irrational, fundamentalistisch und ideologisch, und in all dem auch unethisch! Bedenkt dies, Menschen, und zieht die Folgen daraus. Stellt Euch der Conditio humana in ihrem ganzen, nicht in ihrem reduzierten, eindimensionalen Umfang, in ihrer ganzen – bereichernden wie bedrohlichen – Tiefe. Es gibt mehr zu reflektieren, zu bewältigen und zu gestalten als die rationalen oder moralischen Dimensionen unseres Lebens und unserer Welt – auch in der säkularisierten Welt! Die religiösen bzw. spirituellen Fragen dürfen nicht staatlich geregelt werden, aber sie dürfen und müssen durch das Nadelöhr persönlichen Verhaltens, Denkens und Glaubens auch öffentlich und im öffentlichen Diskurs gesellschaftlich präsent erhalten bleiben und wirken; sonst hinterlassen sie ein gefährliches Vakuum, in dem dann die verschiedensten Kräfte und Dämonien ihr Spiel treiben und ihre Herrschaft ausüben können. Dies ist es, was die Moltke'sche Begegnung mit Freisler uns vor Augen zu stellen scheint. Erst diese Einsicht wird der Herausforderung Moltkes und Yorcks, Haeftens und Schulenburgs, Tresckows und Niemöllers, Galens und Goerdelers gerecht und gibt ihr Folge. Durch sie steht sie im Raume – wie immer man sie aufgreifen, verstehen und gestalten will. Dämonien, Besessenheiten und Ideologien sind ihr zentrales Stichwort. Auf dieser Ebene fallen die vorrationalen Entscheidungen und Wahrnehmungen unserer Rationalität.

Ich möchte dies noch einen gedanklichen Schritt weiter präzisieren. Wenn man meint (wie der meist zu verehrende Helmut Schmidt in seiner Marburger Rede anlässlich seiner philosophischen Ehrenpromotion), dass man politisches Handeln rein auf Vernunft bauen kann (und religiöser Einsichten oder Kräfte hierzu nicht bedarf), so stimmt das natürlich zunächst – theoretisch, wenn und solange nämlich die Vernunft vernünftig und nüchtern, nicht trunken und vernebelt ist. Es gibt aber Irrationalitäten, die immer und immer wieder aus der – zunächst produktiven, aber eben auch missbrauchbaren – Fülle der Welt, der Gesellschaft, ihrer Vernunft und ihrer Möglichkeiten, auch aus den tiefsitzenden Interessen und irrationalen Kräften, die uns leiten, aufsteigen, die die Wirtschafts- oder Gesellschaftstheorien und deren Gebrauch oder Missbrauch manifest oder insgeheim leiten; die also auch aus den Ideologien und unseren Unbewusstheiten und persönlichen wie politisch-ökonomischen „Glaubens"bedürfnissen, welcher Art auch immer diese sein mögen, aufsteigen („Was glauben die, die nicht glauben?"). Sie sind es, die die Vernebelungen und Missleitungen der Vernunft schaffen: als unerkannte Ideologien, z. B. der hochirrationalen, mit fast religiöser Inbrunst verteidigten Marktgläubigkeit, der technologischen und finanzkapitalistisch-vergötzten Spekulationsblasen oder anderer sich schnell überholender credoartiger Konzepte, die wir in den letzten Jahren reichlich erlebt haben. Die heilende Kraft des Marktes oder der Glaube an das bleibend notwendige und mögliche Wachstum – das sind solche Götzen, denen sich der Heilsglaube immer wieder – völlig irrational – inbrünstig zuwendet. Für diese Klärung bedarf es letztlich der Bewusstheit und Fundamentalklärung jener Provinz im Gemüte und das wache Bewusstsein, dass es mehr als unsere Vernunft und die pragmatischen Oberflächen unserer Gesellschaft zu sehen und zu bewältigen gibt. Dies ist die Wetterecke, aus der Bereicherungen *und* Gefährdungen unserer Gesellschaft – beide – unweigerlich aufsteigen. Religion (oder Spiritualität) wie Existentialität sind weder überwindbar noch ausblendbar. Stellt Euch dem, denn die Vernunft ist irrational gefährdet.

Nimmt man dann noch, wie Helmut Schmidt es tut, das Gewissen als zweite Instanz politischen Handelns neben der Vernunft hinzu, dann verstärkt sich, wie ich behaupte, die Unabweisbarkeit des religiösen bzw. spirituellen oder existentiellen Themas in den Unter- und Hintergründen der Vernunft erst recht. Wer dessen Klärung nicht vernünftig sucht und betreibt, sondern sie bzw. es ausblendet, wird unvernünftig und abergläubisch. Nicht weil das Gewissen immer religiös geprägt wäre, sondern im Gegenteil: gerade weil das Gewissen keine stabile, naturgegebene Instanz ist, vielmehr hochgradig (neben gewissen – anfänglichen und diffusen – evolutionär-genetischen Grundfaktoren) gesellschaftlicher Prägung bzw. Ausblendung und unkontrollierter und willkürlicher Verwilderung, Inhaltslosigkeit und Vergötzungsfähigkeit ausgesetzt ist und dieser allzu leicht unterliegt, bedarf es seiner „Bildung". Ich wiederhole den Satz C. Fr. v. Weizsäckers: „Das begriffliche Denken kann einsehen, dass es den Grund seiner Möglichkeit nicht begrifflich bezeichnen kann." Dieser ihm vorgeschalteten, vorbegrifflichen Abgründe und daher seiner Verführbarkeit sollte und könnte das vernünftige Denken – auch im Blick auf seine scheinbar nur rational-ökonomischen Überlegungen – sich in Zukunft mehr bewusst werden. Daher stellt sich irgendwann erst recht die Frage, welcher inneren oder äußeren Instanz die Vernunft folgt und woran sie glaubt: denn dass die irrationalen Setzungen vor und unter den vernünftigen und bewussten liegen, das wissen wir seit der Psychoanalyse und spätestens heute noch einmal aus den Ergebnissen der Neurobiologie und Hirnforschung. Religion (im Sinne von: jeder hängt sein Herz oder seine Vernunft an irgend etwas, glaubt an irgend etwas – und wenn nicht an wahre, tragende, sich bewährende Kräfte, dann eben unausweichlich an irrationale, abergläubische Sekundärinstanzen!) bleibt unausrottbar. Geglaubt wird immer an irgend etwas, solange der Mensch leben will, wie vielfach evident ist; daher ist eben diese unabweisbare Neigung und Notwendigkeit zu „glauben" *auch* korrumpierbar und missleitbar. In religiöser Sprache heißt dies: es gibt „Aberglauben" und es gibt „Götzen". All dies ist geeignet, auch die Vernunft zu umnebeln, wie gehabt.[66] Die Vernünftigkeit der Vernunft ist keineswegs selbstverständlich gegeben (die wirkliche Gläubigkeit und Angemessenheit von Religion allerdings auch nicht); daher die Notwendigkeit, auch die spirituellen Wurzelfragen, in denen auch die Vernünftigkeit der Vernunft sich mitentscheidet, der bewussten Reflexion auszusetzen, sie nicht auszublenden. Religiöse oder spirituelle Kategorien beantworten diese Fragen natürlich auch nicht direkt; Religion bzw. Spiritualität ist eine leise, schwache Kraft, nichtsdestoweniger eine konstitutive; ihre Kategorien helfen durch Erweiterung des Referenzrahmens, den Blick zu weiten und die mögliche ideologische Besetzung aufzuheben, aufzulösen. Religion, Spiritualität, Meditation, und die sie beheimatenden und auf Dauer stellenden religiösen Institutionen (jeder Religion!) gewähren Orte, bestimmte Leitbegriffe und eine Kultur der Reflexion dieser Fragen; sie schaffen lösende Distanz zu jenen Besetzungen und Okkupationen des Herzens und Gewissens, des Verstandes und des Aberglaubens, der weltanschaulichen Emotion. (Aus diesem Grunde wurden als solche Orte erweiterter öffentlicher Reflexion z. B. die Evangelischen Akademien dereinst nach 1945 gegründet.) Religion und Spiritualität tragen die anregende, bewährte und hilfreiche *Unterscheidung* von Vernunft und Aberglauben (d. h. die Unterscheidung von religiös/spirituell und pseudoreligiös bzw. abergläubisch/götzenhaft) bei – eine zutiefst auch säkular dringliche Kategorie – und stellen sie der eigenen Reflexion und Wahrnehmung als Anregung zur Verfügung. Jeder Mensch entscheidet natürlich selber in dieser Frage, was für ihn rational und was abergläubisch bzw. pseudoreligiös ist, aber jeder sollte wissen, dass er als Gefährdung von Überzeugung („Glaube") und Vernunft so etwas wie die Möglichkeit zu Aberglauben und Götzentum auch in der säkularisiertesten Gestalt seiner Gedanken und Gefühle in sich hat, auf die wir hereinfallen können. Oder: wer den Dorn des Liebes- oder Pflichtgebots als eine leise, schwache Stimme kennt und in sich spürt, wird nicht mehr so leicht die Menschenbezogenheit der Wirtschaft und die grundgesetzliche Sozialbindung des Eigentums aus dem Auge und aus seiner Kalkulation, aus seinen wirtschaftlichen d. h. menschlichen Erwägungen verlieren. Oder – wer eine höchste und innerste Instanz – nenne und verstehe er sie, wie er wolle („Gewissen", „Gott" – und sei dieser non-theistisch als „das Göttliche Geheimnis aller Dinge" verstanden) – kennt und hat, wird nicht mehr so leicht oder unbesehen irgendwelchen anderen Größen ihre Geltung als oberste Werte-Instanz überlassen – im persönlichen wie im öffentlichen/wirtschaftlichen Denken und Handeln. Erinnert man sich noch, dass der Text des „Kapital Unser, das du bist im Westen ..." die Aufdeckung eines höchst realen und vielfach verhaltensleitenden Aberglaubens und seiner Wertesetzung im Credo unserer Gesellschaft bedeutet? Ich verweise auf das oben zur implizit leitenden Anthropologie unserer Gesellschaft bereits Gesagte.[67] Diese Frage nach dem, worauf man vertraut und welchem Wert man folgt, ist auch eine von den Ästen des Muts, auf denen wir sitzen und die wir lieber nicht absägen oder verdorren lassen sollten.

Dabei bleibt natürlich – ich wiederhole es – in diesen Fragen jeder Einzelne das verantwortliche Subjekt der hier entstehenden Antworten und Einsichten. Die Religionen und Kirchen sind keine oder nur begrenzt Autoritäten, sie sind vielmehr nur Orte, Anregungen und Bereicherungen der freien Selbst- und Weltwahrnehmung. Also solche sind sie nötig, weil Individuum und Subjektivität alleine in der Regel zu schwach sind, um all dem zu begegnen und es zu bestehen, zu bewältigen; die religiösen Institutionen stellen eine bereichernde und anre-

gende Möglichkeit unserer öffentlichen und subjektiven Reflexions-
und Entscheidungskultur dar. Es könnte daher sein, dass wir uns all
diesen Gefährdungen und Eindimensionalitäten angesichts der Ausblendungen und Verführbarkeiten unserer Vernunft und unseres Gewissens zu stellen haben – dabei zunächst völlig offen gelassen, in welchem Sinne dies geschehen soll; denn die Gestalt und Modalität von
Wertesetzung, Spiritualität und Unbedingtheit muss jedermann und
jederfrau freistehen; nur eben ausgeblendet, privatisiert und entöffent-
licht werden sollte und kann sie – bei Strafe drohender und menschlich
verheerender Irrationalität und Beliebigkeit – nicht. Denn es gibt unweigerlich und ständig so etwas wie Aberglauben in allen Dimensionen
des Lebendigen, der sich auf Dauer durch seine Unwahrheit rächt,
wenn er nicht wahrgenommen und geklärt, überwunden wird. Diese
Verführbarkeit unserer Menschlichkeit muss man wissen und einkal-
kulieren. Der naive Säkularismus, der seine Gefährdungen und ideolo-
gischen-dämonischen Besetzungen nicht kennt, ist es, auf den Moltkes
Blick in die Augen Freislers unseren Blick lenkt. Welches sind unsere
Kopf und Herz besetzenden Dämonien heute? Der eindimensional
ausblendende Säkularismus stellt eine von ihnen dar. Daher: Stellt
Euch dieser unvermeidbaren Wurzelebene. Nachdenklichkeit und
Selbstreflexion sind keine nur private, vielmehr eine Angelegenheit von
öffentlicher Bedeutung; hier gibt es Wahrheit und Unwahrheit neben-
und ineinander, und es ist gefährlich irrational, sich dem nicht zu stellen, wie immer man diese Frage lösen, gestalten, beantworten will –
damals (in Kreisau) interkonfessionell, heute eher interreligiös oder
säkular-spirituell, ohne Bindung an eine religiöse Institution (denn das
gibt es – entgegen diversen kirchlichen Beteuerungen – durchaus
auch!; dann muss man nur eben zusehen, an welchen Hilfen, Gesprächspartnern oder Werteskalen und Anregungen man sich orien-
tiert; denn aus dem hohlen Bauch der eigenen Intuition, so sehr diese
als Medium und Nadelöhr unübergehbar ist, ergeben sich eher nur
neue Kurzfristigkeiten und ungeprüfte Irrationalitäten). Woher die
Meinung, dass in allen wesentlichen Fragen unserer Kultur Erziehung,
Bildung, Kenntnis, Gespräch und Auseinandersetzung mit anderen
Meinungen und Auffassungen notwendig sei – nur eben in religiösen,
innersten, irrationalitätsbedrohten Fragen nicht? – da genüge kurzfristig der eigene Bauch und das unkontrollierte, un(aus)gebildete Gefühl

(so wichtig und unübergehbar, wie gesagt, beide als notwendiges aber gefährdetes Medium sind)? Daher – gebt Euch nicht der Illusion hin, Ihr könntet diese Fundamentalfrage ausblenden. Wer nicht vernünftig spirituell ist, wird es unvernünftig-abergläubisch werden, in welcher Gestalt auch immer dies geschehen mag. Stellt Euch dieser Frage, dieser unendlich fruchtbaren, aber auch missleitbaren, jedenfalls aber auf Dauer unüberspringbaren Tiefendimension aller Lebendigkeit! Auch sie ist eine Wurzel, aus der wir leben, ein Ast, auf dem wir sitzen, der durch mangelnde Kultivierung, Ausblendung oder Aberglauben morsch werden kann – es vielleicht auf gefährliche Weise schon geworden ist. Diese Frage und die Suche nach ihr ist ein geistiges Abenteuer ersten Ranges heute, da die alten Selbstverständlichkeiten und Normen, auch die theistischen Gottesbilder, vielfach (und rechtens!) dahingefallen und Gedanken, Bilder und Symbole von uns, von jedem Einzelnen und gemeinsam, neu zu finden und zu erfinden sind. Nimm Dir Zeit für ein Leben auch in dieser Dimension. Die Dämonien der heutigen Verführungen und des abergläubischen Vertrauens auf „Fortschritt", „Aufschwung", „Rationalität", „Machbarkeit" auf die scheinbar-unbekümmerte Selbstverständlichkeit des seelischen Lebens und der inneren Erfüllung, als ergäben die sich ganz von selbst, sind nicht minder – nur anders – mörderisch als die, denen Moltke zu begegnen und eiskalt in die Augen zu blicken hatte. Wir erleben diese missleitete Irrationalität derzeit immer und immer wieder, auch in der Wirtschaftskrise.

Diese unübersehbare Frage und Herausforderung also zu Klarheit auch in dieser Dimension könnte das Erbe und eine Gabe der Kreisauer an uns sein, wenn man sie ernst nimmt – mit welcher Lösung des Problems auch immer man sie beantwortet; die religiöse Frage kennt mehrere Antworten, nicht nur die christliche, keineswegs auch nur die theistische (an eine metaphysische Gottperson glaubende): Ideologien (das sind die Herz und Kopf suggestiv besetzenden Dämonien) – und seien es die des eindimensionalen Säkularismus, des Nationalismus, des angemaßten Gottesrechts auf Erden, des überzogenen und daher krebsartig übersteigerten, eigentlich doch so notwendigen und wahren Subjektivismus' und Individualismus' – besteht man nicht aus einem Vakuum und aus Verneinung, Verdrängung und Ausblendung, nenne man die Kraft und den Ort dieser Auseinandersetzung Religion, Spiritualität oder existentielle Unbedingtheit. (Dies sind Öffnungen, die z. B. die Theologie Paul Tillichs noch heute bereitstellt; sie sind es, die damals bei den Kreisauern und ihren theologischen Reflexionen nicht aktualisiert wurden, sondern zu ihrem und unserem Schaden ausgeblendet blieben; wir zeigten es.) Religion endlich ganz zu überwinden, um frei zu werden (welche Lösung immer wieder versucht wurde und noch heute immer wieder erhofft wird), das ist, als wenn man sagte: „Weg mit dem Un- oder Transbewussten", dem Vorrationalen, „Nieder mit dem Mondschein!",– aber die Surrealisten wussten wenigstens, was sie da sagten. Unsere Öffentlichkeit hat heute, so würde Moltke mit seinem Freunde Yorck und manchen anderen behaupten, weder Klarheit im Blick auf die irrationalen Wurzeln und Voraussetzungen unseres Lebens und unserer Gesellschaft (die rationalistische Verleugnung oder bloße Funktionalisierung dieser Frage herrscht noch immer weithin vor), noch, soweit sie vorhanden ist, hat sie Mut zur Öffentlichkeit und Gestaltung dieses Themas (und die Kirchen in ihrem derzeitig versteinerten Zustande sind hierzu kaum in der Lage). Die unvermeidliche Subjektivität der Antworten dient oft und gerne als Vorwand der Vermeidung und Ausblendung dieses Themas überhaupt, weil sie ohnehin beliebig sei, und die derzeit ängstlich besprochene politische Instrumentierung von missleiteter Religion (derzeit vorrangig im Islam, jüngst noch in der Administration der USA) führt noch längst nicht zu seiner gültigen Klärung, Gestaltung und Bewältigung. Dies ist eine Wurzelfrage unseres Mutes und unseres Orientierungskompasses, die wir nicht aus dem Blick verlieren und ausblenden sollten – nur weil die kirchlichen Formen dieser Frage sich überholt haben. Sucht Euch andere, die Welt ist voller Anregungen, Hilfen und Angebote, aber blendet sie nicht aus! Moltkes Szene vor Freisler könnte die Warnung sein zu wissen, mit welchen Mächten und Dimensionen auch wir es letztlich immer wieder zu tun haben, und die Herausforderung, sich diesem Thema zu stellen und es für sich – auf welche Weise auch immer – allmählich zu gestalten und zu beantworten. Die ständig in unserer Gesellschaft verletzte Solidarität und Gerechtigkeit sind ebenso wie der fast abergötzische Glaube an Fortschritt und Aufschwung und die Ausblendung der spirituellen Wurzelfragen keine pragmatische Oberflächenerscheinung und -frage. Das muss, ich wiederhole es, nicht christlich, und schon gar nicht kirchlich gedacht und gelöst werden (denn es gibt verschiedene Religionen und verschiedene Wege zu den religiösen oder säkular-spirituellen Fragen, auch sie alle immer wieder belastet und gefährdet durch Aberglauben und Götzendienst, was auch von unserem christlichen Glauben gilt, daher die nie aufhörende Aufgabe der Religionskritik, auch die im und am eigenen christlichen Hause!), aber die Thematisierung muss *existentiell, geistlich* bzw. *spirituell* (sollte die Bezeichnung „religiös" oder gar „christlich" jemanden schrecken) *substantiell und gültig* sein; wie immer jeder und jede in dieser Frage urteilt, – man muss nur wissen, dass es Aberglauben und Substanzlosigkeit auch in diesen Fragen unseres Herzens und Gewissens gibt. Ein spiritualitätsloser, substanzloser Säkularismus ist auf lange Sicht weder uns selber, unserer seelischen Leere noch dem gegen jede Staatskirchentrennung wie auch gegen seine religiöse Selbstrelativierung immunen Islam gewachsen, der für uns speziell aus der Türkei nachdrängt; er verkennt die Langwierigkeit, Tiefgründigkeit und Langfristigkeit der hier liegenden religiösen, auch gesellschaftlich großen Probleme für ein sich einigendes Europa. (Das Christentum – schon in seiner offenen, protestantischen Form – benötigte ca. 300 Jahre, um diese Themen, allein schon die der kritischen Bibelforschung, der ihr folgenden Selbstrelativierung und der u. a. daraus resultierenden Staatskirchentrennung zu begreifen, anzuerkennen und weitgehend zu realisieren, mit unbewältigten und immer wieder aufbrechenden voraufklärerischen Residuen in unserem eigenen christlichen Hause.) Speziell PolitikerInnen im Rot-Grünen Spektrum (das sage ich als alter Sozialdemokrat) sehen die tiefliegenden Gefährdungen durch einen unaufgeklärten, vielmehr sich refundamentalisierenden Islam nicht wirklich, weil sie überwiegend religiös kenntnis- und ahnungslos sind und daher die Tiefenschichten der hier liegenden politischen Probleme und Bedrohungen nicht wahrnehmen und erkennen. Daher wird immer wieder Pressefreiheit, aber selten und völlig nachrangig die Religionsfreiheit von der Türkei eingefordert – und das angesichts weiterhin dramatischer Religionsunfreiheit und Verweigerung fast jeden Rechtsstatus' für die christlichen Religionsgemeinschaften und andere Minderheiten in der Türkei. Daher die falschen Hoffnungen auf kurzfristige, dem EU-Beitritt verdankte Änderungsversprechen der Türkei; allenfalls die zweifellos vorhandene, aber vergleichsweise nur schmale Schicht der Aufgeklärten, nicht aber die tiefe Verwurzelung in der Mentalität der sich refundamentalisierenden weit überwiegenden Mehrheit des Landes kann diese Hoffnung, dieses Versprechen einlösen; dies gilt auch im Blick auf das Versprechen von Menschen- und Frauenrechten. Einem hoffentlich entstehenden aufgeklärten und selbst- wie Koran-kritischen Euro-Islam, den es geben könnte (weil auch der Islam vielfältiger geschichtlicher Fassungen und Prägungen fähig ist, wie seine beeindruckend große Zeit in Cordoba und Palermo bezeugt, die aber beide im Islam gerade *nicht* vorbildlich und modellbildend wurden, der sich vielmehr in der Folgezeit geistig, kulturell und wirtschaftlich eher isolierte, verschloss und durch seine Isolation einen unübersehbaren Niedergang erfuhr[68], während der Westen in Renaissance, Reformation und Aufklärung sich öffnete und politisch, kulturell und technisch wie ökonomisch aufwärts entwickelte), steht eine kurzfristig nicht erreichbare Aufklärungs- und Modernisierungsgeschichte erst noch bevor; in der überwiegenden Menge seiner Gestaltungen ist er derzeit auf längere Sicht nicht Europa-kompatibel. Die beliebte Devise: „Die Türkei ist ein soziales, kein religiöses Problem" verschleiert dieses Problem, denn die religiöse Voraufklärung hat erhebliche anthropologische, menschenrechtliche und politische Folgen. Dass der Islam auch heute eine solche Gestalt annehmen kann, zeigt (bei allen Gefährdungen) Indonesien; auch bei uns in Deutschland leben viele, ja überwiegend aufgeklärte, aus dem theokratischen Scharia-Islam längst ausgewanderte Muslime, die nur eben in den muslimischen Verbänden kaum repräsentiert sind. Einzig pragmatische Konsequenz für uns in Deutschland: zügige Ausbildung islamischer Imame und Religionslehrer in Deutschland und unter staatlicher Aufsicht entwickelte Religionscurricula, wie bereits in Gang gesetzt (aber gefährdet), damit Wachstum und Entwicklung eines bisher nur in kleinen Ansätzen existierenden, aufgeklärten, kritischen und sich relativierenden Islam bestärkt und unterstützt werden. Erst er wäre – ohne Parallelgesellschaft in unserem eigenen Lande – Grundgesetz-kompatibel. Auch unsere christlichen Kirchen könnten und sollten für die Qualifizierung des so wichtigen christlichen Religionsunterrichts in essentiell interreligiöser Ausprägung und Öffnung, auch für LER in Ostdeutschland, wahrlich mehr Aufmerksamkeit, Fortbildung, theologische Innovation und Geld investieren, um hier mehr Qualität zu schaffen – denn hier werden Verstand, Herz und Gewissen der nächsten Generation zu guten Teilen gewonnen oder eben – verloren.

Daher noch einmal – erlauben Sie mir diese letzte religionspolitische Schleife: Ein durch die menschenrechtliche und religionskritische Aufklärung gehender Islam wäre uns in Europa völlig willkommen (daher hätten wir nicht mit rechtlichen Mitteln, aber mit offensiver Kraft in unserer zivilreligiösen Gesellschaft die grundfalsche Freiheitsattitüde von so etwas wie den Mohammed-Karrikaturen abzulehnen und zu widerlegen, als wenn es Freiheit und Aufklärung bedeutete, etwas zu kränken und zu verletzen, was anderen heilig ist; in ihnen spricht sich nur der Mangel an eigentlich fälliger religionskritischer Kompetenz aus – ähnlich bei der immer wieder aufschießenden scheinaufgeklärten Kränkung christlicher Symbole); aber einen solchen gibt es derzeit nur erst in kleinen, völlig unrepräsentativen Ansätzen (schon gar nicht in organisierter Form); die dominante Bewegung liegt, jedenfalls in der für uns so relevanten Türkei, aber auch in Deutschland selbst, nachgewiesenermaßen in Richtung einer steigenden Refundamentalisierung. Auch der Islam – wie die anderen nichtchristlichen Religionsgemeinschaften – wäre uns natürlich willkommen, um gemeinsam den seelisch blinden und aushöhlenden Säkularismus bei uns zu bestehen; denn der religiöse Subjektivismus und bürgerliche Individualismus, so wichtig, unumgehbar wichtig und lebensmäßig reich er ist, bleibt für diese öffentlichen Fragen zu klein und zu schwach. Dazu bedarf es vielmehr die Kraft und die Öffentlichkeit der religiösen Institutionen, der christlichen wie der islamischen, jüdischen oder buddhistischen. In dieser Perspektive bekommen dann auch die christlichen Kirchen, die – wie manche andere Religionsgemeinschaften – die Öffentlichkeit des Geheimnisses aller Dinge, die Öffentlichkeit von Herz und Gewissen, von Gebot und Gnade, von Bescheidung und Grenzbewusstsein repräsentieren, ihre von den Kreisauern gemeinte Bedeutung, *wenn* sie sich ihrer eigenen überfälligen Transformation nicht versagen, wie Dietrich Bonhoeffer sie in seinen Briefen im selben Tegeler Gefängnis, in dem auch Moltke einsaß, – legitimer- und notwendigerweise weit über die Einsichten der Kreisauer hinaus – bis in das Gottesverständnis hinein forderte.[69] Ob die Kirchen das schaffen und wollen, oder ob sie sich weiter auf dem Wege der religiösen Selbstgettoisierung abwärts in zunehmende Bedeutungslosigkeit bewegen werden, das ist noch keineswegs entschieden und ausgemacht; derzeit haben sie vielleicht wirklich, wie Richard v. Weizsäcker in einem Fernsehgespräch mit Helmut Schmidt neulich meinte, „ihre geistige Produktion eingestellt". Sie sind im Prozess dieser Frage derzeit tatsächlich nur partiell brauchbar und vertrauenswürdig (ihre so häufige Langeweile hat überwindbare, aber meist ausgeblendete, tabuisierte theologische Gründe), aber sie bleiben doch ein unübersehbar wichtiger Schatz und unersetzbarer Ort der *Öffentlichkeit* dieser Fragen, der *Öffentlichkeit* von Herz, Glaube und Gewissen. Eine andere Öffentlichkeit als die religiösen Institutionen für diese Wichtigkeiten gibt es nicht, nur Privatheit. Der Warnruf Moltkes vor Freisler gilt der Aufgabe, dem Unheil dieser Ausblendungen kühl, eiskalt in die Augen zu schauen und dabei zu wissen, was angesichts dessen nötig ist: jeder noch so starke Individualismus und Subjektivismus ist für diese Frage zu schwach; er besteht diese Fragen in ihrer öffentlichen Gewalt nicht. Wir brauchen die religiös-öffentlichen Institutionen, also auch die Kirchen – freilich heute in einem noch ganz anderen Sinne als von den Kreisauern seinerzeit in ihrer Präambel gemeint und vorgeschlagen. Diese ganze Frage liegt wie ein bracher und unbearbeiteter Acker vor uns, nein: unter uns. Auf seinem einbrechenden Moorboden und Morast gehen wir seit längerem schon und es hängt viel davon ab, ob er weiterhin versackt, verunkrautet, oder ob er substantiell – in welchem Sinne auch immer – bestellt und gültig besät wird. Dazu fordern uns die Kreisauer und speziell die Szene zwischen Moltke und Freisler, wie mir scheint, erregend, prägnant und perspektivenreich heraus.

Ich stelle, was ich hier sage, nicht als feststehendes Ergebnis, sondern – in der heute umstrittenen Situation in dieser Frage – als von jedem Beteiligten und Angesprochenen selber zu erwägende und in Gang zu setzende Überlegung vor – in Konsequenz der Kreisauer Gedanken und Moltke'schen Erfahrungen, wie ich sie verstehe. (Auch die genannten theologischen Überlegungen zum Türkei-Beitritt sind kein absolutes Argument, sie müssen natürlich eines Tages einer Gewichtung im Gesamtzusammenhang aller politischen Aspekte unterzogen werden, aber sie bleiben ein dramatischer Einwand.) Überlege jeder und jede selbst, was hieraus folgt – denn all dies hier Vorgestellte hat einstweilen nur den Rang einer Hypothese, die aus dem Appeal der Kreisauer ergeht, solange wir alle diese – oder eine anders verstandene – Anfrage der Kreisauer nicht aufgreifen, als Frage bejahen und dann biographisch und gemeinsam auf jeweils unsere Weise verarbeiten. Das Gesagte bleibt unbeantwortete und frei vagierende Hypothese, solange wir nicht den Mut zu dieser Klarheit bzw. zur Einsicht in die Notwendigkeit dieses Themas auf unsere Weise gewinnen; denn der Mainstream suggeriert ja – bei Strafe angeblicher Unmodernität oder Lächerlichkeit – noch immer die Religion als rein private Innerlichkeit, Beliebigkeit oder auszuklammernde Größe. Das aber ist ein reines, ahnungsloses Missverständnis der in der Tat notwendigen Staatskirchentrennung, – ein Missverständnis, welches nur deren negative Seite, die Begrenzung und Relativierung von Religion kennt und übrig lässt, ihre bleibende gesellschaftlich-öffentliche Bedeutung und Herausforderung aber ausblendet. Jedoch – Religion ist nicht funktionalisierbar: wenn man das Thema wegen des herandrängenden, in seiner türkischen Ausprägung weitgehend noch pluralismusresistenten Islam braucht und dann meint, es genüge, dies ein wenig in einigen Blättern, die sich sonst nie um das religiöse Thema kümmern, schein-souverän und oberflächlich, als Event und Unterhaltung anzusprechen, dann kann man dies Thema und seine Wirksamkeit nicht gewinnen! Dies eben scheint mir die Botschaft und Wachsamkeitsmahnung Moltkes vor Freisler zu sein: ohne Religion oder – je nach Terminologie – substantielle Spiritualität gibt es keine wirkliche Erkenntnis der Dimension der Abgründe, die in und unter uns schlummern, der Abgründe, auf denen wir gehen, und der Dämonien, die uns – für säkularistische Augen meist unerkannt, weil sie diese Kategorie gar nicht kennen und deswegen achtlos d. h. blind sind – auch gesellschaftlich begleiten. Ohne Spiritualität gibt es keine Erkenntnis der dämonischen d. h. uns suggestiv besetzenden Kraft von Ideologien, zu denen – implizit oder explizit – alles (eingeschlossen die christlichen Kirchen und ihr Glaube) wird, was die Aufgabe seiner eigenen Entideologisierung und Selbstrelativierung nicht begreift und beherrscht. (Man vergleiche hierzu die fundamentale Diagnose von Horst-Eberhard Richter: „Der Gotteskomplex" [1979] als Grundlagenphänomen der säkularistischen Neuzeit.) Ohne Religion, Spiritualität oder existentielle Tiefe und Unbedingtheit gibt es nur die fortgesetzte seelische Entleerung und kompass-lose Erosion unserer Gesellschaft und unserer Menschlichkeit. Darum scheint es an der Zeit, die längst vorhandene Unterscheidung zwischen auch religiös, spirituell und theologisch notwendiger und zu begrüßender „Säkularisierung"/"Säkularität" aller Lebens- und auch Glaubensformen (!) einerseits und einem eindimensionalen „Säkularismus", der die existentiellen, spirituellen Aspekte halbaufgeklärt ausblendet und vertrödelt, andererseits offensiv wieder ins Bewusstsein zu heben; vermutlich steht der Aufklärung (keineswegs immer, aber doch vielfach) wie auch der trivial-eindimensionalen Seinsvergessenheit dieser zweite Schritt ihrer Selbstaufklärung und der Überwindung ihres antireligiösen Affekts erst noch bevor. Wir brauchen einen säkularen Staat und eine spirituell bewusste zivil-religiöse, aber keine säkularistisch ausblendende und sich seelisch entleerende Gesellschaft.[70] Keine Vernunft alleine kann die Seele, auch die öffentliche Seele einer Gesellschaft, ernähren und am Leben erhalten. Dies wussten die Kreisauer und stellen es uns als Frage vor Augen, schreiben es uns in die Seele. Es scheint, als wenn sich im interreligiösen Neuerwachen von Religion und Spiritualität derzeit bei uns etwas zu bewegen beginnt und eine Bereitschaft sich auftut? Nachhaltig, oder wieder nur medial-modisch und vorübergehend?

8. Die letzten Wochen, die letzten Tage –
der persönliche Schluss Moltkes

Zerrissenheit und Getragensein, Lebenswille und Sterbebereitschaft

Und nun die letzten Wochen Moltkes – der persönliche Schluss. Es ist
eine Wohltat zu wissen, dass noch immer die ganz persönlichen Briefe
des Ehepaars Moltke aus dieser letzten Zeit nicht freigegeben und veröffentlicht wurden, dass hier also die Diskretion und das Geheimnis
des Persönlichen gebührend gewahrt blieb, weil es uns nichts anzuge-
hen hat. Was aber veröffentlicht ist, genügt in Andeutungen, um das
Wichtige und Persönliche, soweit es als öffentliches Zeugnis und Sterben gemeint war, mitvollziehen zu können. Dieser persönliche Schluss
ist schnell und merkwürdig leicht erzählt. Denn obgleich Moltke, wie
er seiner Frau schreibt, „in unerhörter Tiefe den Abschiedsschmerz
und die Todesfurcht und die Höllenangst" durchzuerleben gehabt
hatte, war er jetzt „geradezu gehobener Stimmung"; immer wieder
schildert er diese Verfassung (wie wir sie auch – in etwas anderer Tö-
nung – beim Grafen Yorck und Pater Delp ausgedrückt finden[71]), sodass er sich fragt, ob er „wohl ein wenig überkandidelt" sei.[72] Wir kennen diese Adrenalin-gestützte Heiterkeit und dieses Glückserlebnis
heute aus den Berichten über die Nahtoderfahrungen reichlich; aber
eben diese Stimmung sieht Moltke seinerseits gestützt und gefasst von
dem Jesaia-Wort (Jes. 43,2): „Denn so du durch Wasser gehst, will ich
bei dir sein, dass dich die Ströme nicht sollen ersäufen; und so du ins
Feuer gehst, sollst du nicht brennen, und die Flamme soll dich nicht
versengen" und von der Adaption der Verheißung aus 5. Mose 1,33:
„Uns ist es nicht gegeben, ihn von Angesicht zu Angesicht zu sehen,
aber wir müssen sehr erschüttert sein, wenn wir plötzlich erkennen,
dass er ein ganzes Leben hindurch am Tage als Wolke und bei Nacht
als Feuersäule vor uns hergezogen ist." Er sieht sich erfüllt und getragen von den Worten des 2. Korintherbriefs (4,7ff): „Wir haben aber
solchen Schatz in irdenen Gefäßen, auf dass die überschwängliche
Kraft sei Gottes und nicht von uns. Wir haben allenthalben Trübsal,
aber wir ängstigen uns nicht. Wir leiden Verfolgung, aber wir werden
nicht verlassen. Wir werden unterdrückt, aber wir kommen nicht um.

Und tragen allezeit das Sterben des Herrn Jesu an unserem Leib, auf dass auch das Leben des Herrn Jesu an unserem Leibe offenbar werde." Es ist, als wenn er „hindurch" sei – hindurch durch jenen entscheidenden Tag, für den Gott ihn, wie er meint, bereitet hat. Die öffentliche Szene vor Freisler sieht er als den Höhepunkt seines Lebens und seiner ihm gestellten Aufgabe: „Für diese eine Stunde hat der Herr sich all diese Mühe gegeben"; diese Stunde wurde für ihn „eine Demonstration von Gottes Gegenwart und Allmacht." Und er selbst, Moltke, ist das Gefäß jener großen Legende, die die Nazi-Welt entzaubern soll: „Ich rühme ja nicht das irdene Gefäß, nein, ich rühme den köstlichen Schatz, der sich dieses irdenen Gefäßes, dieser ganz unwürdigen Behausung bedient hat." Ich übergehe die neun Stufen, auf denen Moltke sich bereitet sieht für jene große Szene vor aller Welt. Danach ist er nicht mehr in jener Versuchung und Schwäche, die ihn nach dem ersten Besuch seiner Frau („im Oktober, nein November war es wohl"): „Ich habe gar nicht [mehr] das Gefühl, was mich manchmal überkam: ach, nur noch einmal möchte ich das alles [in Kreisau] sehen").[73] Er ist so heiter, dass er von seiner Frau und den Söhnen gar nicht Abschied nehmen möchte; so sicher fühlt er sich mit ihnen verbunden. „Ich kann Dir nur eines sagen: wenn Du das Gefühl absoluter Geborgenheit erhältst, wenn der Herr es Dir schenkt, was Du ohne diese Zeit und ihren Abschluss nicht hättest, so hinterlasse ich Dir einen nicht-konfiszierbaren Schatz, dem gegenüber selbst mein Leben nicht wiegt." Dabei hat er selber gezweifelt, ob er, würde er doch noch weiterleben, diese Klarheit und Hochstimmung würde halten können und hat es eher – zu Recht realistisch und skeptisch – für unwahrscheinlich gehalten, weil diese unnatürliche Hochspannung angesichts des Todes begreiflich war, aber nicht durchzuhalten gewesen wäre. Noch in der Haft in Tegel hatte ihn auf einmal der Wunsch weiterzuleben überfallen. Er veranlasste seine Frau, zum SS-General Müller zu gehen (das Gespräch kam folgenlos zustande) und schrieb selber, wie er formuliert, „reichlich unverschämte Briefe" an Himmler (die derzeit nicht bekannt sind), ja, noch im Januar 1945 wurde eine Hoffnungsaussicht an ihn herangetragen, was bei seiner fortwährenden Todesbereitschaft eine fast nicht aushaltbare Spannung erzeugte; Helmuth „verlor zeitweise die wunderbare Freiheit und den Frieden … In alledem waren wir getragen von unserem Glauben, Glaube, der kam und ging wie Ebbe und

Flut", erinnert sich seine Frau. Der Glaube seiner hochintensiven und auch erstaunlich fast biblisch-kirchlichen Sprache der letzten Zeit hat ihn – wie viele andere im Widerstand auch – in dieser Phase der Schwankungen und Todesannäherungen gestützt und nicht verlassen.[74]

Trotz allen Einsatzes: die Erfahrung des Schuldigwerdens

An dieser Stelle – angesichts dieser scheinbar allzu verkirchlichten, fast schon erwecklichen Sprache (als dritte der neun Stufen göttlicher Führung: „Dann hat er mich so gedemütigt, wie ich noch nie gedemütigt worden bin, so dass ich meine Sündhaftigkeit endlich nach 38 Jahren verstehe, so dass ich um seine Vergebung bitten, mich seiner Gnade anvertrauen lerne") – lohnt es, sich an Folgendes zu erinnern, wodurch noch einmal ein völlig neues Licht auf diese Formulierungen fällt: Schon in seinem ersten Brief an Lionel Curtis vom April 1942 hatte Moltke geschrieben (wir zitierten es bereits): „Aber heute dämmert es einer nicht allzu breiten, aber aktiven Schicht, nicht dass sie betrogen worden sind, nicht dass ihnen eine schwere Zeit bevorsteht, nicht dass sie den Krieg verlieren könnten, sondern dass das, was geschieht, eine Sünde ist und dass sie persönlich verantwortlich sind für jede grausame Tat, die geschieht, nicht im weltlichen Sinne natürlich, sondern als Christen ...".[75] Es ist an diversen Stellen seines Briefwechsels mit Händen zu greifen, dass Moltke dieses Erwachen des Schuldbewusstseins mitten in all seinem mutigen Tun auch auf sich selber bezogen hat: „neue schreckliche Befehle werden gegeben und niemand scheint etwas dabei zu finden. Wie soll man die Mitschuld tragen? ... [Erschießungen, Ermordungen] Und das alles ist noch ein Kinderspiel gegen das, was in Polen und Russland geschieht. Darf ich denn das erfahren und trotzdem in meiner geheizten Wohnung am Tisch sitzen und Tee trinken? Mach' ich mich dadurch nicht mitschuldig? Was sage ich, wenn man mich fragt: und was hast Du während dieser Zeit getan? ... Wie kann man so etwas [all die Morde] wissen und dennoch frei herumlaufen? Mit welchem Recht? ... Wenn ich nur das entsetzliche Gefühl los werden könnte, dass ich mich selbst habe korrumpieren lassen, dass ich nicht mehr scharf genug auf solche Sachen reagiere, dass sie mich quälen, ohne dass spontane Reaktionen entstehen. Ich habe mich selbst verzogen … Ich denke über eine mögliche Reaktion nach, statt zu handeln." Und wenig später in weitgehender Radikalisierung: „es ist die unabweisbare Aufgabe aller Rechtschaffenen, die Verbrechen klein zu halten und wer sich dieser Aufgabe entzieht, der ist mehr schuld an den Verbrechen als der Verbrecher selbst." Sieht man daher, dass er mit jener radikalen, neuen Schuld-Einsicht auch sich selber gemeint hat – nicht anders als Schindler in jener ergreifenden Szene mit den Geretteten nach dem Kriege –, dann wird auf einmal verständlich, warum jene zitierten Sätze über Sündhaftigkeit und Gnade keine kirchlichen Formeln oder Floskeln, sondern tiefernst erfahrene und neuentdeckte Lebensdimensionen darstellen, weil Moltke mitten im Strudel all der Furchtbarkeiten mit dem Bewusstsein der eigenen Beteiligung und Verschuldung fertig zu werden hatte – eine Wahrheit, die auch dann nicht unwahr würde, wenn ihre Radikalität eine ethische Selbstüberforderung impliziert! Immer wieder ist solche Schuld und Sünde in den letzten Stunden von Teilnehmern der Verschwörung empfunden worden.[76] Ich selber bin nicht dafür, dass jeder Gottesdienst mit einem dreifachen Kyrie beginnt und damit eine tiefe religiöse Wahrheit veralltäglicht, vertrödelt und verschleudert wird; denn die eine große Sünde der tief in unseren Wurzeln sitzenden Trennung/Entzweiung von unserem Ursprung und die Wahrheit unseres Unglaubens wird durch solcher Art Liturgie m.E. nicht zugänglicher und verständlicher; so viele Sünden, als dass man sie allwöchentlich zu bereuen hätte, gibt es in aller Regel gar nicht; diese unendlich-rituelle Wiederholung verleitet Menschen eher dazu, nur noch an „Puppensünden" zu denken oder das ständige Sündenbekenntnis unpassend oder gar lächerlich zu finden, bestenfalls ungerührt mitzumachen und über sich ergehen zu lassen. Was meine ich damit? Dass das kirchliche Sündenverständnis doch oft und weitgehend nichts weiter als verinnerlichte bürgerliche, verbürgerlichte Normvorstellung ist, jenseits deren man doch manchmal erst richtig zu leben beginnt. (Da ist schon Luthers Aufforderung an seinen Freund Melanchthon „pecca fortiter" [„sündige tapfer drauf zu"] eher, nein: tatsächlich wahr, aber eben sie ist – im Schnitt gesehen – bei den kirchlichen Lutheranern kein beliebtes, schon gar kein begriffenes und anerkanntes Credo.) Dennoch gibt es offensichtlich Höhe- und Tiefpunkte des Lebens, des Sich-Verhaltens und Sterbens, an denen eine solche Schuldfrage eine unüberspringbare Anfrage und eine tiefe bohrende und unausweichliche Wahrheit wird, und wir tun gut daran, mit ihr umgehen und sich ihr stellen zu lernen. Das Schuldigwerden an politischen Verhältnissen, in denen wir leben, auch wenn sie uns überfordern, könnte durchaus zu solchen Punkten gehören, an denen wir unser Schuldigwerden überhaupt erst zu begreifen beginnen. Nicht umsonst gehört ja die „Vater Unser"-Bitte „Vergib uns unsere Schuld" zu den Bitten um die Grundversorgung des menschlichen Lebens. Man kann natürlich seine Schuld auch vertrödeln. Es scheint, als wenn für Helmuth Moltke in den ihn bedrängenden Erfahrungen so ein Punkt erreicht war, an dem sich die dann wahrlich nicht mehr formelhafte Benutzung dieser Sprache neu zu beleben und notwendig zu werden begann. Hier tun sich in und durch Moltkes religiöse Wahrnehmung seiner politischen Existenz noch einmal ganz neue Tore des Verstehens auf, und es scheint, als wenn er durch diese Tore gegangen wäre. Man weiß es derzeit nicht, wie weit er in diese Tiefen gestiegen ist, aber es deutet sich derlei an. Bescheiden wir uns, es nicht zu wissen, nur zu ahnen. Dass die kirchliche Sprache in solchen Extremsituationen immer wieder – damals für erstaunlich viele Menschen aus dem Widerstand, aber auch sonst – aufwachte und neue Lebendigkeit erfuhr, ist natürlich kein Grund, ihr heutiges (und schon damaliges) Veralten und Unbrauchbarwerden als Dolmetscherin der Tradition zu übersehen. Hier ist daher noch ganz andere theologische und religiöse Arbeit der Seele fällig und notwendig. Sowohl Marion v. Yorck wie auch Freya v. Moltke berichten erstaunt, nachdenklich und sicher nicht zufällig von der späteren Abflachung dieser auch sprachlich aufgeladenen Hoch-Zeit, die natürlich auch Moltke (anders vielleicht als Yorck) nicht durchgehalten hätte. Freya v. Moltke für damals: „je größer der Druck, der auf ihm [Moltke] lastete, desto zentraler der Glaube". Später aber, rückschauend, sagt sie, die vorher so völlig alle Schwankungen in Ebbe und Flut mitgegangen war: „Es ist heute noch viel schwerer, darüber zu reden, als damals", und Barbara v. Haeften: „damals konnte man [es] seltsamerweise aussagen".[77] Vielleicht wissen die Menschen solcher extremen Erfahrungszonen mehr, als unserem normalen, kleinen Lebensrahmen zugänglich und nachvollziehbar bleibt; auch manche von den letzten Aufzeichnungen Delps weisen besonders eindrücklich auf Analoges hin.[78] Ich vermute, dass auch ich mich – völlig überzeugt von der Überholungsbedürftigkeit der kirchlichen Sprache – in solch vergleichbar extremer Situation eben dieser biblisch-kirchlichen Sprache und manchen ihrer unüberholbaren Choralverse anvertrauen würde, weil ich nicht weiß, ob unsere heutige und jede derzeit absehbare religiöse Sprache Substanz genug hätte, um solchen Situationen, auch den Verschuldungen durch unser heutiges Unrecht, standzuhalten und gewachsen zu sein; das aber spricht – noch einmal sei es gesagt – nicht gegen ihre derzeitige Überholungsnotwendigkeit. So viel zu der Glaubenssprache, der Moltke im Sterben seiner letzten Tage seine Gewissheit verdankte. Und wunderbar einer seiner letzten Briefe an einen Freund und Ratgeber der Familie: „Das Jahr der Haft, das morgen voll wird, hat mich mein Leben in einem Glanze sehen gelehrt, der mir vorher nie recht klar geworden war, weil er in der Arbeit des Tages unterging. So kehre ich heim, beladen mit Liebe und Freundschaft, mit einem vollen, bis an den Rand gefüllten Leben, in dem ich das Glück hatte, nie etwas tun zu müssen, was mit meinem Gewissen nicht in Übereinstimmung gestanden hätte. Die Dankesschuld dafür ist ungeheuer, und auch Dir gebührt ein Teil davon."

Anrührend verbunden (und diskret in der Auswahl der Veröffentlichung) die Verabschiedung Moltkes von seiner Frau: „Aber ohne Dich, mein Herz, hätte ich ‚der Liebe nicht' … Du bist vielmehr jener Teil von mir, der mir alleine eben fehlen würde. Es ist gut, das mir das fehlt; denn hätte ich das, so wie Du es hast, diese größte aller Gaben, mein liebes Herz, so hätte ich vieles nicht tun können, so wäre mir so manche Konsequenz unmöglich gewesen, so hätte ich dem Leiden, das ich ja sehen musste, nicht so zuschauen können … Nur wir zusammen sind ein Mensch. Wir sind … ein Schöpfungsgedanke … Und diese Tatsache, die haben wir schließlich auch noch durch unser gemeinsames Abendmahl, das nun mein letztes war, symbolisieren dürfen." „Ich sage Dir zum Schluss, kraft des Schatzes, der aus mir gesprochen hat, und der dieses bescheidene irdene Gefäß erfüllt: „Die Gnade unseres Herren Jesu Christi und die Liebe Gottes und die Gemeinschaft des Heiligen Geistes sei mit Euch allen. Amen." Einen Tag vorher hatte er diesen Segensvers schon einmal zitiert mit den Worten: „Ich habe das Gefühl, mein Herz, als wäre ich autorisiert, Dir und den Söhnchen das mit absoluter Autorität zu sagen." Mit solchem Segen endet der letzte Brief.

„Es ist nun noch ein schweres Stück Weges vor mir, und ich kann nur bitten, dass der Herr mir weiter so gnädig ist, wie er war." Es ist gut bezeugt, dass Moltke – mitten in den eben beschriebenen Stimmungen – wie zum Zerreißen gespannt auch die ganz andere Stimmung des Lebenwollens immer wieder in sich aufspringen fühlte und dass er seine Frau, wie gesagt, zu allerhand letzten Rettungsversuchen animierte; sie durfte ihn in Tegel noch viermal besuchen. Vielleicht wurde er deswegen nicht gleich hingerichtet, weil man sich seiner (wie Gerstenmaiers) noch zu bedienen gedachte? Harald Poelchau, der treue Gefängnisseelsorger, berichtet, dass Moltke in diesen letzten Wochen noch zwei Einbrüche seines Muts erlebt habe, und mit Sicherheit spielte die geistliche Gemeinschaft, eine Una Sancta in vinculis, mit Delp (und Gerstenmaier), in der sie gemeinsam beteten und die Heilige Schrift lasen, eine große Rolle. Um 11.00 Uhr am Hinrichtungstage konnte Poelchau ihn noch aufsuchen und Briefe austauschen. Als er um 13.00 Uhr noch einmal zu ihm gehen wollte, fand er die Zelle bereits leer. Nur seinen Gruß konnte er Moltke, der inzwischen nach Plötzensee überführt worden war, durch den katholischen Geistlichen, der von Moltkes gefasster Heiterkeit auf dem letzten Wege berichtete, noch zukommen lassen. Taktvoll sein seelsorgerliches Geheimnis wahrend schreibt Poelchau später: „Über die inneren Dinge, die in diesen Wochen des Reifens und der Vorbereitung gewachsen sind, lässt sich nichts schreiben. Es muss genügen, wenn ich sage, dass Moltke, der nur noch Bibel und Gesangbuch las, sich den Vers zu eigen machte: ‚Deines Winks bin ich gewärtig, auch des Rufs aus dieser Welt, denn er ist zum Sterben fertig, der sich lebend zu dir hält.'"[79]

Das Ende Peter Yorcks v. Wartenburg

Peter Yorck war um diese Zeit schon nicht mehr am Leben. Er war bereits im August 1944 nach „sechzehn langen Tagen" der Haft und der dankbaren Erinnerung an sein reiches Leben gehenkt worden. Seine Frau hatte – durch die Freundlichkeit Gerichtsbediensteter – aus einer nahegelegenen Wachstube indirekt den furchtbaren Prozess vor Freisler mitverfolgen können. Auch Yorcks letzte Gedanken liegen in einem langen ergreifenden Brief an seine Frau vor. Seine Frau schreibt:

„Peter war in den letzten Wochen von einem tiefen Ernst und großer Traurigkeit. Er las viel in der Bibel, weit über das übliche Maß hinaus. Ich weiß nicht, ob er an ein Gelingen des Attentats glaubte, wohl aber glaubte er, dass es gewagt werden müsse. Vielleicht ahnte er seinen Tod schon und war deshalb in dieser Stimmung ..." Aber er stand zum politischen Grund und Anlass seines Sterbens, stand – mitten in würdeloser Atmosphäre – gefasst und souverän vor Freisler dazu, dass er „nicht Nationalsozialist von Gesinnung" sei: „Das Wesentliche ist, was alle Fragen verbindet, der Totalitätsanspruch des [sc. NS-] Staates gegenüber dem Staatsbürger unter Ausschaltung seiner religiösen und sittlichen Verpflichtungen Gott gegenüber"; er stand zu seinem Stauffenberg gegebenen Ehrenwort und zu seinem Widerspruch gegen die NS-Judenpolitik, nannte sich im Brief an seine Frau einen „unglücklichen [d. h. erfolglosen] Rebellen für Freiheit, Menschenwürde und Recht" und schreibt an seine Mutter: „Dich darf ich versichern, dass kein ehrgeiziger Gedanke, keine Lust nach Macht [sc. in einer neuen Regierung] mein Handeln bestimmt hat. Es waren lediglich meine vaterländischen Gefühle, die Sorge um mein Deutschland, wie es in den letzten 2 Jahrtausenden gewachsen ist, das Bemühen um seine innere und äußere Entwicklung, die mein Handeln bestimmten. Deshalb stehe ich aufrecht vor meinen Vorfahren, dem Vater und den Brüdern ... Dass die wunderbare Berufung [zu öffentlichem Auftreten und Zeugnis im Prozess vor Freisler] ein Anlass sein möge, Gott die Ehre zu geben, ist mein heißes Gebet."[80] In allem fühlte er sich, wie sein Freund Moltke, in Gottes Hand geborgen, wie er mehrfach ausdrückt, auch er in dieser letzten Zeit ausdrücklich durch das in der Gemeinde erfahrene „Gefühl der Gottesgegenwart" getragen: „Alle Einzelgeschehnisse und Einzeleindrücke verdichten sich zu dem Verspüren des waltenden Schicksals, und die Allmacht Gottes wird sozusagen handgreiflich und übermächtig in die Welt einwirkend". So war er nach dem letzten gemeinsamen Abendmahl in einer „fast unheimlichen Erhobenheit, ich möchte es eigentlich Christus-Nähe nennen". In seinem letzten Brief versteht auch er seinen Tod als öffentlichen Tod, wenngleich auf noch andere Weise als Moltke (wir erinnern uns noch einmal der Gründe und Erfahrungen, aus denen Moltke so nachdrücklich von seiner Sündenverflochtenheit und Begnadigung gesprochen hatte): „Voll Zuversicht vertraue ich Deine [sc. seiner Frau] Zukunft

Gottes Güte und der Liebe der Meinen und der Deinen an … Mein Tod, er wird hoffentlich – angenommen als Sühne aller meiner Sünden und als Sühnopfer für das, was wir alle gemeinschaftlich tragen. Die Gottesferne unserer Zeit möge auch zu einem Quäntchen durch ihn verringert werden. Auch für meinen Teil sterbe ich den Tod fürs Vaterland. Wenn der Anschein auch sehr ruhmlos, ja schmachvoll ist, … bis zum Tode getreu! ,Des Lebens Fackel wollten wir entzünden, ein Flammenmeer umgibt uns, welch ein Feuer!' … Mein letztes Gebet gilt dem, dass ich Dich Gott anbefehle und Vergebung meiner Sünden und Seelenheil erbitte …"[81]. Poelchau konnte unerwarteterweise am Tage seiner Hinrichtung – entgegen dem Sprechverbot für Geistliche – noch einmal zu ihm vordringen, konnte von ihm erfahren, dass kein Name der Mitverschwörer (also des ganzen Kreisauer Kreises) von ihm verraten worden sei (was für das Verhalten der anderen Häftlinge im Verhör wichtig war), und konnte noch das Vater Unser mit ihm beten. „Ich empfand es als gütiges Geschick, dass ich ihm zum Abschied die Hand geben konnte. Seine Hände waren gefesselt. Er war seit vielen Tagen nicht rasiert und sah elend aus. Aber er hielt sich gelassen." „Welch eine Fügung, dass ich ihn noch allein und vertraulich sprechen konnte, ehe die SS-Männer mit Scheinwerfern in die Zelle drangen, um ihn, wie die anderen Gefangenen, ehe sie fortgeführt wurden, zu filmen …" Noch in Sträflingskleidern am Galgen hängend wurde er von SS-Männern gefilmt. Poelchau berichtete an Yorcks Frau: „Weißt du, ich glaube, er ist aus dem Gefühl der Gotteskindschaft nicht herausgefallen." Der letzte Abschiedsbrief seiner Frau an ihn konnte nicht mehr übergeben werden; Yorck war schon tot. Seinen letzten Abschiedsbrief hat seine Frau erst im April 1945 von der SS ausgehändigt bekommen. Kurz nach der Hinrichtung wurde ihr gesagt: „Hätten wir geahnt, dass Ihr Mann so viel wusste, dann hätten wir ihn nicht so schnell umgebracht." „Auf diese Weise", fügt Marion v. Yorck hinzu, „ist Peter wahrscheinlich die Folter erspart geblieben."[82]

Das Ende – danach

Halten wir ein letztes Mal inne. Die Schilderungen und Photographien des Hinrichtungsraumes in Plötzensee, an dessen Balken und Fleischerhaken – die Guillotinen waren durch Kriegseinwirkungen zerstört

– unter Scheinwerferlicht, vor laufender Filmkamera und unter fortwährend Witzen des Scharfrichters und der alkoholisierten Gefäng-
nisbeamten so viele Menschen gehenkt wurden, sind vorhanden und
bekannt. Auch diese beiden Freunde, Moltke und Yorck, am gleichen
Tage wie Moltke mit ihm sein Kreisauer Genosse Theo Haubach, ein
weicher und mutiger Mann, der – politisch-äußerlich wie auch innerlich – einen schweren, weiten und reichen Weg gegangen war, wurden
in diesem nackten Raum, den man heute besuchen kann, zusammen
mit acht weiteren Widerständlern ermordet. Ihre Leiber sollten ver-
brannt werden, die Asche im Winde verstreut. Auf einer Gauleiterta-
gung im August 1944 hatte Himmler in Posen gesagt: „Über den Acker
[die Asche verstreuen] ist zu anständig, streuen Sie sie über die Riesel-
felder [wo die Jauche ausgebracht wird].“[83]

In eben diesem Januar 1945, da Moltke und Haubach am gleichen Tage
erhängt wurden, während Delp, der anfänglich gefoltert worden war
(was Yorck und Moltke erspart blieb), in furchtbarer Einsamkeit zu-
rückblieb und erst ein wenig später als letzter Kreisauer am 2. Februar,
zugleich mit Popitz und Goerdeler, hingerichtet wurde[84], begannen für
unzählige Menschen die furchtbaren Wochen und Monate, die Christian v. Krockow „Die Stunde der Frauen" genannt hat. Es ist auch die
der Frauen des Kreisauer Kreises, die seit 1940 ihre Männer begleitet
und mitgetragen hatten, unter ihnen Marion v. Yorck und Freya v.
Moltke und ihre beiden Schwägerinnen Asta v. Moltke und Irene v.
Yorck. Beide Frauen haben ihre Geschichte der Zeit danach eindrücklich erzählt. Gedenken wir in Ehrfurcht und tiefem Dank dieser Menschen alle – Adel, Bürgerliche, Sozialisten, Christen, Kommunisten –,
die stellvertretend für den uns vielleicht noch bevorstehenden Mut und
für die uns noch wachsende Klarheit ihr Leben bestanden und ihr
Sterben bewusst und nichts verleugnend für die Ermöglichung unserer
heutigen Gesellschaft drangegeben haben. Verschleudern wir dieses
Erbe nicht. Es ist eine Kostbarkeit Deutschlands und unseres Geistes,
unserer Seele, unserer Lebendigkeit. Denken wir uns einen Augenblick
– rein theoretisch – den ganzen, faktisch erfolglosen Widerstand als
nicht gegeben und nie versucht, dann wissen wir erst, was uns fehlen
würde und was er uns bedeuten kann: dass nämlich die Existenz eines
„anderen Deutschland", nicht identisch mit dem NS-Verbrechersystem

und seinen vielen mehr oder minder angepassten Anhängern und schweigenden Mitläufern, durch ihren Mut und ihren Tod bewiesen wurde – was in der Tat, angesichts der (im Terrorsystem leider nur zu begreiflichen) weitgehenden Oppositionslosigkeit der Deutschen, erst eigens bewiesen werden musste. Zu Recht wundert sich Günter Brakelmann, dass Moltke und manch andere Laienchristen im heute kirchlich-historischen Bewusstsein dieser Zeit fast nicht vorkommen, obwohl sie einen festen Platz im protestantischen Märtyrerkalendarium wahrlich verdient hätten – vielleicht weil wir Protestanten über einen solchen Kalender gar nicht verfügen. Wir ehren dieses Erbe, wenn wir – jeder und jede auf seine/ihre Weise – klarer und mutiger das, was wir wollen und sollen, auch wirklich leben. Auch heute gilt es, ein „anderes Deutschland" als das der Unsolidarität und Ungerechtigkeit zu leben. Darum liegt es an uns, ob wahr bleibt oder wahr wird, dass der 20. Juli „seinen Zündstoff nicht verbraucht [hat, er] fordert [vielmehr] Gegenwart und widerlegt unseren Wunschtraum, wir segelten, geborgen in eine neue Zeit, stetig vor dem Wind …". Was wollen wir denn sonst mit unserem Leben anfangen, als uns klar darüber zu werden, wie wir leben wollen und sollen? Daher, lesen wir die Texte und begegnen wir dort diesen Menschen und ihren Schicksalen.[85] Wer sich darauf einlässt, schärft sein Gewissen und präzisiert seine Unruhe. Sie begegnen dort einem Abenteuer, einer Lebensintensität ohne gleichen, einer Provokation zu ganz eigener, vielleicht auch politischer Lebendigkeit, und einer Nachdenklichkeit für Ihr Denken, zu einer Vertiefung für Ihren Glauben und vielleicht auch einer Herausforderung für Ihren Mut, gerade auch den unter schwierigen Bedingungen.

Wir ehren Helmuth James Graf von Moltke und seine Freunde im Widerstand.

Anmerkungen

[1] Vgl. H. v. Tresckow nach Beginn der Invasion der Alliierten: „Das Attentat muss erfolgen, coute que coute. Sollte es nicht gelingen, so muss trotzdem in Berlin gehandelt werden. Denn es kommt nicht mehr auf den praktischen Zweck an, sondern darauf, dass die deutsche Widerstandsbewegung vor der Welt und vor der Geschichte den entscheidenden Wurf gewagt hat. Alles andere ist daneben gleichgültig" (Scheurig, Tresckow 184). Zitat Dönhoff: Um der Ehre willen 175; Zitate v. Gersdorff und Heuss: Gersdorf, Soldat im Untergang 213.209. – Die Belege und differenzierenden Anmerkungen werden im Folgenden auf wenige strittige oder profilierungsbedürftige Punkte im Blick auf Ungeklärt-Theologiespezifisches und Umstritten-Zeitgenössisches beschränkt.

[2] Schönster zeitgenössischer Bericht: Das Arbeitslager. Berichte aus Schlesien von Arbeitern, Bauern, Studenten, hg. von Eugen Rosenstock und C. D.v. Trotha, Eugen Diederichs Verlag Jena o.J. (1931). Rosenstock ist es auch, der an anderer Stelle darauf hinweist, dass es das „Volkshochschulheim der Schlesischen Jungmannschaft, d. h. der Kerngruppe der deutschen Jugendbewegung, der ehemaligen Wandervögel und Pfadfinder", war, das den Ort dieser Arbeitslager abgab. „Die Mittelgruppe der reinen Jugendbewegung hat dies Lager menschlich möglich gemacht" (E. Rosenstock, Die Arbeitslager innerhalb der Erwachsenenbildung, in: Jahrbuch für Erwachsenenbildung, hg. v. d. Deutschen Schule für Volksforschung und Erwachsenenbildung, 2. Folge, Silberburg/ Stuttgart 1930, 28ff, hier 29. Dass diese Lager, an deren erstem Moltke nur teilnahm, in ihrer Zusammensetzung und Auseinandersetzung verschiedenster Geister Vorbild und Muster für den späteren Kreisauer Kreis war, betont Moltke, Kreisauerin 108.

[3] Die Bedeutung und Wichtigkeit des christlichen Glaubens war nicht Ziel, sondern Voraussetzung des Kreises, vgl. M. v. Yorck: „Alle waren zwar religiös gestimmt, aber das war nicht das verbindende Element wie etwa beim Widerstand der Kirchen", Mut d. Herzens 211). Man glaubte – in sehr verschiedenen Facetten und Bedeutungen – an die Neugeburt des Christentums in seiner Erniedrigung (vgl. FrM Erinnerungen 57f und Mut d. Herzens 145f). Über die allerdings deutliche Begrenztheit des Tillich'schen Einflusses s.u. Anm. 30. – Gegen eine christliche Prägung des Widerstands und seiner Konzepte bei den Kreisauern (bei Leber, Maaß, Leuschner): Spiegelbild 1, 233ff.

[4] MY Stille 60: „Die Themen der Diskussion hat oft Helmuth Moltke angeregt; auch die Verhandlungsführung lag oft in seiner Hand. Er war der Motor, Peter dagegen die integrierende Kraft, zusammenhaltend und ausgleichend", vgl. Mut d. Herzens 210 („das Herz dieses Kreises"); FrM Erinnerungen 44: „Peter Yorcks Rolle ist in der Beschreibung der Gewichte innerhalb des Kreisauer Kreises immer zu kurz gekommen. Das liegt wohl auch an seinem eigenen Wesen. Er neigte dazu, sich selbst zurückzunehmen und eher im Stillen zu wirken. Seine sammelnde und integrierende Rolle in der Gruppe war bedeutend. Seine Frau Marion hat ihn das Herz der Gruppe genannt."

[5] Diese Herkunft „aus einem Haus preußischer Tradition", „dessen stets gegenwärtige Hausgeister Plato, Luther, Friedrich der Große und Goethe hießen. Von ihren Stimmen waren Kindheit und Jugend erfüllt" bestätigt Peter Yorcks Bruder Paul (Yorck, Besinnung 8). Wie wichtig jenes Lasalle-Buch über Heraklit Yorck noch in seinen

letzten Tagen war, sieht man daran, dass er es in seinem allerletzten Brief an seine Frau eigens einem Mitarbeiter vermachte (MY Stille 141). Aus Gründen dieser tiefen Dialektik hat Yorck z. B. gegen Moltkes Satz, dass im deutschen Siege über Frankreich der „Triumph des Bösen" zu sehen gewesen sei (s.u.), *auch* das Entstehen wünschenswerter Neuentwicklungen aus eben diesem furchtbaren Zustande in Frankreich angenommen (vRNW 481) – ein schönes Beispiel für die Heraklit-geprägte Ambivalenz-Einsicht seines Denkens. Heraklit spielte schon im Denken Paul Yorcks, des Großvaters Peters, eine erhebliche Rolle, vgl. Gründer, Philosophie des Grafen Paul Yorck, 21.100.263 A.3 und 4.376.377.

[6] Yorck bejaht die Weimarer Demokratie, wie aus seiner Dissertation zu sehen ist: vgl. Kreisau, Portrait 23. Zu Yorcks Freundeskreis s. nächste Anmerkung; zum familiären Hintergrund des völlig in der Kaiserzeit verorteten Vaters vgl. dessen letzten Aufsatz „Bismarcks Vermächtnis" in: Die Tradition,, Heft 14, 3. Juli 1923; dort auch S. 395.402.408 die ausdrückliche Selbstverortung des Vaters im „politischen Luthertum" und unter „christlicher Obrigkeit". Der Staat mit seinem „grundsätzlich christlichen Charakter" hat hier so viel theologische Dignität, dass er zur manifesten Offenbarungsquelle wird: „Wir forschen nur, was wirklich Gottes Wahrheit ist, in Kirche und Staat, sagt Cromwell, und halten uns daran." Die Verortung des Großvaters Paul Yorck im konfessionellen Luthertum (Gründer, Philosophie des Grafen Paul Yorck 237ff) kam also bei dessen Sohn und Enkel nicht mehr zum Zuge, obwohl er durch seine Mutter in lutherischem Geiste erzogen und geprägt wurde (Schwerin, Die besten Köpfe 27). Es gab aber, entgegen der kaiserzeitlichen Verortung, Elemente in des Vaters Auffassungen, die Peter Yorck aufgreifen und in den Kreisauer Gesprächen, kombiniert mit Moltkes Motiven (s.u.), fortsetzen konnte: die Beziehung auf die Wichtigkeit der Gemeinden und berufsständischen Genossenschaften, die dem Staat „wesensgleich" sind, den Menschen Beteiligung ermöglichen und der Allmacht des Staates entgegenwirken (Bismarcks Vermächtnis 398.401). – Nicht sozialistisch/Häresie, aber sozial: Gerstenmaier, Streit und Friede 185, vgl. Dönhoff, Ehre 124: „allen Utopien stand er skeptisch gegenüber, war aber gleichzeitig in sozialen Fragen außerordentlich modern". In dem Yorck befreundeten sog. Grafenkreis (s. nächste Anmerkung) wurde Yorck aber als besonders „sozialistisch" geprägt angesehen (Kessel, Verborgene Saat 69.269). Yorck selber: „Die durch den Nationalsozialismus Betrogenen sind nämlich primär die Arbeiter. Und wenn wir uns einbilden, etwas ähnliches wie eine Elite zu sein oder eine Führungsaufgabe zu haben, dann haben wir versagt, und zwar dem einfachen Mann, dem Arbeiter gegenüber, denn sonst hätte das Dritte Reich nicht passieren dürfen. Wir haben eine Schuld wiedergutzumachen am deutschen Arbeiter, deshalb müssen wir dieses Regime beseitigen" (vRNW 226).

[7] Die Luther-Prägung Yorcks verdankt sich einem preußisch-lutherischen Frömmigkeitsverständnis, dessen Spuren wir später finden werden, nicht einer konfessionell-(neu)lutherischen Prägung, s. Anm. 6.9.57f. – Von der Vorstellung einer deutschen Führungsrolle findet sich in den Kreisauer Dokumenten (erst recht natürlich bei Moltke selber) nicht der leiseste Hauch; etwas anders die Variante Yorcks (Zitat im Text): Spiegelbild 1, 110. Bei Moltke ist diese Reihung der Prämissen charakteristisch erweitert: „christliche Religion, humanistische Bildung, sozialistische Gesinnung und historische Bindung": vRNW 495.496f; ähnlich Delp (Delp IV, 80) oder v. d. Gablentz (vRNW 493). Diese Mischung aus Antike, Christentum und deutschem Geist gehörte in das damals weithin noch selbstverständliche und aktive, nicht nur latente Bil-

dungsbewusstsein. –Yorck bezeugt seine ursprüngliche Wahl der NSDAP (nie PG!) vor Freisler (Freisler:„Sie haben mit DNVP und NSDAP sympathisiert", Yorck: „Gewählt!"): BrKrBegeg 264. „Zunächst sah er im Nationalsozialismus eine Möglichkeit, die Erniedrigung Deutschlands zu tilgen" (G. v. Roon, Widerstand im Dritten Reich, Beck/München 1979, 162). – In dem frühen Freundeskreis Yorcks bis 1939, der dominant nationalkonservativ eingestellt war, war der „kompromisslose" Yorck der einzige, der sich weigerte, die NSDAP-Mitgliedschaft zu beantragen (Schwerin, Der Weg 469; ein wenig anders und differenzierter Schwerin, Die besten Köpfe 74ff.90ff). Wahl der DVP nach 1928: Schwerin, Der Weg 467 und ders., Die besten Köpfe 41.69.7. In diesem „Grafenkreis" wurden seit 1938, nach der sog. „Kristallnacht" und im Zusammenhang mit den damaligen Staatsstreichversuchen, bereits Gespräche über Grundsätze einer neuen Verfassung geführt: vRNW 84 und Schwerin, Die besten Köpfe 250; hier wurde jedoch – im Unterschied zum späteren Kreisauer Kreis – bei den neu gesuchten Verfassungsgrundsätzen nicht über Staats/Kirchen-Themen gesprochen (Schwerin, Die besten Köpfe 251ff). Die unterschiedliche Akzentuierung in der Bedeutung des Christlichen zwischen „Grafenkreis" und Kreisauern eindrücklich Kessel, Verborgene Saat 209f.– Yorck hat Moltke noch 1941 den Jünger'schen „Arbeiter" zu lesen gegeben, den dieser völlig ablehnte („romantischer Humbug"): BraFr 202; auch Trott z. B. sprach sich nachdrücklich für Jüngers „Arbeiter" aus (vRNW 142) – Zeichen von Yorcks (und Trotts) frühen Fermenten und Versuchlichkeiten. – A. v. Kessel, der Sympathisant und Mitwisser, nicht jedoch Mitgestalter des Widerstands (schon aus Gründen vielfacher Abwesenheit) war, sieht immer wieder, durchaus unzutreffend, die verschiedenen Widerstandsgruppen der Kreisauer, der Personen um Goerdeler und dann des militärischen Widerstands bis hin zu Stauffenberg als seit 1936 aus gemeinsamer Wurzel und in ständiger Kontinuität, auch mit Yorcks und seinem frühen Grafenkreis, gewachsen und versteht sich gar als Vermittler zwischen den Gruppierungen (Kessel, Verborgene Saat 69f.109.131.157. 204ff.209f.230ff.283).

8   Es ist für damals ungewöhnlich und besonders beachtenswert, wie Moltke an zentraler Stelle den Begriff und Anliegen und Titel des Liberalismus für sich in Anspruch nimmt und durch eine Unterscheidung von einem „entarteten Liberalismus" für sich rettet: nur der „liberale Landmann" kann die drei Ehrfurchten Goethes verstehen, während der „Liberalismus entarteter Form" Entscheidendes vernachlässigt (BraFr 198).

9   Die ganze Auseinandersetzung vRNW 479ff. Im Unterschied zu v. d. Gablentz, der den Begriff des „Reiches Gottes" als Maßstab verwendet (vRNW 488f) tut Yorck dies nicht; er verwendet den Begriff der „göttlichen Ordnung", der später in die Kreisauer Entwürfe an zentraler Stelle eingeht (s.u.). Jüngster Rekonstruktionsversuch des ganzen Gesprächsgangs bei Ringshausen, Widerstand 352ff.– Fragt man sich, um den näheren Sinn des o.g. Zentralbegriffs „göttliche Ordnung" bestimmen zu können, nach seiner Herkunft, so könnte man angesichts des lutherischen Kontextes der Familie (explizit konfessionalistisch der Großvater, anders der Vater Heinrich Yorck, der gerade nicht konfessionell-neulutherisch geprägt war, vgl. Anm. 6; zum Bruder Paul Yorck s.u.) zunächst an das Neuluthertum des 19. Jahrhunderts denken, bei dem der Begriff jedoch immer wieder nur in peripher-lockerem, nicht streng-terminologischem Gebrauch vorkommt (Stahl, Harleß); hier, im Neuluthertum, stammt dieser Begriff der „göttlichen Ordnung" allerdings bezeichnenderweise nicht von Luther, sondern eher von Melanchthon. Vermutlich aber stammt jener „Trieb der göttlichen

Ordnung" bei Peter Yorck nicht aus der neu-lutherischen oder der väterlichen Tradition (bei dem nur der „Zentralbegriff" des „Amtes christlicher Obrigkeit – denn ohne Obrigkeit nur Gesellschaft [kein Staat] – wie solcher von Luther formuliert worden ist", [a.a.O., wie Anm. 6, 408] leitend ist), sondern dürfte vom Bruder Paul, der sich seit den Röhm-Morden im Juni 1934 (Schwerin, Die besten Köpfe 73f, vgl. Ringshausen, Das Beispiel 60) der Bekennenden Kirche Schlesiens in ihrem strengen Flügel (Naumburg) zurechnete, aus dessen unveröffentlichtem Aufsatz „Das Bild des abendländischen Staates" aus dem Jahre 1939 übernommen sein, der die Auseinandersetzung mit dem „totalen Staat" der NS-Herrschaft, die den ganzen Menschen will, als zentrales Thema hat und die Basis für Auseinandersetzung und Kritik sucht; es ist eben der Aufsatz, den Yorck in das beginnende Gespräch mit Moltke einführt (abgedruckt bei Ringshausen, Das Beispiel 80ff). In diesem fast hochkatholisch-konfessionellen Text erscheint der Begriff der „göttlichen Ordnung", die „ewig gültig in der Offenbarung gegeben ist", wie auch (im gleichen Kontext, wenige Zeilen später) der Begriff des „Freiheits*triebes*", der „als ein Element dem Wesen der Person" angehört und „mit ihr an der Ewigkeit" teilhat (81; die Kirche zeugt „von dem göttlichen ordo" (87) und von den „geheiligten staatlichen Ordnungen" (90), das Recht Gottes ist ein „Absolutum" (84), die göttliche Forderung steht über den Staaten und der Staat steht nicht außerhalb des Sittengesetzes (85). Das Mittelalter ist hier ausdrücklich die Idealzeit (82); sie ist eine Zeit der „Sehnsucht" nach der „göttlichen Ordnung" (87) und des „grandiosen Versuches der Scholastik", eine Lebensordnung voll des Heiligen Geistes zu schaffen und vom „göttlichen ordo" zu zeugen (87), während die neuzeitliche Aufklärung (samt Renaissance und Reformation), ihre Wissenschaft (88f), ihr Rousseau'sches (individualistisches) Menschenbild und ihr Verständnis vom Staat als Verein und im Mehrheitsdenken der Demokratie als Abfall erscheint (82.86f. 89f). In einem fast gleichzeitigen Text (abgedruckt Yorck, Besinnung 39ff) hat Paul Yorck diese manifeste Katholizismus-Neigung mit dem fast vollständigen Fehlen eines Kirchen- und Sakramentsbegriffs im Protestantismus erklärt, weswegen dieser keine eigentliche Kirche sei und kein wirkliches Recht auf Trennung von der katholischen Kirche habe; noch in seinen Texten nach dem Kriege hält er an dem katholisch-naturrechtlichen ordo-Begriff, in dem die Macht (im mittelalterlichen „Reich") transzendent verankert und geheiligt war, für seine Gegenwartsdiagnose fest. Anders als Peter Yorck bezeugt Paul Yorck ausdrücklich, dass in seinen mittleren Jahren das (konfessionalistische) Denken seines Großvaters (s.o. Anm. 6) Einfluss auf ihn gewonnen habe (Yorck, Besinnung 8).– Da in jenem Text von 1939 der Begriff der „göttlichen Ordnung" zentral gegeben ist, während er im gesamten Umkreis der Schlesischen Bekennenden Kirche, namentlich auch in deren bruderrätlicher Observanz, nicht belegt ist, hier vielmehr immer nur der aus CA 28 entlehnte Begriff des „göttlichen (und menschlichen) Rechts" benutzt wird (vgl. die beiden Monographien über den schlesischen Kirchenkampf von Ehrenforth 1968 und Hornig 1977 passim), kommt für diesen Begriff in den Kreisauer Papieren als Quelle nur der Text Paul Yorcks und dessen massiver Mittelalter-Neigung in Frage; sie gab ihm das Fundament seiner Widerstandsbegründung (über eben diese Mittelalter-Neigung im Geschichtsbild des Kreisauer Kreise s.u. Anm. 53). Peter Yorck hat diesen Kirchenkampftext, in dem sich vielfache (speziell neuzeitkritische) Übereinstimmungen mit dem o.g. Aufsatz des Vaters finden, in unmittelbarer zeitlicher Nähe zur Einführung des Begriffs in die Kreisauer Gespräche versuchsweise an Moltke gesandt, der ihn wegen seiner Konsistenz „auf das Lebhafteste" interessant fand, jedoch als „Romantik" ablehnte, weil er „einen Zustand herstellen" möchte, „wie er vor der Reformation und vor dem Zeitalter der Aufklärung möglich gewesen wäre. Die darin verkündeten Wahrheiten sind ewig – für den Einzelmenschen, aber historisch überlebt für die Gemeinschaft, die mit Souveränität ausgestattet ist" (vRNW 487). Peter Yorck hat im weiteren auf diesem Text seines Bruders im Briefwechsel mit Moltke nicht bestanden und auf ihn nicht weiter Bezug genommen (das Gespräch über den Begriff der „göttlichen Ordnung" wurde mündlich weitergeführt: vRNW 485.486), Yorck musste jedoch doch irgendeinen theologischen Kern (wie den der „göttlichen Ordnung" und andere Elemente) in ihm gesehen haben, der es ihm wichtig genug erscheinen ließ, den Text Moltke nahe bringen zu wollen. Von hier übernahm er jenen merkwürdig herausragenden Zentralbegriff. Der dennoch erhebliche Abstand Peter Yorcks zu den Texten des Vaters wie zu dem des Bruders macht aber auch verständlich, warum Peter Yorck – im Unterschied zu seinem Bruder – nicht Mitglied in der BK wurde (vgl. unten Anm. 57), wie auch Yorck nicht Mitglied in Kreisau wurde. Wie immer man also den ungeschichtlichen Begriff der invariablen „göttlichen Ordnung" bei ihm – vor den verschiedenen denkbaren Hintergründen – zu verstehen hat, er zeigt jedenfalls, wie sehr in Yorcks persönlich-nationalkonservativer Orientierung religiöse Traditionen und Motive nicht nur latent im Hintergrunde, sondern aktiv und bewusst in Gültigkeit und Wirkung standen. Wie der Begriff in den Kreisauer Papieren später aufzufassen ist und welchen (naturrechtlichen und katholischen) Deutungen der Mitglieder er zugänglich war, bleibt dabei noch ganz offen. – Moltkes zunächst ablehnende Einschätzung des theologischen Faktors im Staatsbegriff: vRNW 487.

[10] Der Begriff der natürlichen Ordnung ist hier bei Moltke kein implizit theologischer, der katholischen Naturrechtstradition entlehnter oder nahestehender Begriff; vielmehr soll er gerade den theologisch aufgeladenen Begriff der „göttlichen Ordnung" zurückweisen und ersetzen; zu keinem Zeitpunkt also hat Moltke das katholische Naturrecht „aufgegriffen" (gegen Ringshausen, Widerstand 376), vgl. Anm. 58. – In dieser ersten Phase der Gespräche brachte v.d. Gablentz, ein Michaelsbruder, deutliche theologische Akzente ein, die sich aber im Weiteren verloren, je mehr er zurücktrat, als „rasend stur" empfunden wurde (BaFr 275.424) und ausschied.

[11] Wenn der (oder irgendein bestimmter) Glaube auch kein Staatsziel oder -inhalt ist, so muss doch die staatliche Garantie der Institution und des Ortes, an dem der Glaube – welcher auch immer es sei – wachsen kann, als Religionsfreiheit ein Staatsziel und -inhalt sein. Auch sozialethisch wäre daher – z. B. im Blick auf Freiheit (die Moltke selbst als Staatsziel einführt!) und Gerechtigkeit (für die er sich gegenüber Schulenburg verwettet hatte, vgl. vRNW 480) – über den Staat doch mehr zu sagen, als dass er ohne Gebot und Ethik in seinen eigenen grundgesetzlichen Präambeln vorzustellen wäre. Moltke hat die Aporie unter der Voraussetzung klarer Staatskirchentrennung im Juli 1940 genau beschrieben: „Da eine Staatskirche, eine vom Staat abhängige Kirche und eine den Staat dominierende Kirche, gleich unmögliche Gestaltungen sind, zugleich aber der Moralkodex im Staate und vornehmlich der [der] Staatsdiener in Übereinstimmung mit der christlichen Morallehre gehalten werden muss, steht man vor einem Dilemma, welches nach einer protestantischen Klärung [also einer Staatskirchentrennung] drängen wird" (vRNW 588). Diese im Wesentlichen religionsausblendende Staatsauffassung Moltkes ist zu Recht später in der Präambel der Kreisauer Entwürfe, allerdings auf problematische Weise, korrigiert worden (s.u.).

[12] „Revolution, nicht Staatsstreich": BrKrKr 276. Noch in seinem allerletzten Brief preist Moltke Gottes Führung: „In dem Augenblick, in dem die Gefahr bestand, dass ich in

aktive Putschvorbereitungen hineingezogen wurde – Stauffenberg kam am Abend des 19. [Januar 1944, an dem Moltke verhaftet wurde] zu Peter Yorck –, wurde ich rausgenommen, damit ich frei von jedem Zusammenhang mit der Gewaltanwendung bin und bleibe" (BraFr 623); vgl. Fr. v. Moltke: Anfang August 1944 „hat mir Helmuth gesagt, dass er nicht hinter dem 20. Juli stehe" (Mut d. Herzens 135); ebenso Moltke, Kreisauerin 64, und Poelchau, Letzte Stunden 106. Zunächst waren auch Beck, Goerdeler, Witzleben u. a. gegen, erst später für ein Attentat: Schwerin, Die Jungen 143.147. Natürlich hätte Moltke sich nach Attentat und Umsturz der weiteren Mitwirkung nicht entzogen und sich dem Attentat nur nicht widersetzt, wie seine Frau in einem späteren Interview präzise vermutet: „Dennoch hätte er sich – davon bin ich überzeugt – der Mehrheit nicht *widersetzt*, wenn er frei und bei den Gesprächen zur Vorbereitung des Attentats beteiligt gewesen wäre" (Mut d. Herzens 137), aber seine Grundlinie war die Ablehnung des Attentats, an der er bis zum Schluss festhielt, weil er die Reflexion der Folgen in den Vordergrund stellte (auch wenn er im Gespräch mit Berggrav diese Möglichkeit erwog und persönlich akzeptierte). War Moltke auch klar gegen das Attentat, so war er nicht durchweg, wenngleich hierin mit Schwankungen, gegen einen Staatsstreich (unter „Zernierung" Hitlers), z. B. MBF 155f. 164. 207.211.357 A.8 und BrKrBegeg 228f; zu den Schwankungen: Schwerin, Die besten Köpfe 184ff.229f.318. Daher immer wieder seine Kontaktaufnahmen mit Militärs, deren Hilfe für eine Staatsstreich unerlässlich war. Auch die Tatsache, dass Moltke zunehmend die Passivität der Generalität beklagte, zeigt seine diesbezüglichen Erwartungen und Einverständnisse. Sosehr aus heutigen Gesichtspunkten Moltkes Offenheit für das Attentat erwünscht scheint, so deutlich ist doch in fast allen Stadien seiner damaligen Entwicklungen, dass er dem Attentat widersprach und sich an seiner Vorbereitung nicht beteiligen wollte (noch nach dem 20.7.: „Wir werden es nicht schaffen", Mut d. Herzens 132, vgl. 136). Auch Brakelmann (BrBegeg 368f) oder Hoffmann (Hoffmann, Stauffenberg 324: unter Stauffenbergs Einfluss) vermuten zuletzt eine Annäherung Moltkes an Stauffenberg – kaum überzeugend; auch das letzte Gespräch mit Gerstenmaier (Streit u. Friede 180, Kreisauer Kreis 231ff) spricht keineswegs für eine Wende Moltkes in diesem Punkte, sondern nur für eine bestimmte Stimmung vor der Hinrichtung, in der Moltke keinen Dissens im Blick auf Vergangenes mehr thematisieren wollte; das ganze Thema ausgezeichnet erwogen in MBF 291–294. Moltke war hierin mit sich völlig klar und eins, mitten in einer immer wieder schwankenden Umgebung: Im Januar 1943 fühlt Moltke sich nur mit Mierendorff und Steltzer in dieser Frage einig; schließlich bejahten auch Haeften und Yorck, die lange dagegen gewesen waren, das Attentat (BraFr 454–458). Yorcks ursprüngliche Position wie die Moltkes: man müsse „die militärische Entwicklung *ausreifen* lassen und *für den Zusammenbruch die Plattform eines neuen Systems vorbereiten* (Spiegelbild 1, 257). Seine Gewissensbedenken zuletzt ausgeräumt: Gerstenmaier, Streit und Friede 180; lt. Marion Yorck (Stille 156) verstärkte sich Yorcks Bereitschaft zum Attentat speziell nach der Verhaftung von Reichwein und Leber (Juni 1944). Sein Versprechen zur Mitwirkung an Stauffenberg hatte Yorck schon zu Weihnachten 1943 gegeben (MY Stille 68, Mut des Herzens 216), jedoch bezog sich diese erste Zusage nach Yorcks ausdrücklichem Bekunden noch *nicht* auf das Attentat: „Die Zurverfügungstellung bezog sich nicht auf das Attentat" (BrKrBegeg 268) – es ist dieser Eid, durch den sich Yorck, wie er vor Freisler bekannte, sich gebunden fühlte (MY Stille 158). Bereits am Abend nach Moltkes Verhaftung (Januar 1944) sucht Stauffenberg Yorck auf: BrBiogr 313. – Zu Haeften, der noch im Januar 1944 seinen Bruder vom Attentat abhielt, schließlich zustimmt, aber im Abschiedsbrief an seine Frau diese Entscheidung als Schuld und Versagen im Blick auf eine politische Lösung ansieht: B. v. Haeften, Nichts Schriftliches 81– 83; Mut d. Herzens 272.273, vgl. Heimgesucht bei Nacht 241f); auch Gerstenmaier, Trott und Delp drängen zur Tat (MBF 140.289).

[13] Diese ganze Tätigkeit Moltkes ist dokumentiert in Moltke, Völkerrecht. Engagement im November 1941(kurz vor der Wannsee-Konferenz im Januar 1942): BraFr 313ff.

[14] Vgl. Steltzer, Zeitgenosse 299: „Sobald die freie Zustimmung aller beteiligten Völker gewährleistet ist, muss den Trägern dieser Ordnung das Recht zustehen, auch von jedem einzelnen Gehorsam, Ehrfurcht, notfalls auch den Einsatz von Leben und Eigentum für die höchste politische Autorität der Völkergemeinschaft zu fordern."

[15] Die drei Ehrfurchten: BraFr 198. Eindrücklich über die menschliche Bedeutung von Landschaft und Jahresrhythmus: M. Dönhoff, Ehre 65.68. Zu Trotts hingebungsvoller Beziehung zur Natur: Cl. v. Trott, A. v. Trott 73. 92.192.209.213.230.

[16] Die betreffenden Passagen (vgl. Bleistein, Dossier 47ff) tendieren gerade nicht zu einer Reagrarisierung Deutschlands, nur dass der Landbevölkerung – damals angesichts der großen agrarischen Anteile Deutschlands völlig zu Recht und nachvollziehbar – eine angemessene Bedeutung beigemessen wird (vRNW 521.522, vgl. BrKrKr 338); auch für sie wird (im Sinne der „kleinen Gemeinschaften", s.u.) Mitbeteiligung und Selbstverwaltung gefordert (Bleistein, Dossier 48). Dazu ist Moltkes Bewusstsein, durch seine Entwicklung jenseits großgrundbesitzlicher Interessen gestellt zu sein, zu beachten (BraFr 623); keine politische Befangenheit, kein ideologisch verbrämtes Interesse spiegelt sich in dieser Liebe zu Land und Natur.

[17] Dass tatsächlich die Erinnerung an Tauroggen 1813 eine Rolle in der aktuellen Diskussion (z. B. um Öffnung der Westfront für die Alliierten) spielte: vgl. vRNW 584 oder E. Jung, Die „Yorcks" von heute. Flugblatt aus Deutschlands Erneuerung. München/Lehmann 1918.

[18] Zitate Moltke: BrKrKr 197.271. Die Fokussierung auf das wiederherzustellende Bild des Menschen hat seine erstaunliche Parallele in Texten Paul Yorcks (Ringshausen, Das Beispiel 86 und die wenig späteren Zitate ebd. 77f. – H. Mommsen (Schmädecke/Steinbach 574, vgl. 572f) hat die deutliche Besonderheit und Andersartigkeit der Kreisauer im Ausgangspunkt ihres Konzepts gegenüber den sonstigen national-konservativen Motivbündeln klar gesehen: „Anders verhielt sich dies bei den Vorstellungen des Kreisauer Kreises, die ursprünglich das innere ‚Ausbrennen' des nationalsozialistischen Regimes zur Voraussetzung hatten. Die hier konzipierte Revolution war das gerade Gegenteil der Regenerierung des deutschen nationalen Machtstaates ... Bei aller Herausstellung der utopischen Bestandteile des Kreisauer politischen Denkens ist diese durch Moltke und Yorck frühzeitig entwickelte Einschätzung der im nationalsozialistischen Herrschaftssystem zum Durchbruch gelangten Triebkräfte bis heute gültig, wenngleich nicht immer hinreichend erkannt" (vgl. zu Mommsen noch unten Anm. 35 und 36). Unklar und unpassend erscheint daher, dass Mommsen dennoch den gesamten bürgerlichen (nicht-militärischen) Widerstand (also auch die Kreisauer) unter den Begriff des „nationalkonservativen Widerstands" subsummieren möchte, der (lt. seiner eigenen Beschreibung!) den bejahten Aufbruch von 1933 nur von seinen Verunreinigungen entschlacken und zu einem wirklich autoritären Führerstaat „reinigen" wollte und auch damit erst seit 1937 einsetzte (ebd. 570.588f; vgl. auch Mommsens differenzierende Überlegungen in: Karpen/Schott, Kreisauer Kreis 21f). Eben dies trifft für die Kreisauer und ihre Konzepte, denen auch Yorck

sich völlig einfügte, schlechterdings nicht zu. Aus eben diesen Gründen konnte und kann Schulenburg schwerlich zur Gruppe der Kreisauer gerechnet werden, sosehr Moltke immer wieder versuchte, ihn (strategisch) einzubinden (BaFr 435. 441), typischerweise gelang es nicht (MBF 200), so viel Schulenburg für den Kontakt der Kreisauer zu Goerdeler und zu deren Vernetzung mit dem militärischen Widerstand bedeutet hat. Entsprechend hielt Schulenburg in einer Wette mit Moltke (noch im Sommer 1940!) die Aussicht fest, in 10 Jahren werde *mit* dem NS ein gerechter Staat realisiert sein; Moltke traute eben dies dem NS-Staat nicht zu (vRNW 480). Das war die Differenz! Der Obertitel „nationalkonservativer Widerstand" dürfte daher – gerade auch im Blick auf das, was Mommsen selber über die Kreisauer sagt – für die Kreisauer bestenfalls in minimalen Nuancen, z. B. in den nur eben anklingenden berufsständischen Kategorien (nie aber im Blick auf ständische Interessen!), stimmen (s.u.). Es gab, z. B. durch Yorck, solche Komponenten im Kreisauer Kreise, aber durch die prägende Kraft Moltkes blieben sie untergeordnet. Wie der eindrucksvolle Widerstand aus nationalkonservativem Geist aussah, kann man am oben (Anm. 7) bereits genannten „Grafenkreis" studieren, zu dem Schulenburg, Schwerin, York, Kessel u. a. gehörten, vgl. Kessel, Verborgene Saat, oder Schwerin, Die besten Köpfe.

[19] Auch im Kreise von Goerdeler/v. Hassel/Popitz u. a. wusste man, dass man zunächst ganz theoretisch beginnen musste: Hassel-TB 161. – Das Gespräch beider Gruppen im Januar 1943: Hassel-TB 347 und BraFr 450f; Goerdeler „Reaktionär", „unmodern", „alte Methoden": Hassel-TB 257.273.277.289.294.415; verschiedene Deutungen des Begriffs „reaktionär" bei v. Hassel: ebd. 579f; Gesprächskontakte mit den Kreisauern vorher und nachher: ebd. 289–291.305.340. 348.356.384.400; v. Hasssel von den Kreisauern noch am ehesten anerkannt: ebd. 290. 384; v. Hassel kritisch über Goerdeler: 109.207.257.277.345.356.400.415.421.423.– Im Frühjahr, Sommer und Spätjahr 1943 löste das Verhältnis zu dieser „Gruppe" eine Krise bei den Kreisauern aus (Moltke meinte zu sehen, „dass ich von Anfang an eine allein dastehende Linie vertrat"), doch es ging, allerdings nur menschlich gesehen, gut aus (BraFr 454.456.519.526.563), Leber und Leuschner verließen den Kreis, dem sie nicht wirklich angehört hatten, und wechselten zu Goerdeler.– Weil die bürgerliche Weltanschauung sich für die meisten Kreisauer als Kern des zu überwindenden Zeitalters erwiesen hatte, wurden in Kreisau bewusst Arbeiter und Kirchen als die grundlegenden Kräfte des Neuen gesehen und gesucht, vgl. Steltzer, Zeitgenosse 151.155. 160.161; ebd. 289 das Bewusstsein: „Und wir sind auf Grund unserer Arbeit und Kenntnis der deutschen Verhältnisse der Überzeugung, dass es außer uns keinen auf vom Hitlerismus unabhängige Gruppen gestützten Kreis gibt, der in der Lage wäre, *alle* aufbauwilligen Kräfte zusammenzufassen." Dass die Kirchen selbst in erheblichem Ausmaß, auch religiös und theologisch, „bürgerliche" Institutionen geworden waren (nicht nur durch ihr Versagen vor der sozialen Frage und der Arbeiterklasse im 19. Jahrhundert) und dass das Bürgertum als Kraft wie als Problem auf Dauer weder politisch noch religiös ausklammerbar war, sollte sich nach dem Kriege zeigen. Die Perspektive auf dieses Problem fehlt bei den Kreisauern ganz, war allerdings auch nicht ihre Aufgabe.

[20] Auch nur das Spiel mit dem Gedanken, den Hohenzollern-Kronprinzen oder seinen Sohn in das Kalkül der künftigen Politik einzubeziehen (vgl. Gerstenmaier, Streit und Friede 172; Hassel-TB 220.289.290 u.ö.), wäre bei den Kreisauern undenkbar gewesen (vgl. das Thema Monarchie in Moltkes Gespräch mit Yorck und Guttenberg: BraFr 337f), bei ansonsten in vielem durchaus kompatiblen Grundanliegen und Plänen; v.

Hassel z. B. strebte nach einem Volks- und christlichen Sozialstaat mit Lenkung durch Berufsstände und Selbstverwaltungskörperschaften, nicht unähnlich den Kreisauern. Guter Vergleich Kreisau/Goerdeler-Gruppe: MBF 205ff, vRNW 267ff sowie insgesamt BrBiogr 234ff, auch Moltke, Vorstellungen 211ff. – Die wachsende Enttäuschung über das Nichteingreifen der Generäle seit 1938 war auch im Kreisauer Kreis deutlich; dass für diese letztlich unpolitische Haltung der Generäle die (in der Weimarer Zeit gewollte!) Prägung durch Seeckt entscheidend war, der die Reichswehr gerade zur (damals erwünschten!) Enthaltsamkeit in politischen Fragen hatte führen müssen, hat sicher nicht nur Steltzer gesehen (Zeitgenosse 151.322). – Krise für Kreisau im Spätjahr 1943: BrKrBegeg 360ff. Wie stark der gegenseitige Antagonismus auf beiden Seiten war; dass Moltke vor Goerdeler warnte und auf Goerdelers Seite Jakob Kaiser sagen konnte „wer bei Graf Moltke sei, sei gegen Goerdeler", s. Delp IV 345–347; Hassel kritisch über Moltke: 347 (pazifistisch), 418 (unrealpolitisch). 420 („angelsächsische Psychose"); Stauffenberg möchte keine „Revolution der Greise" (analog war Moltke gegen eine Regierung der Exzellenzen!) und möchte daher Goerdeler als Kanzler gegen Leber austauschen, entsprechend Goerdeler gegen Stauffenberg (Schwerin, Die besten Köpfe 290.357f).

21 Man vgl. nur Lebers Satz „Um zum Umsturz zu kommen, würde ich mit dem Teufel paktieren. Was danach kommt, regelt sich von selbst ..." (K. D. Bracher, Julius Leber, in: Graml, Widerstand 238ff, hier 242), um die letztliche Nichtkompatibilität Lebers mit Moltkes und Yorcks Intention zu erkennen.

22 Auseinandersetzung mit Sinnlosem geradezu als Bedingung des Handelns: „Die Erkenntnis, dass das, was ich tue, sinnlos ist, hindert mich nicht, es zu tun, weil ich viel fester als früher davon überzeugt bin, dass nur das, was man in der Erkenntnis der Sinnlosigkeit allen Handelns tut, überhaupt einen Sinn hat" (BraFr 300), ähnlich MBF 176; „Hoffnung ist nicht mein Metier" (BrBiogr 333, MBF 299).

23 Sehr präzise, kritische Erwägungen hierzu: MBF 238.240.248. – Welches der Hintergrund der Vorstellung von den „kleinen Gemeinschaften" (BrKrKr 111) bei Moltke war, der um diese Zeit, als er diesen Kerntext der Kreisauer (1939/40) verfasste, noch ganz auf liberalen Linien dachte, war, ist derzeit nicht auszumachen; vermutlich spielen hier die Jahre der Beschäftigung mit den schlesischen Verhältnissen wie auch entsprechend die Verhandlungen in den Löwenberger Arbeitslagern mit dem Vorbild Rosenstock-Huessys und die heraus resultierenden Texte eine Rolle (s. Moltke, Vorstellungen 94.99.101.256), bei Moltke selber sicher die beiden katholischen Sozialenzykliken, die er bei Kriegsbeginn gelesen hatte, speziell die „kleineren Gemeinwesen", die zwischen Staat und Individuum eine Brücke bilden, in Quadragesimo anno n. 78ff; jedenfalls steht keinerlei „organisches" Denken der Weimarer Nationalkonservativen bei ihm im Hintergrund. Aus welchen Motiven andere Kreisauer ihm zustimmten, ist dann eine weitere Frage. Bei Peter Yorck dürfte es sich – mindestens *auch* – um eine Mischung aus den berufsständischen Motiven des Vaters (s. oben Anm. 6), den Beziehungen seines Großvaters zu O. v. Giercke und seinem Genossenschaftsrecht (vgl. Gründer, Philosophie des Grafen Paul Yorck 273), die beide im Familienerbe bereitlagen, und seiner eigenen, gebrochen nationalkonservativen Nähe im sog. „Grafenkreis" (s. oben Anm. 7) handeln. Auch andere, katholisch-sozialethische, Vorstellungen wurden vom Gesprächsnetz der Kreisauer aufgesogen und verarbeitet, wurden aber in ihren Abschlusstexten nicht dominant (wohl in einigen Vorbereitungstexten, s. Bleistein, Dossier).

24 So Steltzer, Zeitgenosse 107.160–162.151.155; die bürgerliche Welt überholt: ebd.

151.160f; Parteien abgelehnt: MBF 239, ebenso Gerstenmaier, Kreisauer Kreis 239f; Zitat Dönhoff, in: Karpen/Schott, Kreisauer Kreis 29 (Dikussionsteil), vgl. M. Dönhoff, Demokratie damals kein verlockendes Stichwort: Dönhoff, Ehre 182, vgl. BrBiogr 192.197.230.302; sehr deutlich Kessel, Verborgene Saat 63.235f.238. Über die verbreitete Ablehnung der Parteien – da der NS und die NSDAP nicht als Gegenteil, sondern als Konsequenz des Parteiensystems angesehen wurden – vgl. eindrücklich H. Mommsen, Verfassungs- und Verwaltungsreformpläne der Widerstandsgruppen des 20. Juli 1944, in: Schmädeke/Steinbach 570ff, hier 580, vgl. ders. in: Karpen/Schott, Kreisauer Kreis 22: „Es ist begreiflich, dass 1935 das parlamentarische System in weiten Teilen des Kontinents erledigt schien, und man nach Alternativen suchen musste." Entsprechend kommt in den Grundsatzpapieren der Kreisauer der Begriff „Demokratie" überhaupt nicht vor, und wenn, dann nur in persönlichen Papieren einzelner Mitglieder und in engster Kombination („echte Demokratie") mit ständischen und berufsständischen Strukturassoziationen. Selbst die Sozialdemokraten des Kreises, die an der Demokratie in den 1920er Jahren hingen (vgl. BrKrBegeg 328ff), brachten ihn nicht hinein. Eindrücklich über diese Konstellation und die vorgestellte Alternative zu den Weimarer Parteien: Gerstenmaier, Streit und Friede 161, und ders., Kreisauer Kreis 241.

25 Moltke: „Ich bin der Überzeugung, dass die Wirtschaft und ihre Ordnung kein geringeres Mittel zur Erkenntnis der göttlichen Weltordnung sind als die Geistesbildung", weil sie wie Erziehung und Bildung des Geistes eine „Ermöglichung des gläubigen Menschen" [also Bedingung der Möglichkeit!] sei (vRNW 495) – hier benutzt Moltke selber, ein einziges Mal, den von ihm abgelehnten Yorck'schen Begriff der „göttlichen Ordnung", um Yorck, an den dieser Brief gerichtet ist, mit seinem Begriff die gleichrangig-fundamentale Wichtigkeit der Wirtschaftsordnung eindrücklich zu machen; die Aufgabe der Wirtschaftsordnung ist es nach Auffassung des Kreises, „dienend Gottes Willen an umfassenden Gestaltungen zu verwirklichen" (vRNW 526). Bis in das Konzept der internationalen Regelungen hinein haben die Kreisauer diese Vorstellungen (und daher die Kritik eines radikalen Freihandelskonzepts) verfolgt (BrChrWi 221f).

26 Unter den Kreisauern hat sich nur Trott gegen die explizit als „christlich" benannte Staatsgrundlage gewandt, er wollte sie nur im Geiste der Verfassung *inhaltlich* gewahrt sehen, konnte sich aber nicht durchsetzen (Cl. v. Trott, A. v. Trott 173.179). Zu seiner Position vgl. unten Anm. 51. – Wie stark diese kulturpolitische Note in den Kreisauer Entwürfen ist, wird noch einmal ganz deutlich, wenn man im Vergleich beachtet, dass z. B. in den Entwürfen um Hassel und Popitz (Hassel-TB 449ff) dieser Akzent nur völlig am Rande (455.458) eine Rolle spielt (deutlicher, wenngleich zurückhaltend Goerdeler, vgl. Ritter, Goerdeler 414.570 und Schlabrendorff, Offiziere 95); ebenso wenig im sog. Grafenkreis (s. oben Anm. 7).

27 Stellung der Kirchen/Staatskirchentrennung/Ende Kirchensteuer: Dossier 92f.100; Wiederherstellung der Ausdrucksformen: vRNW 508–510.516.519; Kirchliche Aufgabe = Sorge für gottgesetzte Ordnungen durch Verkündigung des ius nativum und Erzeugung der Willigkeit zu diesen, aber keine direkte politische Aktion der Kirchen: Bleistein, Dossier 184ff.188.196; vRNW 542ff, vgl. die Anweisung an die Landesverweser, „vor allem" mit den Kirchen zusammenzuarbeiten: vRNW 568f sowie das Erziehungs- und Schulkonzept ebd. 565f, vgl. Steltzer, Zeitgenosse 317f. Die Freiheit wird desto größer sein, je mehr das öffentliche Leben christlich gestaltet ist, denn den Dämonien der Vermassung, Bindungs- und Verantwortungslosigkeit kann nur eine

soziale christliche Ordnung der Partizipation und Mitverantwortung und christliche Persönlichkeitsbildung standhalten: vRNW 581f. – Zum Thema Staatskirchentrennung gab es verschiedene Stellungen (v. Klemperer sieht Moltke, Haeften und Trott für Staatskirchentrennung, Yorck und Gerstenmaier dagegen, in: Graml, Widerstand 152; auch Mierendorff für christlichen Staat: Spiegelbild 390) und verschiedene Interpretationen. Delp: „Religionsfreiheit auf dem Boden einer nicht zu unterbietenden Mindesthaltung, vielleicht der deistischen Konzeption" (BrKrKr 226); Steltzer, Zeitgenosse 290, sieht die Staatskirchentrennung in den Kreisauer Konzepten gemeint, aber sein bereits genannter Text in BrKrKr 205ff ist erkennbar eine private Stellungnahme, nicht Meinung der Kreisauer insgesamt. Der ursprüngliche Vorschlag der Aufhebung der Kirchensteuer (Gablentz: vRNW 489, Steltzer: BrKrKr 208) findet sich in den Kreisauer Vorstellungen nicht mehr; die konservativen Tendenzen haben sich durchgesetzt; die Frage „Bekenntnisschule oder christliche Gemeinschaftsschule" blieb unentschieden (Gerstenmaier, Kreisauer Kreis 229). Für die Nachkriegszeit erwarteten kundige Personen im Widerstand durchaus offensive Forderungen der katholischen Kirche (Schwerin, Die besten Köpfe 451f); diese meldeten sich bereits hier. – Unter diesen Gesichtspunkten müssten die Meinungen der verschiedenen Kreisauer Mitglieder noch einmal genau durchuntersucht werden. Bis zur endgültigen Klärung schlagen Delp/König „Wohlwollende Trennung von Staat und Kirche" vor (Br KrKr 236) – als Überschrift der faktischen Dominanz der Kirchen und des Christentums. – Nicht monopolartig: vRNW 519, vgl. Steltzer, Zeitgenosse 290. – Die staatskirchenrechtliche Stellung anderer Religionsgemeinschaften wird künftiger Klärung überlassen: vRNW 565.

[28] „Göttliche Ordnung" in Präambel: vRNW 561; Göttliche Ordnung bei Yorck: vRNW 483; Staat nur mit christlichem Fundament: MY Stille 156; „christliche soziale Ordnung": im letzten Kreisauer Text BrKrKr 323; die analogen katholischen Formulierungen: Göttliche Setzungen, göttliche Herrenrechte in: BrKrKr 222.296. 298.302.307 oder vRNW 197 (natürliches und göttliches Recht). A. v. Kessel hat tatsächlich auf ein problematisches Element den Finger gelegt und ein Quäntchen Wahrheit getroffen, wenn er für sich und einige widersprechende Freunde (vgl. analog Schwerin unten Anm. 60) zu sehen meint, dass Moltke und Yorck „periodenweise" „durch Erweiterung der Machtsphäre der Kirchen und Übernahme christlicher Institutionen und Prinzipien in das politische Leben eine Art Gottesstaat schaffen" wollten (Kessel, Verborgene Saat 210), den Kern der Kreisauer Intentionen jedoch hat er verkannt; dass auch Trott sich gegen die Benennung der gesuchten Staatsgrundlagen als „christlich" wandte, sahen wir (Anm. 26). – Dass diese Tendenz bei Yorck dem „politischen Luthertum", welches zunächst keine und gegen Ende des 19. Jahrhunderts nur eine sehr begrenzte Staatskirchentrennung vorsah, wie auch dem entsprechenden Staatsverständnis in seiner Familie entstammte, wurde bereits oben festgestellt (anders der Begriff der „göttlichen Ordnung", der aus mittelalterlichen Quellen vom Bruder Paul Yorck stammt, s.o. Anm. 9). Hier hat Moltke also den Einfluss der lutherisch-konservativen und der katholischen Staats- und Soziallehre im Druck und Drang der Verhandlungen und unter dem Eindruck seiner eigenen Konversion (s. weiter im Text) ungebremst zugelassen, obwohl er selber noch in den Verhören sich deutlich anders – und genuin protestantisch – geäußert hat (s. nächste Anmerkung). In der Vorstellung der „göttlichen Ordnungen" spiegelt sich eine problematische, auch sonst immer wieder zu beobachtende Neigung zum konservativen Protestantismus und Katholizismus im Kreise, selbst bei Moltke und Yorck, die weiter unten

noch zu besprechen ist. Korrekt beobachtet den Dissens in dieser Frage der Ausstellungskatalog Kreisau, Portrait 111f.

[29] So hat Moltke in den Verhören der Gestapo, wenn diese Aussagen nicht seiner Verhandlungsstrategie entsprungen sind (wofür es an dieser Stelle keinen Grund gibt), noch immer oder wieder die klassisch protestantisch-liberale Auffassung festgehalten und die klare Staatskirchentrennung vorausgesetzt und gefordert; er sieht sie auch in seinen Gesprächen niemals gefährdet (Spiegelbild 1, 438), vgl. aber oben Anm. 27. – Moltkes Wendung zu neuzeitkritischer Einstellung mit massiver Mittelalter-Neigung: s.u. Anm. 55.

[30] Die Inanspruchnahme des Religiösen Sozialismus' Tillichs für die Kreisauer, wie sie sich wiederholt in der Literatur findet (vRNW 35ff oder Moltke, Vorstellungen 107ff), bleibt daher zu pauschal. Natürlich war z. B. die Koordination von Christentum und Sozialismus – entgegen z. B. ihrer Entgegensetzung in der offiziellen katholischen Soziallehre, aber auch entgegen dem Hauptstrom protestantischen Denkens – für Moltke, Haubach, Mierendorf, Reichwein wie auch für die katholischen Mitglieder, speziell Delp, eine zentrale Voraussetzung im Kreisauer Denken; und dass die Gestaltung von Wirtschaft und Arbeit, wir zitierten es bereits, für Moltke „kein geringeres Mittel zur Erkenntnis der göttlichen Weltordnung" und für die „Bildung des Geistes im engeren Sinne" ist als „die Geistesbildung" (vRNW 495), gehört zu den genuinen Einsichten des Religiösen Sozialismus, der die Möglichkeit einer „sinnerfüllten Gesellschaft" anstrebte; darin kann man eine Wirkung Tillichs bei etlichen Kreisauern, nicht allerdings bei Moltke selbst, sehen. Aber Tillich verstand und bejahte darüber hinaus sehr genau, dass Proletarier mit der bürgerlichen Kirche nichts zu tun haben und in ihnen keine Heimat finden wollten. Von den hieraus notwendigerweise sich ergebenden erheblichen theologischen Revisionen im Verständnis des christlichen Glaubens und seiner Theologie selbst findet sich in Kreisau (allenfalls bei Haubach) nichts. Die „Neuen Blätter für Sozialismus" (seit 1930), zu denen einige Kreisauer in Beziehung standen, waren – im Unterschied zu den früheren „Blättern für Religiösen Sozialismus" (bis 1926) – fast nur noch mit politischen Themen, kaum mit eigentlich theologischen Erörterungen und Aspekten des Religiösen Sozialismus beschäftigt. Daher, und vielleicht auch wegen des inzwischen langen Zeitabstandes der Tillich'schen Einwirkung, die unspezifische und letztlich vordergründige Art der Rezeption Tillichs in Kreisau. Speziell auch in Poelchaus theologischer Sprache findet sich keinerlei Tillich'sche Prägung. Auch O. v. d. Gablentz, mit Tillich vertraut, hat auf Denken und Texte der Kreisauer letztlich nicht eingewirkt; das gelegentliche, periphere Auftauchen des Theonomie-Begriffs besagt dagegen nichts.

[31] Marion v. Yorck: „Alle waren wir religiös bestimmt, aber das war nicht das verbindende Element wie etwa beim Widerstand der Kirchen. Das Religiöse wurde nie in Frage gestellt, es war vorhanden, wie jeder es empfand, aber es stand außerhalb des Richtungsstreits von Theologen" (Mut d. Herzens 211), und: „Die Kreisauer wollten keine Restauration. Viele von ihnen waren mit den Gedankengängen des religiösen Sozialismus und Paul Tillich vertraut" (MY Stille 154), nur wurde eben dieser frühe Einfluss Tillichs in der Zeit des Widerstands in keiner, irgend spezifischen Weise zur Geltung gebracht. Zu den theologischen Ansätzen Haubachs und Trotts s. unten Anm. 51. Auch die Radikalität der Bonhoeffer'schen theologischen Alternative in seinen Tegeler Briefen zeichnet sich hier nirgends ab (bei Bonhoeffer selbst ja auch erst in seiner allerletzten Gefängniszeit)! Eine „meist bewusste Anlehnung vorwiegend der jüngeren Generation an die Gedankengänge D. Bonhoeffers" (so v. Klemperer in

Graml, Widerstand 155) ist jedenfalls bei den Kreisauern an keiner Stelle wahrnehmbar und nachweisbar. Zwischen Moltke und Bonhoffer ist, trotz ihrer gemeinsamen Norwegen-Reise (BraFr 360ff), kein näheres Verhältnis entstanden, was um so erstaunlicher ist, als Moltke ein intensives Verhältnis zu Dohnanyi hatte und ebenfalls in der Abwehr arbeitete (BrChrWi 179ff); möglicherweise hat hier u. a. ein Misstrauen Bonhoeffers (speziell gegen Gerstenmaier als Mitglied der Kreisauer, weil dieser im Kirchlichen Außenamt unter Heckel arbeitete) eine Rolle gespielt, wofür es mehrere Indizien gibt. – Selbst mit ihren verdeckt restaurativen Tendenzen waren die Kreisauer jedoch von einer ganz anderen, unmittelbar lebendigen und fortbildungswilligen wie kirchenkritischen Christlichkeit als Goerdeler und seine Gesprächspartner, die eher konventionell christlich dachten, vgl. treffend Brakelmann in BrBiogr 237: „Die Kreisauer wollten eine Neuordnung im Sinne eines revolutionären Bruchs mit der deutschen Vergangenheit. Ihnen ging es nicht nur um die Überwindung des Nationalsozialismus, sondern auch um eine geistig-religiöse Erneuerung. Die Zeit war reif für eine Wiedergeburt des christlichen Glaubens und christlicher Ethik. Die Kreisauer Neuordnungsentwürfe standen unter dem Vorzeichen dieses geschichts- und kulturkritischen Wirklichkeitsverständnisses. Hassel und seine Freunde empfanden das als unpolitisch und irreal." Für Goerdeler und die Personen um ihn jedenfalls dürfte das Prädikat einer „Re Christianisierung" (im Sinne einer Wiederanknüpfung an ein das traditionelle Christentums- und Kirchenverständnis) genauer passen, was natürlich die persönliche Echtheit und Integrität des religiösen Bewusstseins seiner Mitglieder, wie man sie aus ihren letzten Lebensmonaten kennt (hierüber und die Krise von Goerdelers Frömmigkeit in der Haftzeit s.u. Anm. 51 und Ritter, Goerdeler 441ff), nicht in Frage stellen darf.– Eine Re-Christianisierung wurde nach 1945 in beiden Konfessionen vielfach für denkbar und nötig gehalten und weithin als Zielvorstellung angenommen, was zunächst – nach Ende der Hitler-Zeit – begreiflich und legitim wenngleich doppeldeutig und problematisch war. – Über die erstaunlichen, durchaus konservativen Bereitschaften auch Yorcks vgl. seine Deutung der Vernichtung Lübecks als Bild möglicher Erneuerung mit religiösen Konsequenzen (vRNW 86, zitiert unten S. 107f.).

[32] Christliche Schulen mit konfessionell getrenntem Religionsunterricht: vRNW 542f, BrKrKr 211.312; ursprüngliche Schulpläne: Bleistein, Dossier 112.171; Dissens der Katholiken: MBF 230.289; Dissens der Protestanten: Gerstenmaier, Kreisauer Kreis 229. Steltzers Formulierung, die öffentlichen Schulen sollen nicht grundsätzlich christlichen Charakter haben, und: es soll keinen Religionsunterricht in staatlichen Schulen geben (Zeitgenosse 208), stellen seine Intentionen dar, die sich in Kreisau nicht durchgesetzt hat, er betont aber ausdrücklich, dass es in der Frage des Religionsunterrichts Dissens im Kreise gebe (ebd. 290), vgl. vRNW 359f (Anm. 42).

[33] Theologische Fakultäten/Theologenausbildung/Kirchensteuer: Steltzer in BrKrKr 208, Bleistein, Dossier 92. 96.101.170.172; Steltzer, Zeitgenosse 310; dagegen vRNW 543 (alle klassischen Fakultäten, also auch Theologie, bleiben erhalten); Deutsche Christenschaft (vorgeschlagen von Reichwein und Poelchau: vRNW 355), je ein Bischof: Steltzer in vRNW 542ff; ihre innenpolitische Zuordnung vRNW 544; zu den Hintergründen vgl. die Feststellungen von Steltzer in BrKrKr 205ff. Je ein Bischof beider Großkirchen (v. Preysing, Wurm) sollte, wie in Aussicht genommen war, beim erhofften Ende des Krieges tatsächlich zur Verfügung stehen – natürlich ohne jede Aussicht auf verfassungsmäßige Durchsetzung dieser Struktur, wie sie die Kreisauer vorschlugen.

Über das im Vergleich mit anderen damals Ungewöhnliche der Kreisauer Entwürfe im Blick auf die Grenzen des Reichs (z. B. antizipierte Preisgabe Schlesiens u. a.) s. Schwerin, Die besten Köpfe 311f. – v. Roons Formulierung, die Kreisauer Konzepte stellten ein Bekenntnis zur „pluralistischen Demokratie" dar (in Schmädecke/ Steinbach 566), ist unzutreffend und kann allenfalls in einem völlig vordergründigen, ungenauen Sinne gelten. – Dass mehrere Kreisauer, die nach dem Kriege Mitglieder der CDU wurden (v. d. Gablentz, v. Husen, Lukaschek, Steltzer), die Entwicklung nach 1945 – gemessen an den Kreisauer Intentionen – als Restauration erlebten und bedauerten: v. Roon ebd. 568, vgl. O. H. v. d. Gablentz, Die versäumte Reform. Zur Kritik der westdeutschen Politik, Westdt. Verlag/Köln u. a. 1960. – M. v. Dönhoff berichtet von ihrem späteren Gespräch mit Gerstenmaier darüber, ob Yorck Mitglied der CDU oder der FDP geworden wäre (Dönhoff, Ehre 136). M. v. Dönhoff selber: „Ich denke, Peter Yorck wäre heute im Verhältnis zum Staat, den er schützen wollte, ein Konservativer, gegenüber den Mitbürgern ein Liberaler und gegenüber der Gesellschaft um der Gerechtigkeit willen, die ihm so viel bedeutete, ein sozialer Demokrat" (ebd. 136).

35 Die meisten Benannten von Goerdeler: MBF 231. Gerstenmaier meint, die Kreisauer hätten Kompromiss bzw. Koalition ihrer Konzepte unter Goerdeler als Reichspräsident vorausgesehen (Kreisauer Kreis 241.244).– Verhältnis der zivilen Landesverweser in Kreisau und der politischen Beauftragten bei Beck/Goerdeler s. Schwerin, Die besten Köpfe 326ff.337ff. Die Personalplanung nicht abgestimmt: Schwerin, Die besten Köpfe 343ff. – Stauffenberg lehnt Moltke deutlich ab/Stauffenbergs Umsturzaufrufe, an denen Goerdeler z. T. beteiligt war; Beck/Goerdeler Leitfiguren, alles in: Hoffmann, Stauffenberg 324.337ff.344.353; Goerdeler am Schluss nicht einmal mehr über den 20. Juli informiert: Ritter, Goerdeler 556; v. Hassel lehnt Moltke ab: Hassel-TB 347.418. 420. Auch schon bei früheren Attentatsvorbereitungen wurde für die zivile Seite Moltkes Kreis deutlich nicht beteiligt (nur Yorck und Trott, zuletzt auch Haeften persönlich), wenn die Kreisauer auch informiert waren und den Abschluss ihrer Texte daraufhin beschleunigten (Schwerin, Die besten Köpfe 307ff.311ff.326ff); zu: Kreisauer keine Ministerlisten, die militärischen Modelle ohne Landesverweser: Schwerin, Die besten Köpfe 317f. 337ff, obwohl einige Kreisauer als politische Beauftragte im militärischen Konzept vorgesehen waren, Yorck, Trott und Husen auch als Staatssekretäre (Schwerin, Die besten Köpfe 338f.345ff.389). Dennoch hält Mommsen (in: Schmädeke/Steinbach 584f) vom Konzept her die Regelungen der Kreisauer für die Umsturzphase für deutlich realistischer als die Goerdelers; sie „berücksichtigten die Eventualität, dass eine Zentralregierung nicht vorhanden sein und dass das Reichsgebiet in einzelne Zonen zerfallen werde …". Ebenso schätzt Mommsen (ebd. 590) Moltkes Vision der grundlegenden „Einkehr" und grundlegenden Wende durch Neueinsatz bei den „Kleinen Gemeinschaften" für singulär, d. h. ohne unmittelbare Parallele, und eindrucksvoll unter den diagnostischen Konzepten des Widerstands: sie sei „ebensosehr ein eigenwilliges und utopisches Konstrukt wie ein faszinierender philosophischer Ansatzpunkt zur radikalen Neubestimmung des Wesens der Politik als unverzichtbare Dimension menschlicher Existenz. Insoweit ist der Kreisauer Entwurf gegenüber dem Kriterium technischer Realisierbarkeit sakrosankt" (ähnlich Mommsen in Steinbach/Tuchel, Widerstand 260, zusammenfassend über die produktive und unüberholte, unabgegoltene Bedeutung der Kreisauer). – Ob man allerdings – aufgrund von Mierendorffs „Sozialistischer Aktion" – den Kreisauern die Intention und Integration einer demokratisch-überparteilichen Volksbewegung zu-

schreiben darf (Mommsen in Schmädeke/ Steinbach 585f), muss bezweifelt werden, da Mierendorffs Unternehmung, selbst wenn das Dokument von Moltke unter den Kreisauer Papieren aufbewahrt wurde, einen aus Ungeduld begreiflichen aktivistischen Versuch darstellte, der zu Moltkes diesbezüglicher Skepsis durchaus im Gegensatz stand, vgl. BrKr Begeg 357ff.

[36] Vgl. H. Mommsen: Vermutlich wäre im Sommer 1944 „ein völliger Zerfall der gesamtstaatlichen Autorität, eine regional unterschiedlich geprägte bürgerkriegsartige Entwicklung und ein auf die militärische Lage zurückwirkender völliger Zusammenbruch im Inneren nicht abzuwenden gewesen ...“ (in: Schmädeke/Steinbach 593). Insofern dürfte Moltkes Ablehnung des Attentats („Wir werden es nicht schaffen ...“) höchst realistisch und begründet gewesen sein, realistischer als die der Attentatsanhänger (dies gilt, auch wenn vermutlich gerade die Ansätze Moltkes und der Kreisauer – gerade wegen ihrer neuen Denkart – weniger als z. B. die des Goerdeler-Kreises – Zustimmung und Anhängerschaft gefunden hätten). Dennoch wissen wir heute, in welch ganz anderer Perspektive das aussichtslose Attentat – „coute que coute“ (Tresckow) – wichtig war: *Alle* Taten des Widerstandes gegen die Unrechtsherrschaft erhielten durch die Tat Stauffenbergs die Legitimation des Manifesten ... Auch wäre es ohne Stauffenbergs Tat nicht zu dem vielfachen persönlichen Martyrium gekommen, das den geistigen und ethischen Gehalt der Opposition und ihren existentiellen Schritt zur grundsätzlichen Antwort auf das Menschenfeindliche an sich so unübersehbar zutage gebracht hat“ (Hoffmann, Stauffenberg 453).

[37] Bedenkt man die politischen Intentionen des Goerdeler-Kreises einerseits oder die Stauffenbergs und seiner Freunde andererseits – zusammengefasst in seinem „Schwur“ für das geheime Deutschland und die deutsche Wiedergeburt, für „Recht und Gerechtigkeit“, aber eben unter Voraussetzung der Erhaltung „der naturgegebenen Ränge“ („gegen die Gleichheitslüge“) und die Führung der Nation durch Soldatentum und Offizierskorps sowie (in dieser Kombination !) die Bedeutung berufsständischer Vorstellungen (die ursprünglichen NS-Ideen waren richtig, wurden nur missbraucht, alles: P. Hoffmann, Stauffenberg 396f.451f.348f, vgl. überhaupt 322ff.333ff. 341f.448f.451; ähnliches auch sonst, abgeschwächt z. B. im Kreise um Schwerin/Kessel, vgl. Schwerin, Die besten Köpfe 266ff.447ff) –, so erkennt man in der Tat die Wichtigkeit der erheblichen Differenzen im Kreise derer, die konzeptuell im und am Widerstand arbeiteten – und die Kostbarkeit der Kreisauer Intentionen und Entwürfe.

[38] MBF 292, aber auch Yorck u. a. schon vorher versuchlich und schwankend: BraFr 454–456, vgl. 563f.566.572 („Gefahrenzone“ und „Abirrung“ im Kreise, wofür das Abbrennen der Wohnung in der Derfflingerstaße am 24. 11.43 für Moltke ein Symbol war, vgl. BraFr 519). Yorck hat, wenn die Erinnerung seiner Frau stimmt, bereits um Weihnachten 1943 (!) Stauffenberg sein Wort gegeben, zur Verfügung zu stehen (allerdings ausdrücklich noch nicht für das Attentat!), vgl. oben Anm. 12; hier zeichnen sich also auch in Yorcks Verhältnis zu Stauffenberg beachtenswerte Verschiebungen ab. Symbolisch genug besuchte Stauffenberg bereits am Abend der Verhaftung Moltkes seinen Freund und Vetter Yorck, um mit ihm Weiteres zu bereden (BraFr 623). Abschließend gilt für Moltke doch seine letzte Äußerung an seine Frau nach dem Attentat, Anfang August 1944: „hat mir Helmuth gesagt, dass er nicht hinter dem 20. Juli stehe“ (Mut d. Herzens 135); noch nach dem 20.7. „Wir werden es nicht schaffen“ (Mut d. Herzens 132, vgl. 136), vgl. oben Anm. 12. Ausgezeichnet die abschließende Erwägung der Moltke'schen Motive und Aussichten in MBF 291–294.

- Der schließliche Zerfall der Goerdeler/Stauffenberg-Konstellation durch den Widerspruch der Gewerkschafter s. Schwerin, Die besten Köpfe 358ff-367.

[39] Schwerin, Die besten Köpfe 411.

[40] Ruth C. Cohn, zitiert in: TZI. Pädagogisch-therapeutische Gruppenarbeit nach Ruth C. Cohn, hg. von C. Löhmer und R. Standhardt, Klett-Cotta/Stuttgart [3]1995, 26.

[41] Den Mut zu diesem Bewusstsein als Modellregion bestärkt eindrucksvoll J. Rifkin, Der europäische Traum. Die Vision einer leisen Supermacht, Campus/Frankfurt u. a. 2004.

[42] Ob man den Kapitalismus abschaffen oder reformieren will, hängt nur an einer Definitionsfrage: Wer unter Kapitalismus dessen rücksichtsloses und riskant-unverantwortliches Gewinnstreben, dirigiert durch die Macht des Kapitals, versteht, wird sein Ende fordern und ggf. prognostizieren; wer aber die Form der freien Marktwirtschaft, diese insbesondere in der glaubwürdigen, aber immer wieder vergessenen und verletzten Form der sozialen Marktwirtschaft (in der der Markt, die Konkurrenz, das Gewinnstreben und der ebenso unbestreitbare wie notwendige Egoismus stets vorausgesetzt und einbezogen, aber von einem politisch gesetzten Rahmen gezügelt werden) als die anzustrebende Form des Kapitalismus annimmt, wird seine Reform, Wiederherstellung und Fortdauer unterstellen. Hier gibt es kein Definitionsmonopol. Da der Begriff des „Kapitalismus" aber durch die mit seiner Geschichte – schon aus der Frühzeit der Industrialisierung im 19. Jahrhundert – verbundene Leidens-, Ungerechtigkeits- und Unterdrückungsgeschichte allermeist ein Negativbegriff ist, sollte für den erwünschten Zustand unseres Wirtschaftssystems vielleicht doch eher der Begriff der „sozialen, sozial gebändigten Marktwirtschaft" benutzt werden und der „Kapitalismus" ein Negativbegriff, jedenfalls kein Leitbegriff bleiben.

[43] Statt vieler hierzu bekannter diagnostischer Belege in der Literatur nenne ich nur Ervin Laszlo, Global denken. Die Neugestaltung der vernetzten Welt, Horizonte/ Rosenheim 1989 und ders., Das dritte Jahrtausend, Suhrkamp/ Frankfurt a.M. 1998, sowie Jakob v. Uexküll und Herbert Girardet, Die Aufgaben des Weltzukunftsrates, Kamphausen & Distribution GmbH (o.O.) 2005.

[44] Beispielhaft: Zu den menschlich und familiär (durch flexible Arbeitsplatzbereitschaft) fast unbewältigbaren mentalen Folgen dieser Eingriffe vgl. R. Sennett, Der flexible Mensch, jetzt: Berliner TB-Verlag 2006.

[45] Zur vorsichtigen Annäherung an das Schuldverständnis vgl. M. Kroeger, Im religiösen Umbruch der Welt: Der fällige Ruck in den Köpfen der Kirche, Kohlhammer/Stuttgart [2]2005, 225ff.

[46] W. A. Visser't Hooft, Die Welt war meine Gemeinde, Piper/München-Zürich [2]1974, 201. Der ganze Zusammenhang schildert, wie weder die Tatsache der Opposition in Deutschland noch auch die der Judenvernichtung, beide glaubhaft berichtet, in der englischen und amerikanischen Diplomatie und in den englischen und amerikanischen Kirchen wahrgehabt wurden – mit den wenigen großen Ausnahmen von Bell, Temple u. a.

[47] BrKrKr 273–275, vgl. den ausdrücklichen Kommentar ebd. 274f : „Man kann dies nicht, wie etwa bei dem Beispiel von den Juden, mit der Erklärung abtun, die Deutschen seien unpolitisch und wollten nicht hören, dass sie Juden umgebracht haben", vgl. BraFr 14f. Schon in Moltkes Brief an Curtis von 1942 wird derselbe Druck geschildert: BrKrKr 195ff.

[48] Sehr gut und leicht verständlich hierzu Dönhoff, Ehre 48ff. Ich beziehe mich hier und beim Verweis auf Feuchtwanger u. a. absichtlich auf populäre Literatur und Anschauungsmaterial.

[49] Mut d. Herzens 246, ganz ähnlich Freya v. Moltke in FrM Erinnerungen 53 und Moltke selber BraFr 142f, vgl. 308.

[50] Vgl. Steltzer, Zeitgenosse 329: „In Wirklichkeit handelte es sich damals aber [im verbreitet angepassten Verhalten] um ein Extrem menschlichen Verhaltens, dessen Möglichkeit in jedem von uns schlummert. Nur wenn wir diese Gefahr wissen, können wir diese Mächte kontrollieren und bannen" – diese Einsicht kann einen wahrlich für alle Zukunft erschrecken und unseren Mut hellsichtig machen.

[51] Aufstandsbewegung vom Gewissen her: Zeller, Geist der Freiheit 7; Zitat Rothfels: Rothfels, Opposition 13. – Der militärische Widerstand in seinen Spitzen dominant christlich grundiert: Ramm, Grundüberzeugungen passim. – Gestapo-Befund: Spiegelbild 1,167ff.233ff.434ff.508ff, ähnlich Stauffenberg: Spiegelbild 1, 19.167ff, allgemein: ebd. 147ff.– Zitat Tresckow: Scheurig, Tresckow 191, vgl. Ramm, Grundüberzeugungen 198: „Ich verstehe nicht, wie sich heute noch Menschen als Christen bezeichnen können, die nicht gleichzeitig wütende Gegner dieses Regimes sind. Ein wirklicher überzeugter Christ kann doch nur ein überzeugter Gegner sein" (was, an diesem Maßstab gemessen, nicht für verbreitetes Christsein spricht). – Stauffenberg kirchlich distanziert: Spiegelbild 1, 435; goldenes Kreuz: ebd. 167. Am letzten Abend vor dem Attentat in der Kirche: Hoffmann, Stauffenberg 422; Mord aus christlicher Verantwortung: Schwerin, Die besten Köpfe 387. – Zu Goerdeler s.u. (in dieser Anmerkung). – Zu v. Hassels eher humanistischer und religiös-sittlicher Grundüberzeugung, die die steigende Aggressivität des NS gegen Kirchen und Christentum angelegentlich beachtet, sich aber nur selten, in Momenten höchster Konzentration, spezifisch christlich ausdrückt (TB 440.445). Ähnlich Becks humanistisch-idealistisch-sittliche Begründung seines Politik- und Staatsverständnisses wie seines Ethos unbedingter Redlichkeit, Überzeugungstreue und strenger Sachlichkeit (Kl.-J. Müller, Generaloberst Beck. Eine Biographie, F. Schöningh/Paderborn u. a. 2008, 36ff.492f. 501ff.531ff); sie formuliert sich nur am Rande und in äußersten Grenzsituationen christlich, sonst deutlich traditionell (Kl.-J. Müller, General Ludwig Beck, Studien und Dokumente ..., Boldt/Boppard a.Rh. 1980, 596ff, vgl. BrChriWi 177; Müller ebd. 595 zitiert Beck den Satz Th. Vischers „Das Moralische versteht sich immer von selbst": hierüber, wie über das Religiöse, wird nicht gesprochen), und das, obwohl Beck in der Außenwahrnehmung mehrfach als dezidiert christlich gegründet gesehen wurde (Spiegelbild 1, 167.436); gerade die metaphysisch-metapolitische Begründung seines Ethos habe ihn zum Widerstand befähigt (so Müller, Biographie 496f) und ihn das nur pragmatische Funktionieren in der soldatischen Rolle und die traditionellen Standards der Militärelite überschreiten lassen (so Müller, Biographie 532f.539.543. 542ff). Treffend daher das zusammenfassende Urteil Ringshausens: „Angesichts der breiten Wirkung theologisch liberaler Gedanken verstanden anscheinend deutlich weniger Mitglieder der Konspiration ihren Glauben auf biblischer Grundlage" (Ringshausen, Widerstand 506). Es dürfte bei Hassel, Beck u.v.a. wie bei Thomas Mann stehen, der seine öffentliche Absage an den NS aus dem Exil so formuliert: „Und wie wohl auch ein Mensch, der aus religiöser Schamhaftigkeit den obersten Namen gemeinhin nur schwer über die Lippen oder gar aus der Feder bringt, in Augenblicken tiefer Erschütterung ihn dennoch um letzten Ausdrucks willen nicht entbehren mag, so lassen Sie mich ... diese Erwiderung mit dem Stoßgebet schließen: Gott helfe unserm verdüsterten und missbrauchten Lande und lehre es, seinen Frieden zu machen mit der Welt und mit sich selbst" (Brief an den Bonner Dekan nach Aberkennung des Ehrendoktorgrades, zit. in: Th. Mann. Ein Leben in Bildern, hg.

von H. Wysling und Y. Schmidlin, Artemis/Zürich 1994, 337). „Gott" in Anspruch zu nehmen, erweist sich hier als die letzte, meist verschwiegene Bastion der Überzeugung. – Erstaunlich, wie sehr in der Sekundärliteratur zum Widerstand in der letzten Generation fast durchweg das essentiell religiös und christlich imprägnierte Element im Wurzelgeflecht der Widerstandsmotive unterbelichtet oder gar ausgeblendet, allenfalls als „moralische" Dimension angesprochen wird – eine erstaunliche Schwäche und Einbuße an Präzision in der Wahrnehmung eines herausfordernden Tatbestandes, vgl. Uta Fr. v. Aretin (Tochter H. v. Tresckows): ein „wesentliches Element – und das kommt in vielen historischen Darstellungen meiner Meinung nach etwas zu kurz – „bestand in der „christliche[n] Grundhaltung". „Eine Elite hatte sich aus christlicher Verantwortung zum Handeln entschlossen", in: Aufstand des Gewissens, Begleitband 279f.284.

Es gibt bisher keine systematische Untersuchung in der ganzen Breite der Variationen, wohl aber eine Reihe von Studien, deren Material zusammenfassend erhoben werden müsste. Ich nenne nur einige Ansätze hierzu bei Kl. v. Klemperer, Glaube, Religion, Kirche und der deutsche Widerstand gegen den Nationalsozialismus, in: Graml, Widerstand 140ff, sodann für den militärischen Widerstand: Ramm, Grundüberzeugungen passim, oder Ringshausen, Widerstand passim sowie diverse Literatur, z. B. in: Steinbach /Tuchel, Widerstand 633 (B. Ruhm v. Oppen, Religion and Resistance to Nazism, Princeton 1971, war mir bisher nicht erreichbar). Ich gebe daher nur eine Auswahl beiläufig gesammelter Belege aus einer ganzen Skala von religiösen/theologischen Möglichkeiten: Tiefe klassisch-konfessionelle Frömmigkeit z. B. bei H.-B. v. Haeften (B. v. Haeften, Nichts Schriftliches 45ff.89ff), ihm recht nahe einige katholische und evangelische Kreisauer. Dann nicht konfessionell, vielmehr eher individuell gestimmte und akut formulierte Christlichkeit: z. B. Heinrich Graf Lehndorff/Steinort („diese Wochen haben mich wirklich *gläubig* gemacht und ich bin unendlich dankbar dafür. Der christliche Glaube und der Glaube an ein ,himmlisches Reich' sind das Einzigste, was einem in der Not hilft", Heimgesucht bei Nacht 413ff, hier 417), vgl. H. G. Klammroth, der lt. Gestapo-Bericht vor seiner Hinrichtung nach einem Geistlichen verlangte: „Lehre die Kinder beten, jetzt weiß ich, was das heißt"; dazu die Mutter: „Ich kann euch nicht beten lehren. Ich kann nur hoffen, dass diese Gnade Euch geschenkt ist. Mir ist sie nicht gegeben" (W. Bruhns, Meines Vaters Land, Ullstein/Berlin, [8]2007, 381); überraschend und um so typischer für die Zeittendenzen ein so herber, unsentimentaler Mensch wie Schulenburg sehr deutlich, nach dem Durchgang durch zweideutige Gottesbilder (des Schlachtengottes u. a.) und nach mehreren Wendepunkten (Tod des Bruders und wachsende Distanz zum NS, Hinwendung zum Widerstand): „Gott hat, nachdem die Kinderfrömmigkeit verweht war, wie ein ferner Hall in mein Leben hineingeschwungen. Erst später trat er mehr in den Mittelpunkt meines Lebens, und erst in der letzten Zeit ist er mir oft gegenwärtig und klar wie ein Glockenschlag der Garnisonskirche", und: „Ich glaube, dass ich jetzt den Weg zu Gott gefunden habe. In meinem ganzen Leben hat er wie ein leises Motiv geklungen, das ich erahnt habe, jetzt ist es wie ein Orgelten, der mein Leben beherrschen wird", bei gleichzeitiger Bekundung, dass die Kirchen ohne Veränderung schwerlich der Ort geistlicher Erneuerung sein können: U. Heinemann, Ein konservativer Rebell. Fritz-Dietlof Graf v. d. Schulenburg und der 20. Juli, Siedler/Berlin 1990, 69.137, Zitate 208.137; Kirche als Ort geistlicher Erneuerung fraglich: 215; weiteres 138.209–214.250.258. – Bei Goerdeler: zunächst aller Ton auf Ethik und Moral, jedoch religiös verwurzelt, daher die 10 Gebote auch für die Politik gesucht:

omnia instaurare in Christo; später zunehmend religiöse Fragestellungen und Begründungen : Christentum als Fundament der Innen- und Außenpolitik, Ringen um Gotteswirklichkeit in Politik und Gegenwart; Gegner des Attentats, Verurteilung des Antisemitismus, zuletzt vertiefte religiöse Reflexionen und Krise seiner Frömmigkeit (v. Klemperer a.a.O. 151–153; Ritter, Goerdeler 276.414.416.441ff ; Rothfels in: Graml, Widerstand 192f, sowie Hassel, TB 207), dies vor dem Hintergrunde seiner ausdrücklichen Zweifel an der theistischen Gottesvorstellung (Heimgesucht bei Nacht 142f, und Ritter, Goerdeler 441–443); eine letzte Erklärung Goerdelers: „Gott wendet sich an die Menschen und ihre menschlichen Bindungen. Der Rasse, dem Volk, der Nation schenkt der durch Christus offenbarte Gott keine Beachtung. Sollten wir nicht alle mit unserem einseitigen Nationalismus Gott zu nahe getreten sein und Abgötterei getrieben haben? Ja, dann hätte das Geschehen einen Sinn, dass Gott es allen Völkern gründlich austreiben will ..." (zit. A. v. Moltke, Vorstellungen 241, vgl. Ritter, Goerdeler 441f); weiteres in: Heimgesucht bei Nacht 122f.127f. – Schließlich finden sich Aufbrüche zu neuen religiösen Ufern bei beiden Sozialisten im Kreisauer Kreis: bei Mierendorff, der zuletzt fast orthodox werden wollte („Ich habe ohne Religion gelebt. Aber ich bin zu der Überzeugung gekommen, dass nur das Christentum dem Leben Sinn und Halt geben kann. Und ich gehe jetzt diesen Weg zu Gott", zit. Zeller, Geist der Freiheit, 503 Anm. 24), und bei Theodor Haubach, der vor einem weitgespannten theologie- und philosophiegeschichtlichen Hintergrund speziell ästhetischer Erfahrung seine Erfahrungen macht: „... spürst Du nicht, wie in dem Abgrund des Leids Gott ganz nahe, ganz dicht bei Dir ist? Der ,liebe' Gott, von dem wir Protestanten etwas dünn und einfältig reden, kommt hier [in dieser schweren Erfahrung] wohl etwas zu kurz. Aber jener andere Gott, jener Abgrund des Geheimnisses und der Macht, der Gott, der zu Hiob aus den Wettern redet, sieh, Er hat Seine gewaltige Hand auf Dich gelegt: ,Von Mitternacht kommt Gold und um Gott ist schrecklicher Glanz!' Höre ihn, wie Ihn Hölderlin verkündet: ,Nah ist und schwer zu fassen der Gott,/ Doch wo Gefahr ist, wächst das rettende auch./ Im Finstern wohnen die Adler ...' Ja, dieser Abgrund des Lichts ist auch ein Abgrund des Feuers, und wenn wir nicht das Knie beugen: ,Herr, Dein Wille geschehe!' so zerbrechen wir" (BrKrBegeg 228f, auch Heimgesucht bei Nacht 228f). Hier wird die konfessionelle wie die bürgerliche Theologie, speziell der theistische Gottesbegriff, bewusst überschritten, der in der letzten Zeit eine stärker persönliche Note gewinnt, vgl. Näheres BrBegeg 373ff und Ringshausen, Widerstand 310ff.324ff.336; nur noch begrenzte Bedeutung der Kirche ebd. 332; vgl. unten Anm. 73. – Ungewöhnlich A. v. Trott zu Solz, der nach einer sehr kirchendistanzierten Jugend (Cl. v. Trott, A. v. Trott 38f.211) zu Ende der 1920er Jahre von der Bibel Abstand hält, durch Dostojewski eine nur „indirekte Verbindung mit dem Christentum" hält (ebd. 45), und dann – nach seinen innerlich längst angelegten und vorbereiteten Einflüssen seiner Asienreise (ebd. 113.116f.212) – trotz ausdrücklichem Einfluss der personalen Gottesidee nicht eigentlich an einen Gott glauben kann (ebd. 117, vgl. 189; zu den „großen Ideen und Begriffen, denen diese unmittelbare Wahrheit der Existenz fehlt" [ebd. 210], gehören gerade auch die theologischen), sondern – trotz beeindruckter Lektüre des Johannesevangeliums, Bernanos, Claudels, des Propheten Jeremia, überhaupt vieler Bibellektüre und kritischer Berdjajew-Aufnahme, seit seiner Konfirmation einmal wieder zum Abendmahl geht, ohne sich aber zur Kirche zu rechnen (ebd. 211f), einer „– wie Lessing – weitgespannten Weltreligion" zuneigt, „die das Absolute in vielen menschlichen Brechungen ahnen und die Arbeit der Verwirklichung des Absoluten ... in einer alle Weltvölker umfassenden Art achten und begreifen soll. Lässt sich unser christlicher Kinderglaube wirklich hierzu ausweiten und auf die ganze Wucht und Intensität unserer heutigen Probleme einschärfen?" (ebd. 212), der in eben diesem Bewusstsein im Abschiedsbrief an seine Frau „in tiefer Zuversicht und Glauben" stirbt: „Es ist heute ein klarer ,Peking-Himmel', und die Bäume rauschen. Lehre unsere lieben süßen Kleinen dies Zeichen und die noch tieferen unseres Gottes dankbar, aber auch tätig und kämpferisch zu verstehen" (ebd. 213), der gleichzeitig aber seiner Mutter – und sehr selten sonst (ebd. 194) – gegenüber eine deutlich andere, ganz konventionell-theistische Sprache benutzt, ihr gegenüber 1936 findet, es sei keine anachronistische Idee, ein christliches Deutschland wieder erstehen zu sehen; dass „nur eine grundlegende Wiedergeburt christlichen Gesetzes und christlicher Ethik ... die Flut stemmen kann, die alles, was wir schätzen, zu zerstören droht" (Kl. v. Klemperer in: Graml, Widerstand 149) und im Abschiedsbrief an sie formuliert: „Gott ist mir in diesen Wochen gnädig gewesen und hat mir frohe, klare Kraft zu allem, fast zu allem geschenkt – er hat mich auch gelehrt, wo und wie ich fehlte" (Cl. v. Trott, A. v. Trott 213). So erklärt sich auch seine (oben bereits berichtete) Weigerung, die neue Verfassung mit einer explizit „christlichen" Präambel zu versehen (ebd. 173.179). – Schließlich findet sich exemplarisch am äußersten Rande dieser Möglichkeiten eine intensiv kulturell vermittelte Christlichkeit und Religiosität von großer Eindrücklichkeit bei Nikolaus v. Halem: „Wir alle sind ja, ob wir es wissen oder nicht, von der geistigen Essenz zwanzig christlicher Jahrhunderte ganz durchtränkt ... Wer vorbereitet ist, braucht den Tod nicht zu fürchten. Ich schäme mich fast, dabei an das Mysterium der Gnade zu rühren, in dem das hohe und heilige Mysterium des Todes gewissermaßen den Vorhof bildet ... [fügt für mich an Vaters Grab] den Spruch, der mich schon als Kind wie aus Weltentiefen angerührt hat: ,Fürchte dich nicht, denn ich habe dich erlöst. Ich habe dich bei deinem Namen gerufen, du bist mein"), eingefügt in seinen dann wesentlich von Schopenhauers Philosophemen bestimmten Abschiedsbrief (bei Schlabrendorff, Offiziere 111ff; Heimgesucht bei Nacht 289ff). – Eine wachsend religiöse Bereitschaft und Zuwendung zum Christentum in der Spätzeit des Krieges ist vielfach bezeugt, für das Heer vgl. Schlabrendorff, Offiziere 55.139, Hassel-TB 184.207.397 oder Cl. v. Trott, A. v. Trott 169; für die Bevölkerung: Moltke in BrKr 277. Im Kreise der Verschwörer waren fast alle christlich gegründet (Schwerin, Die besten Köpfe 127f.382). Dass es natürlich auch Menschen gab, die zum Widerstand gekommen sind und ihre Ermordung durch Gestapo und Volksgerichtshof ohne jede explizit kirchlich-religiöse Komponente erfahren und bestanden haben, zeigen diverse Biographien in Annedore Lebers „Das Gewissen steht auf", 2. erweiterte Auflage 1984, oder Steinbach/Tuchel, Widerstand. Zu Lebers Wendung: „Ich habe mir viele Gedanken gemacht in den letzten Wochen und bin doch zu der Überzeugung gelangt, dass die Liebe, deren die menschliche Seele fähig ist und die stärker ist als alles im Menschen und in der Welt, dass diese Seele göttlichen Ursprungs sein muss. Göttlichen Ursprungs bedeutet auch unsterblich" (zit. Zeller, Geist der Freiheit 128).

52 Beide Häuser nicht kirchlich bestimmt: FrM Erinnerungen 57, MY Stärke 14 („Meine Erziehung war christlich, aber ganz unkirchlich ... Auch Peter und ich waren später lieber im Wald und fanden Gott in der Natur; in die Kirche gingen wir eigentlich erst ab 1943"); selten in Kirche: ebd. 49, vgl. Peter Yorcks Vater: „Deutschland wird nur genesen durch Ehrfurcht, durch Frömmigkeit, worunter ich nicht Kirchlichkeit verstehe" (Bismarcks Vermächtnis, wie oben Anm. 6, 408). Andere Kreisauer, v. Haef-

ten, Steltzer oder v. d. Gabelentz und selbstverständlich die katholischen Mitglieder, waren hierin deutlich anders geprägt und kirchlich identifiziert, z. T. der Michaelsbruderschaft oder der (im engeren Sinne sog.) „Bekennenden Kirche" um Niemöller schon früh zugehörig.

53 Liebe mehr als Glaube: Dor. v. Moltke, Briefe 55; „Wir hatten einen wirklich reizenden Heiligen Abend. ... Weihnachten im Vaterland das große religiöse Fest ... es ist ein so *innerliches Fest* (ich kann kein englisches Äquivalent für *innerlich* finden), ..." (ebd. 130). – Das Erbe der Christian Science, das den Vater wie die Mutter explizit bestimmte, hat auf den Sohn Helmuth v. Moltke, soviel zu sehen ist, an keiner Stelle erkennbar eingewirkt oder sich bei ihm ausgewirkt, obwohl er sich schon als Kind, vergnügt kindlich, der „Wissenschaft" zugehörig nennt (Dor. v. Moltke, Briefe 34). Dies bestätigt Fr. v. Moltke in: Mut des Herzens 145. Das christliche Selbstverständnis der Mutter wird in einem einzigen expliziten Brief an ihren Vater deutlich, bleibt ansonsten sehr zurückhaltend und unaufdringlich: ihr völlig unkonfessionelles, fast liberales Gottes- und Jesusverständnis spricht aus ihren Briefen: Dor. v. Moltke, Briefe 8f, vgl. 16.28. 42.119.130.– Die Mutter lehrt ihn beten: „Das weiß ich noch ganz genau, wie sie abends kam, mich zudeckte und dann als letztes am Tage mit mir betete" (MBF 15); er kann im Dunkeln schlafen, denn „ich habe jetzt gelernt, dass Gott überall ist" (Dor. v. Moltke, Briefe 28). – Die bewundernde Aufnahme der Bach'schen Passionen und des Brahms'schen Requiems: MBF 116. 172.

54 Zitate: BraFr 198.299.300.311. Der neu akzentuierte Bezug auf Leiden und Opfer spiegelt sich vielleicht wirklich, wie Ringshausen, Widerstand 371.365 meint, in der Ablehnung einer Verklärungschristologie, in der Jesus „nie als Mensch oder als leidender Mensch" erscheint, die also „kaum noch Christentum" ist (BraFr 248). Den Hinweis auf die drei Ehrfurchten Goethes verdankt Moltke v. d. Gablentz (vRNW 489). Paul Tillich hat den gleichen, sehr unüblichen Gedanken der Ehrfurcht auch vor dem, was „unter uns ist", in genau dieser Deutung im Blick auf die biologischen Grundlagen der Anthropologie und unserer Existenz gehabt, indem er von den „Mächten des Ursprungs", den „Mächten von unten", den „biologischen Grundtrieben" sprach, die auch der Sozialistischen Entscheidung nicht verloren gehen dürften (Paul Tillich, Studien zu einer Theologie der Moderne, hg. von H. Fischer, athenäum/Frankfurt a.M. 1989, 117ff, hier 118f). Moltkes von heute aus gesehen erstaunliche Formulierungen sind also kein partielles Auftauchen untergründig nationalkonservativer Ideologie. – Man beachte noch einmal, dass Moltke hier, ganz gegen den Strich damaliger Liberalismus-kritischer Tendenzen, Begriff und Anliegen der liberalen Traditionen durch Unterscheidung eines „entarteten" von einem zu wahrenden Liberalismus festhält – für seine Intentionen durchaus bezeichnend, aber auch im Kreisauer Kreise ungewöhnlich und abweichend.

55 Über Moltkes Hochschätzung der katholischen Kirche im Kampf gegen den NS s.u. Anm. 58 Zur Gefahr einer konfessionell-theologischen Überinterpretation Moltkes s.u. Anm. 74.

In diese Zeit fällt, anlässlich der ersten Kreisauer Entwürfe, Moltkes erste Skizze eines Geschichtsbildes, in dem er den Zerfall der Bindungen seit dem Mittelalter (auch in Reformation, Renaissance, Romantik – in dieser Reihenfolge!) angenommen hat, der dann in Bindungslosigkeit und staatlichen Machtmissbrauch mündet (vRNW 507f, April 1941). Dieses ad hoc konstruierte bzw. sich bildende Geschichtsbild mit seiner (damals zeitgenössisch durchaus verbreiteten) Hochschätzung des Mittelalters und Abwertung der Neuzeit lohnt noch einmal genauere Überlegung. In ihm spiegelt sich vermutlich der Überfall durch die Wichtigkeit religiöser Erfahrungen und Kategorien und der (vorübergehende?) Verlust seiner liberalen Elemente, die Moltke im Juli 1940 noch verteidigt hatte: gegen den Aufsatz von Yorcks Bruder „Das Bild des abendländischen Staates" hatte er eingewandt, er sei „für mein Gefühl Romantik und will einen Zustand herstellen, wie er vor der Reformation und vor dem Zeitalter der Aufklärung möglich gewesen wäre" (vRNW 487, Juli 1940, vgl. bereits oben Anm. 9). Jetzt aber bildet sich auch Moltke als historische Gegenwartsdiagnose eine Theorie der Verfallsgeschichte seit dem Mittelalter über Reformation und Aufklärung hin, die zu seinen liberalen Motiven von 1940 nicht mehr passt, ja in krassem Widerspruch steht; so erwartet er bei Kriegsende eine Wende und Bußstimmung, wie Europa sie seit dem Jahre 999 nicht gekannt habe (vRNW 511). Dies beleuchtet seinen im Blick auf die religiösen Fragen so schnell nicht durchgeklärten Umdenkungsprozess, in dem der sich hier zeigende Anti-Neuzeit-Affekt als Durchgangsstadium zunächst begreiflich war, wenn er dann als Resultat in ein Neuzeit-kritisches aber -bejahendes Verhältnis übergegangen wäre. – Ähnlich H. B. v. Haeften: seit Renaissance führt der Abfall zu säkularistischen Weltanschauungen auf einen bösen Irrweg, daher müsse Deutschland wieder christlich gemacht werden, niemand ahnt bisher den geschichtsmetaphysischen Grund der gegenwärtigen Katastrophe so recht. Der Katholizismus hat „dieses durch Diesseitiges und Jenseitiges, durch Irdisches und Überirdisches sich erstreckende Gesamtgefüge einer einheitlichen Bezogenheit ... klarer erhalten", er hat nur in den ein für allemal verbindlich gemachten Sozialstaats- und Gesellschaftsdoktrinen falsche Konsequenzen gezogen (B. v. Haeften, Nichts Schriftliches 50f.65). Hier liegt vermutlich die tiefere Quelle der Katholizismus-Neigungen im Kreisauer Kreis, auf die wir weiter unten zu sprechen kommen. Entsprechend deutlich Delp: „Mit dem ordo und dem Universum des Mittelalters und der Vorzeit ist viel mehr zerbrochen als ein System oder eine fruchtbare Überlieferung. Der abendländische Mensch ist weithin heimatlos, nackt und ungeborgen ..." (Delp IV, 71). So gesehen scheint es nur sehr eingeschränkt möglich, bei den Kreisauer von „aufgeklärten emanzipatorischen Traditionen" zu sprechen (so BrKrBegeg 113), wohl aber von „christlich-humanistischen" (ebd.). Die neuzeit- und aufklärungskritischen Tendenzen waren in der Weimarer Zeit – nicht erst seit der sog. Dialektischen Theologie – weit verbreitet; Ähnliches gilt für verbreitete Mittelalter-Neigungen, die dem neuzeitlichen Individualismus entgegengesetzt wurden.

56 MY Stille 14.49, vgl. oben Anm. 53. Die familiären und religiösen Hintergründe Yorcks, auch die lutherische Prägung durch die Mutter, sind bereits oben S. 19ff angedeutet. Yorcks Vertrautheit mit Luthers Schriften bezeugt MY Stille 156; noch in seinem letzten Brief denkt Yorck seine ihm offensichtlich kostbaren Lutherdrucke seinem Bruder zu (BrKrBegeg 292). Sonntägliche Bibellektüre in der Familie: Dönhoff, Ehre 126, vgl. überhaupt die späten Briefe Yorcks in MY Stille 129ff. Die sehr christlich-subjektiv geprägte Sprache dieser letzten Briefe, die über das im Luthertum jeder Prägung übliche Maß hinausgeht, entspricht wohl seinem, wie er selber schreibt, „mystische[n] Teil des religiösen Empfindens", von der er sich bestimmen lässt, während „die Wortverkündigung nur [!] auf das Wort gestellt ist" – deutlich keine lutherische oder Luthertums-bewusste Formulierung. Ob hierfür schlesischer Pietismus und Mystik, die Frömmigkeit der Mutter oder sonst welche Einflüsse im Hintergrund eine Rolle gespielt haben, ist derzeit, ohne weitere Quellen, nicht zu klären. In diesem Zusammenhang ist aber sicher Yorcks Neigung zu den Michaelsbrüdern und zu allem Liturgischen zu sehen (MY Stille 132), wie sie auch bei seinem Bru-

der zu erkennen ist (Yorck, Besinnung 46f); über seine katholische Neigungen: s. Anm. 58. – Dass Peter Yorck Mitglied der BK gewesen sein soll (so Dönhoff, Ehre 124), dürfte Verwechslung mit dessen Bruder Paul sein, vgl. BrBegeg 196.221; MY Stille 44; auch Gerstenmaier und vRNW erwähnen eine solche Mitgliedschaft Peter Yorcks an keiner Stelle, doch wurde Peter Yorck wegen angeblicher BK-Zugehörigkeit von der Partei seine Beförderung versagt (Schwerin, Die Jungen 53). Daher vielleicht das Gerücht; man traute ihm diese Zugehörigkeit zu, vgl. aber oben Anm. 9.

[57] „mehr und mehr tiefe Religiosität": MY Stille 156; die Andeutungen im Briefwechsel (MY Stille 131ff) weisen auf mancherlei theologische Beschäftigung, Gespräche und Lektüre hin; intensive theologische Lektüre, z. B. Karl Holls Luther-Band („mit einem Mitarbeiter des Wirtschaftsstabes Ost"): MY Stille 39, denselben Band wieder im Gefängnis gelesen (MY Stille 136). Mitte der 1930er Jahre, in der Breslauer Zeit, geht das Ehepaar in der Sylvesternacht alleine zur morgendlichen Christmette im Dom (MY Stille 42) und hört den damals hochkonservativen Gogarten (ebd. 41; dies muss aber in den frühen 1930er Jahren der Fall gewesen sein; in den mittleren war Gogarten nicht mehr in Breslau).– Deutung der Zerstörung Lübecks und der Brief nach dem Tode des Bruders: vRNW 85f.– Spätphase mit Gerstenmaier: Gerstenmaier, Streit und Friede 185; erst seit 1943 regelmäßiger Kirchenbesuch: MY Stille 14. Bedeutung Musik: MY Stille 16. – Von einem „ausgedehnten Briefwechsel über religionsphilosophische Fragen" mit Theodor Haubach berichtet Schwerin, Die besten Köpfe 128; dieser ist jedoch nicht erhalten. – Zwar in der Tendenz zutreffend, doch deutlich zu plerophor und theologisch um Nuancen überinterpretiert bzw. abgerundet erscheint die Rekonstruktion der Yorck'schen Frömmigkeit bei BrKrBegeg 253f. 255.257f. Wie Brakelmann die ebd. 254 behauptete Bildung der Yorck'schen Theologie aus (Schrift und) den Bekenntnisschriften belegen will, bleibt völlig offen, sie ist m.W. nirgends bezeugt; die ebd. 261 behauptete intensive Kenntnis und grundlegende Bedeutung der Freiheitsschrift Luthers für Yorck ist m.W. ebenfalls nicht belegt; desgleichen die Annahme, die Leidenszeit des Krieges habe zur Entdeckung des leidenden Christus als „Spiegelbild für die eigene Situation" geführt (ebd. 255). So erweist sich diese allzu abgerundete und theologisch überergänzte Rekonstruktion der Yorck'schen Frömmigkeit m.E. als eine erkennbare Überzeichnung.

[58] MBF 164; vRNW 238; schon Mitte der 1930er Jahre beeindruckt ihn die „unabhängige Macht" der katholischen Kirche (BraFr 29), später die „Fülle, die sonst den großen Katholischen Messen anhaftet" (BraFr 516). Moltke war also nicht nur institutionell und politisch, sondern durchaus auch frömmigkeitsmäßig und sozialethisch vom Katholizismus beeindruckt; seine Lektüre der katholischen Sozialenzykliken zu Beginn des Krieges, also aus eigenem Impuls, noch vor Beginn der Kreisauer Gespräche, lernten wir bereits kennen. Oben Anm. 55 haben wir auf die analog tiefsitzenden geschichtstheologischen Hintergründe der Katholizismusneigung bei etlichen Kreisauern bereits hingewiesen. Den Kontakt zu den bayrischen Katholiken und zu den von dorther stammenden katholischen Mitgliedern des Kreisauer Kreises (Rösch/König/Delp) verdankte Moltke dem Freiherrn zu Guttenberg, der ebenfalls im Amt Ausland/Abwehr arbeitete (BraFr 259).– Moltke hat also am Katholizismus die sozialethische und institutionelle Kraft der Kirche (in den päpstlichen Sozialenzykliken und bei seinen katholischen Gesprächspartnern) einerseits, die mystisch-sakramentale Dimension der Messe (ebenso wie Yorck) andererseits stark empfunden. Eine näherhin religiöse oder theologische Beeinflussung Moltkes durch die i. d. Tat intensiven katholischen Beziehungen ist aber nicht belegbar; nirgends finden sich

Spuren katholischer Begrifflichkeit in Moltkes oder Kreisauer Texten (nicht einmal der Begriff „ius nativum" und die BrChri Wi 128/ 166 = Bleistein, Dossier 187f.198ff zitierten Texte dürften schwerlich Moltke zuzurechnen sein; jener Begriff bleibt eher Delp zuzuordnen: BrKrKr222). Brakelmanns Annahme eines Eindringens „philosophisch-naturrechtlicher Kategorien" in Moltkes Denken durch die katholischen Freunde (BrKrBegeg 111) überinterpretiert diese eine kleine (unwahrscheinliche) Spur (des ius nativum); das von ihm angenommene „natürliche Recht" setzt Moltke, allerdings in der Frühzeit der Gespräche, gerade gegen die „göttliche Ordnung" Yorcks (vgl. oben Anm. 10). Immer also blieb die eindrucksvolle Kompatibilität von Moltkes und der Kreisauer Texte mit den katholischen Intentionen, die durch Delp/König im Hintergrund standen, zu beachten, nie aber war eine Prägung des durchweg protestantisch imprägnierten Moltke durch diese gegeben. Naturrechtliche Vorstellungen standen also von Delp/König wie vielleicht auch von Yorck her (durch seinen Bruder Paul, von dem ja der Begriff der „göttlichen Ordnung" stammte vgl. oben Anm. 9) im Hintergrunde, drangen aber in die Kreisauer Texte faktisch nicht ein. Um so eindrucksvoller die ökumenische Offenheit und gemeinsame Frömmigkeit in Kreisau und in der Person Moltkes wie Yorcks, Gerstenmaiers und Delps! Auch die Materialien in Delp IV ergeben keine Einwirkung auf Moltkes späte Entwicklung, bei bis in einzelne Formulierungen hinein unübersehbaren Gemeinsamkeiten in der letzten Haftzeit; in der ausgiebigen Gefängnislektüre finden sich keinerlei Catholica (s.u S. 117f).Der auch sonst (von M. v. Yorck und Cl. v. Trott) angenommene Einfluss in der Haftzeit und auf Moltkes letzte Briefe scheint eher auf Poelchau sowie eigene Bibel- und Gesangbuchlektüre zu weisen; darüber hinaus dürfte Moltkes Selbstprägung durch intensive Lutherlektüre (BrBiogr 319/406 Anm. 5) das Entscheidende sein. Richtig Brakelmann: „Er hatte die Fähigkeit, theologische Wahrheiten und sozialtheologische Richtigkeiten auch im katholischen Gewand als gemeinchristliche Positionen anzunehmen und aus ihnen politische Konsequenzen zu ziehen" (BrChri Wi 152, vgl. ebd. 132 „kompatible Ausarbeitung"). – Moltkes religiöse Hoch- bzw. Überschätzung der *beiden* Großkirchen (ausdrücklich auch der protestantischen) als Gegenmacht gegen den NS: BrKrKr 195.276 (an Curtis 1942 und 1943); dies schreibt er allerdings erst in der letzten Zeit des Kirchenkampfes, als die Fronten deutlicher geworden und allgemein größere Klarheit auch bei den Kirchen eingekehrt war.

59 Yorcks Neigung zum Katholizismus: MY Stille 63 („Peter seinerseits hatte eher eine Neigung zu der katholischen Form des Christentums"). 42 (Verachtung des protestantischen Adels in Schlesien, der eher die Jagd im Kopf und ihrem gesellschaftlichen Zopf lebte), vgl. seine Klage über „die vielen schwachen Predigten, die in protestantischen Kirchen gehalten werden", woraus sich seine Neigung zur liturgischen Gottesdienstprägung bei den Michaelsbrüdern erklärt: ebd. 132; ähnlich Haeften in: A. v. Haeften, Nichts Schriftliches 21f.

60 Daher das zweideutige Verhältnis zur „Re-Christianisierung" und deren Verständnis. Entsprechend haben mehrere von den überlebenden Kreisauern nach dem Kriege als Gründungsmitglieder der CDU angehört, was angesichts der Vor-Godesberg-SPD nur zu begreiflich war; vgl. den Dialog Dönhoff/Gerstenmaier über Yorcks vermutliche Stellung nach 1945, in: Dönhoff, Ehre 136 (vgl. oben Anm. 34); Moltke wäre mit Sicherheit nicht der CDU beigetreten. Auf die erwartete offensive Berücksichtigung ihrer Vorstellungen durch die katholische Kirche nach dem Kriege (Schwerin, Die besten Köpfe 451f), wiesen wir schon hin; sie zeichnet sich in den Kreisauer Papieren

bereits ab bzw. wird durch diese ermöglicht. Entsprechend sieht z. B. v. d. Gablentz, der aber nur am Anfang in Kreisau eine Rolle spielte, im Jahre 1949 eine Lösung aller Probleme in der Rückkehr in das „christliche Kraftfeld" (was ausdrücklich nicht heißen soll „Rückkehr zum überlieferten Christentum", wohl aber, dass die Antwort auf den Sinn des Lebens und menschlichen Wirkens „nur zu geben [ist], in einem Aufriss eines geschlossenen christlichen Weltbildes"): O. H. v. d. Gablentz, Geschichtliche Verantwortung, Klett/ Stuttgart 1949, 71.119). Moltke selber aber sorgt bereits damals im Widerstand vor: „Mit meinen protestantischen Freunden habe ich gelegentlich die Frage erörtert, wie man nach dem Kriege ein genügend starkes protestantisches Gegengewicht gegen den Papst schaffen könnte ..." (Spiegelbild 1, 438). Natürlich aber musste nach dem Kriege, nach den NS-Unterdrückungen der Kirchen) zunächst auch ein Stück Widerherstellung der kirchlichen Freiheiten am Anfang stehen. Wie dabei einer Rekonfessionalisierung hätte gesteuert werden können, dafür wäre Tillich eine bedeutende Hilfe gewesen. Dieser aber hat gerade in dieser entscheidenden Frage weder in Kreisau noch nach dem Kriege in Deutschland überhaupt auf absehbare Zeit eine Rolle gespielt.

[61] Leistung der Mutter: BraFr 51, vgl. Moltke, TbBr 176. Verletzung des 1. Gebots: Moltke, TbBr 267.224.

[62] Die folgenden Zitate stammen, soweit nicht anders vermerkt, aus diesen beiden letzten Briefen Moltkes an seine Frau, BraFr 611ff, und Moltke, TbBr 328ff. Sie sind es, die bereits 1971 separat veröffentlicht wurden und seither unvergessliche Erinnerung an Moltke schufen. Fr. v. Moltke hat sie von Poelchau ausgehändigt bekommen und gleich noch bei ihm zum ersten Mal gelesen (Moltke, Kreisauerin 76).

[63] Zitat Delp: Delp IV, 106f.112. In der Perspektive Delps erscheinen nur Moltke und Delp als die beiden Zentralpersonen, auf die Freisler sich konzentriert; Gerstenmaier wird ausgeklammert; er wird nicht verurteilt, weil er – nach Gerstenmaiers eigener Meinung – bald noch gebraucht werde (über die tatsächlich zufällig-peripheren Gründe vgl. den Brief Fr. v. Moltkes bei E. Endraß, Gemeinsam gegen Hitler, Kreuz/Stuttgart 2007, 178f). „Unsere Verhandlung war gestellt auf Moltkes und meine Vernichtung. Alle anderen waren Kulissen und Statisten" (Delp IV, 106, vgl. 105.113).

[64] Beschimpfungen, festgehalten im Bericht an Borman: Moltke, Völkerrecht 314f; schriftliches Urteil, mit erstaunlich genauen Kenntnissen: „Alles, was Graf Moltke damit getan hat, ist Hochverrat ... Ihn kann nicht entlasten, dass er sich nur Gedanken gemacht habe und nicht an die Ausführung von Plänen gegangen sei. [In der mündlichen Verhandlung, lt. Bormann-Bericht: er habe sich mit immer neuen Spitzfindigkeiten herauswinden wollen.] Denn er hat sich nicht nur Gedanken gemacht; sondern einen Kreis gesammelt, in ihm Pläne in Diskussionen zur Entwicklung gebracht und sich schließlich um Männer zur Durchführung umgesehen" (Delp IV, 416). Den deutlich strategischen Charakter der Verteidigungsreden vor Freisler betont auch Gerstenmaier, Kreisauer Kreis 230. Moltkes Selbstbewusstsein ist aber dennoch vorrangig, das Neue, Unselbstverständliche und Gegenläufige „gedacht" zu haben.

[65] C. Fr. v. Weizsäcker, Der Garten des Menschlichen, Hanser/München 1977, 166.

[66] Helmut Schmidt hatte in seinem Vorwort zur Neuausgabe von M. Dönhoff, Zivilisiert den Kapitalismus (2005), selber nachdrücklich die hochgradige Unvernunft der in den finanzkapitalistischen Spekulationsblasen allzu vernünftig sich Vorkommenden gegeißelt. Woher also kommt die Vernunft und wie wird sie vernünftig, wenn sie

unvernünftig wird? Mindestens ist Religion, indem sie die oberste Stelle und Instanz im Gemüt und Gewissen mit dem großen Geheimnis, dem großen X, dem „unbekannten Gott" und obersten Wert besetzt und also freihält, eine weitere Hilfe, ein Spielbein der Vernunft, wenn deren Standbein wankt. Wer glaubt oder humane Werte im Leibe hat, hat ein anderes Koordinaten- und Faktorensystem zur Verfügung als wer – ganz selbstverständlich und alternativlos – nur Finanzkategorien als Entscheidungsorientierung in Kopf und Herz hat.

[67] Vgl. oben S. 60.

[68] Vgl. z. B. Dan Diner, Versiegelte Zeit. Über den Stillstand in der islamischen Welt, List/Berlin 2007.

[69] Diese erstaunliche theologische Gedankenarbeit von Bonhoeffer, die aus allen Grenzen kirchlichen Denkens, auch denen der BK-Kirchenkampftheologie, ausbricht und als solche meist verkannt wird, habe ich – gegen den Mainstream der Interpretationen – in meiner Bonhoeffer-Gedenkrede „Dietrich Bonhoeffer – Zeitgenosse, Zeuge und Prophet" beschrieben, abgedruckt in: Kirchliche Zeitgeschichte 19/2006, 414ff, und in: Das Plateau (Radius-Verlag), Nr. 97, Oktober 2006.

[70] Diese Fundamentalunterscheidung wurde längst von Friedrich Gogarten (Verhängnis und Hoffnung der Neuzeit, 1953) eingeführte, der dem Begriff der Säkularisierung und Säkularität erstmals eine positive, auch religiös und theologisch legitime und willkommene Bedeutung (mit der Aufgabe immer neu zu ziehenden und abzugrenzenden Konsequenzen) gab. Der Bezug auf diese (oder eine analoge) Unterscheidung würde heute vielfach zur Klarheit verhelfen: der legitime Aspekt der befreienden Säkularisierung würde anerkannt und eingefordert, der geist- und seelenlose „Säkularismus" der eindimensionalen Ausblendungen aber, der massiv unter uns um geht, würde deutlich erkennbar und ungeniert kritisierbar. Gebrauchen wir nicht länger unkritisch diesen Begriff, als wäre er rundherum als Konsens unserer Gesellschaft bejaht und nicht vielmehr die blinde Fehlform einer Wahrheit: eine Fehlform der religiös wie gesellschaftlich notwendigen und wünschenswerten Säkularisierung. Dass der theologisch legitime Säkularisierungs- und Transformationsprozess in der Theologie heute weit über das hinausgehen muss, was Gogarten damals in den Blick fassen konnte, versteht sich.

[71] Yorck: MY Stille 138 („fast unheimliche Erhobenheit, ich möchte es eigentlich Christus-Nähe nennen" nach dem letzten gemeinsamen Abendmahl mit seiner Frau); zu Moltkes Stimmung in der Haftzeit: BrBiogr 327, vgl. Moltke, TbBr 287, ähnlich Fr. v. Moltke über ihre Hochstimmung auch in der Haftzeit (Mut des Herzens 142). Ebenso fragt Delp sich, ob die „vielen spürbaren Erhebungen mitten im Unglück; diese Sicherheit und Unberührtheit in allen Schlägen" „Selbsttäuschung" sei, „ob sich mein Lebenswille in religiöse Einbildungen sublimiert hat oder was das war" (Delp IV, 108, vgl. 72f.77.85.91.97), vgl. Gerstenmaiers Beobachtung Delps nach dessen Verurteilung: „Delp sprudelte vor Witz, geistreich und lachend, als führen wir in die Ferien. Ein Paroxysmus" (Gerstenmaier, Streit und Friede 221). Vgl. auch Harro Schulze Boysens (von der „Roten Kapelle") Schlusssatz: „Wenn Ihr hier wäret, unsichtbar seid Ihr's: Ihr würdet mich lachen sehen angesichts des Todes, ich habe ihn längst überwunden. In Europa ist es einmal so üblich, dass geistig gesät wird mit Blut" (zit. in der Gedenkrede von P. Steinbach auf H. Poelchau, in: Poelchau, Ordnung 188ff, hier 214).

[72] Wie sehr zeit- und phasenbedingt diese Hochstimmung und ihr Ausnahmezustand ist, erkennt man daran, dass Moltke noch in Ravensbrück eine ganz andere Stim-

mung ausstrahlte: „Hoffnung nicht mein Metier" (vgl. oben Anm. 22). – Poelchau berichtet, dass Moltke den Verdacht gehabt habe, man habe im Gefängnis seinem Essen Peritin mit seiner stimmungssteigernden Wirkung beigemischt: Poelchau, Letzte Stunden, 129. Poelchau selber meinte zu beobachten, dass Gefangene durch ihre Isolation einen Wirklichkeitsverlust erfahren und optimistisch werden (Moltke, Kreisauerin 64f).

[73] Die neun Stufen, die Moltke bei sich selber sieht: BraFr 624. – Dass die Gespräche mit Poelchau es waren, die Moltke und Yorck in ihrer intensiv-christlichen Weise der letzten Zeit prägten, meint MY Stille 86, vgl. aber unten Anm. 79. Poelchaus herber Trost an die Witwen: „Ihr müsst jetzt das erste Gebot lernen:‚Ich bin der Herr, dein Gott, du sollst nicht andere Götter haben neben mir!' Für euch waren eure Männer diese anderen Götter. Für mich ist es mein Sohn", und auf ihre Frage: „Wie kann Gott es zulassen, dass gerade jetzt, wo wir solche Menschen wie unsere Männer so dringend brauchen, die Besten uns genommen werden?" antwortete er: „Das wäre kein Opfer gewesen, aus dem eine kräftige neue Saat wachsen könnte, wenn Gott nur müde, alte Männer genommen hätte" (Cl. v. Trott, in: Poelchau, Ordnung 238). Man erkennt hier das Ungenügen dieses ganzen Denkmodells der Theodizee und ihres theistischen Gottesbegriffs („Gott hat sie genommen"); aber es ist das klassisch-traditionelle und bis heute verbreitete. So viel ich sehe, hat im Kreise der Kreisauer nur Theodor Haubach dieses theologische Denkmuster überwunden (Goerdeler stellte es nur aporetisch in Frage) und, in der Kraft Hölderlins und Heraklits, die er zitiert (und analog der Einsicht Luthers, den er nicht nennt), die Erfahrung auch aller Schrecklichkeiten in das Gottesverständnis integriert (die Protestanten haben, meint er, „in freundlichster Absicht die Geheimnisse und Schrecknisse Gottes und seiner Schöpfung geleugnet") und so den Schritt in ein neues Paradigma des Gottesverständnis gewagt, in dem der „‚liebe' Gott, von dem wir Protestanten etwas dünn und einfältig reden ..." für Haubach überwunden und der Gott, der ein „schrecklicher Glanz" und ein „Abgrund des Feuers ist", gefunden ist (BrBegeg 395.407, vgl. bereits oben Anm. 51). Zur Krise des theistischen Gottesbildes und zur Möglichkeit und Annäherung an transtheistisches Denken und die Integration des Schrecklichen im Gottesverständnis vgl. M. Kroeger, Der fällige Ruck in den Köpfen der Kirche, Kohlhammer/Stuttgart [2]2005, Kapitel II und IV.

[74] BrBiogr 344–345, BraFr 607.609; über die Spannungen in Moltke auch eindrucksvoll Poelchau, Letzte Stunden 127. Geplante Himmler-Aktionen: Delp IV, 56.118. Eine Hoffnungsaussicht: Delp IV, 437. Das Gespräch mit SS-Müller: Moltke, Kreisauerin 68f. – Es lohnt sich, die christlich-kirchliche Prägung Moltkes in dieser Schlussphase nicht mit dem ganzen Ensemble konfessionell-theologischer Kategorien zu fassen, wie es BrKr Begeg 108ff geschieht. Wo sollte die Erfahrung des gegenwärtigen Leids durch Zugang zur Passion Jesu bei Moltke (ebd. 109) belegt sein? und wie die Feier des sonntäglichen Gottesdienstes mit Abendmahl „einen unverzichtbaren Stellenwert" für Moltkes Frömmigkeit abgegeben haben (ebd. 111)? Doch wohl nicht durch die eine letzte und zentrale Abendmahlserfahrung mit seiner Frau! Und wo sollte die spezielle Kenntnis und Wirkung der Freiheitsschrift Luthers von Jugend auf (BrBiogr 319) oder die Deutung „Das eigene Leben findet sich wieder in theologisch und anthropologisch gestalteten Texten uralter Traditionen./Das Verstehen der Gegenwart wird durch biblische Bilder und Symbole vermittelt" (BrKrBegeg 109) belegt sein? – solche Sätze entstammen nicht der Hermeneutik Moltkes, sie überinterpretieren sie. Die in solcher Rekonstruktion unterstellte Durchdringung der Gegenwart

von biblischer Sprache (ebd.) dürfte eine Überdehnung der ansatzweisen theologischen Überlegungen und der religiösen/christlichen Frömmigkeit Moltkes in seiner letzten Phase darstellen. Dieser hat – anders noch als Yorck, bei dem diese Kategorien schon von früh her angelegt, wenngleich nur latent expliziert waren – keine im Ansatz konfessionelle Theologie in sich ausgebildet, sondern mit gewissen Hilfen, speziell auch aus Luther, eine gedankliche wie existentielle Prägung erfahren, aus der ihm eine (systematisch durchaus unvollendete, in dogmatischen Linien nicht ausgezogene) christliche Lebens- und Sterbefrömmigkeit zuwuchs, von der er – wohl zu Recht – empfand, dass sie sich in dieser Form – wie eine Hochstimmung – in einem längeren Leben nicht werde halten lassen, vgl. unten Anm. 77.

[75] Brief an L. Curtis in: BrKrKr 195f.

[76] Empfindung von Schuld/Sünde: Moltke: BraFr 307.308.312 und BrBiogr 320.; Yorck (s.u.), Haeften, Lehndorff u. a.: Heimgesucht bei Nacht 242.417; Trott: Cl. v. Trott, A. v. Trott 213 und Mut des Herzens 198; Delp: Delp IV, 116. – Warum und in welchem Sinne diese scheinbare Selbstüberforderung, die das scholastische „ultra posse nemo obligatur" auf den Kopf stellt und widerlegt, aber eben gerade darin einer genuin reformatorisch-religiösen Einsicht (bei Luther im sog. Anti-Latomus, WA VIII) entspricht, sich sehr genau verstehen lässt, kann hier in der Kürze nicht dargelegt werden, vgl. hierzu oben S. 70f.

[77] Moltkes eigene Skepsis: BraFr 610, und Gerstenmaiers spätere Reflexion: „Die durchgängige Höhe jener Wochen hat keiner von uns Überlebenden zu halten vermocht, aber keiner hat sie je vergessen ..." (Streit und Friede 214). Das Erstaunen der Frauen: Fr. v. Moltke in: Mut des Herzens 145; B. v. Haeften: sie fühlte und fühlt sich getragen, „aber damals konnte man seltsamerweise aussagen" (ebd. 281), vgl. Marion Yorck in: Mut des Herzens 219: „Und ich hatte tatsächlich das Gefühl, dass sie [seine Hände] mich trugen. Das ist alles, was ich dazu sagen kann, sonst fängt man an zu spinnen. Schon der Versuch, sich über solche Zusammenhänge Klarheit zu verschaffen, birgt für mich eine gewisse Gefahr. Ich lasse diese Dinge lieber im Unterbewussten in mir ruhen." Fr.v. Moltkes tragende Verbundenheit mit ihrem Mann: Kreisauerin besonders 62, auch 99f.131.

[78] Delp IV, 114.116.128.132.134.141, zusammenfassend immer noch eindrucksvoll, Fr. v. Tattenbach, Das entscheidende Gespräch, in: Stimmen der Zeit, Bd. 155 (1954/1955), 321ff.

[79] Poelchau, Ordnung 83f. Da Poelchau wie auch Moltke selber (BraFr 621) aus diesem Vers nur die zitierten Zeilen nennen, dürfte es wahrscheinlich sein, dass Moltke eben nur diese zweite Vershälfte, nicht die erste, auf Jesus bezogene („Ja, Herr Jesu, bei dir bleib ich, so in Freude wie in Leid", EKG 406,4) sich so intensiv zu eigen gemacht hat. Das in dem Choralvers angesprochene „Du" dürfte also Gott, nicht Jesus gemeint haben. Das stimmt mit meinen sonstigen Beobachtungen an Moltkes theologischen Äußerungen und seiner Sprache (anders als bei Yorck, der die Offenbarung allein in Christus ausdrücklich denkt: MY Stille 133) überein. – Geistliche Gemeinschaft/Una Sancta in vinculis: Delp IV, 34.60.88; Moltkes letzte Briefe und diverse Briefe/Texte Delps zeigen immer wieder – bis in Formulierungen hinein – unübersehbare Gemeinsamkeiten mit Delp. – Gerstenmaier noch gebraucht: Delp IV, 106. Möglicherweise aber haben auch die Gestapo-Ermittler den Aufschub erwirkt, weil sie noch mehr zu erfahren hofften, vgl. Moltke in seinem letzten Brief an Delp: „Wir haben als Leidende einen Auftrag erfüllt. Hat der Herr uns einen weiteren Auftrag erteilt, wie ich gehört zu haben meine, so wird er uns dafür auch erhalten (Delp IV, 437); ent-

sprechend mussten auch Trott und Schwerin länger auf ihre Hinrichtung warten (Schwerin, Die besten Köpfe 426).

[80] Es beleuchtet diese Festigkeit Yorcks, der wie Haeften dem Attentat erst sehr spät und zögernd zugestimmt hatte, dass Haeften – anders als Yorck – diese Zustimmung in seinem Abschiedsbrief an seine Frau widerrief: „Ich habe das fünfte Gebot nicht heilig gehalten (obwohl ich einmal Werner damit zurückgerissen habe) und das Gebot des ‚Stilleseins und Harrens‘ habe ich nicht ernst genug genommen. Vor allem habe ich nicht Liebe geübt gegen Euch, die mir anvertraut waren. Um Euretwillen ... hätte ich von allem Abstand nehmen müssen ... ich sterbe in der Gewissheit göttlicher Vergebung, Gnade und ewigen Heils ...“ (B. v. Haeften, Nichts Schriftliches 83.90, auch Heimgesucht bei Nacht 242). Auch Goerdeler, der für Staatsstreich, aber gegen Attentat war, laborierte zuletzt an dieser Frage und betrachtet das Scheitern des Attentats als Gottesurteil, weil es Gott vorgegriffen habe und der sittlichen Weltordnung widerspreche (Ritter, Goerdeler 416.554).

[81] Ähnliche Gedanken über das stellvertretende Opfer bei Cl. v. Trott (Mut d. Herzens 198 und Cl. v. Trott, A. v. Trott 17), bei Goerdeler in seinem Abschiedsbrief: Vor Gott ist Sühne nötig, „die Welt aber bitte ich, unserer Märtyrerschicksal als Buße aufzunehmen für das deutsche Volk“ (zit. bei H. Rothfels, in: H. Graml, Widerstand 193, vgl. „im Gedanken stellvertretender Reinigung und Sühne“, Attentat 90); ähnlich bei Delp: Delp IV, 110 („dass ich geopfert wurde, nicht erschlagen“ „Opfer“ ebd. oft), im Kreise der Geschwister Scholl (Hassel-TB 585) oder bei Stauffenberg: P. Hoffmann, Stauffenberg, 453, vgl. Yorck, Besinnung 112.119.121 („Für den, der Augen hat zu sehen, wird hier etwas sichtbar von dem Geheimnis der Stellvertretung, von dem die Religionen in schwer zugänglichen Gleichnissen reden“). – Dass Yorck die Zeilen „Des Lebens Fackel ...“ aus Goethes Faust II, 4709f so selbstverständlich (wenn auch nicht ganz wörtlich) zitiert, zeigt noch einmal, wie tief verbunden er dem klassisch-deutschen Erbe, auf das er sich noch vor Freisler beruft, lebt. – Marion v. Yorck schreibt der seelsorgerlichen Einwirkung Poelchaus die besondere christliche Prägung der Abschiedsbriefe (d. h. der biographischen Schlussphase) Moltkes und ihres Mannes zu : MY Stille 86.

[82] Wo P. Steinbach belegt findet, dass Yorck verschärft verhört d. h. geschlagen oder gefoltert worden sei (Attentat 370), ist nicht ersichtlich. Über Liljes unerkennbar getarnten Gottesdienst für den hingerichteten Yorck: MY Stille 82; Yorck erbittet sich „stille Andacht“ in der Hortensienstraße und in Kauern: Spiegelbild 2, 790/M. Yorck Stille 139. Die ergreifenden Abschiedsbriefe Yorcks an seine Mutter und an seine Frau: M. Yorck Stille 137ff/ Spiegelbild 2,789ff.

[83] Dass die Filme der Hinrichtungen, wenigstens teilweise, Hitler tatsächlich vorgeführt wurden: Ramm, Grundüberzeugungen 78f.– Nach dem Nachbericht in MY Stille 151 wurden einige der Leichen dem Berliner Anatomischen Institut übergeben, „dessen Leiter allerdings mit einigen Verschwörern befreundet war und sie deshalb unangetastet einäschern ließ“; die Leichen anderer wurden der Staatsanwaltschaft übergeben, die die Verbrennung veranlasste (Schwerin, Die besten Köpfe 427); nach Kl. Harpprecht, Harald Polechau. Ein Leben im Widerstand, Rowohlt-TB/Reinbek 2007, 111 wurde die Asche der Hingerichteten „an den Feldern am Rand von Berlin verstreut“. Himmlers Vorschlag blieb also ächtende Absicht.

[84] Furchtbare Einsamkeit, Delp vermisst besonders Moltke: Delp IV, 142–146. An ihn geht einer der letzten Briefe Moltkes: „Wir haben als Leidende einen Auftrag erfüllt. Hat der Herr uns einen weiteren Auftrag erteilt, wie ich gehört zu haben meine, so

wird er uns dafür auch erhalten. Will er uns zu sich rufen, so hat der 9. bis 11. Januar unserem Leben einen Sinn gegeben, den ja viele, ja die meisten, die heute sterben müssen, vermissen werden. Dafür kann es nur Dank geben, auch wenn der Weg nach Plötzensee führt ... Darum Gott befohlen! Der Weg führe uns in die Freiheit oder zum Galgen, stets Ihr Moltke" (Delp IV, 437).

[85] Günter Brakelmann hat die Texte und Dokumente in seinen Sammlungen BrKrKr und BrKrBegeg im LIT-Verlag leicht zugänglich gemacht und in BrBiogr Moltkes Biographie eindrücklich erzählt und dokumentiert. – Zitat „revolutionärer Zündstoff", Zeller, Geist der Freiheit 5.

Benutzte Abkürzungen der zitierten Literatur

Aufstand d. Gewissens, Begleitband = Aufstand des Gewissens. Militärischer Widerstand gegen Hitler und das NS-Regime 1933–1945. Begleitband zur Wanderausstellung des Militärgeschichtlichen Forschungsamtes. Im Auftrage des Militärgeschichtlichen Forschungsamtes hg. Von Th. Vogel, Mittler & Sohn/Hamburg u. a. 2000.

Attentat = Das Attentat. Die Männer des 20. Juli 1944, hg. von Kl. v. Klemperer, E. Syring, R. Zitelmann, tosa/Wien 2006.

Bleistein, Dossier = Dossier: Kreisauer Kreis. Dokumente aus dem Widerstand … Aus dem Nachlass von Lothar König SJ, herausgegeben und kommentiert von Roman Bleistein, Knecht/Frankfurt a. Main 1987.

BraF = Helmuth James von Moltke, Briefe an Freya 1939–1945, hg. von B. Ruhm v. Oppen, Beck/München 2006.

BrKrKr = Günter Brakelmann, Der Kreisauer Kreis, Schriftenreihe der Forschungsgemeinschaft 20. Juli, LIT/Münster, 2. korrigierte Auflage 2004.

BrKrBeg = Günter Brakelmann, Die Kreisauer: Folgenreiche Begegnungen, Schriftenreihe Bd. 4, 2, LIT/Münster, 2. korrigierte Auflage 2004.

BrBiogr = Günter Brakelmann, Helmut James von Moltke, 1907–1945. Eine Biographie, Beck/ München 2007.

BrChriWi = Günter Brakelmann, Christsein im Widerstand: Helmuth James von Moltke, Schriftenreihe … Bd. 11, LIT/ Münster 2008.

B. v. Haeften, Nichts Schriftliches = Barbara v. Haeften, „Nichts Schriftliches von Politik", Hans Bernd von Haeften. Ein Lebensbericht, Beck/München 1997.

Cl. v. Trott, A. v. Trott = Clarita v. Trott zu Solz, Adam von Trott zu Solz. Eine Lebensbeschreibung, Schriften der Gedenkstätte Deutscher Widerstand, Reihe B, Bd. 2, Hg. von P. Steinbach u. J. Tuchel, Edition Hentrich/Berlin 1994.

Delp IV = Alfred Delp, Gesammelte Schriften, Bd. IV: Aus dem Gefängnis, hg. Von Roman Bleistein, J. Knecht/Frankfurt a. Main 1984.

Dönhoff, Ehre = Marion v. Dönhoff, Um der Ehre willen, Siedler/Berlin 1994.

Dor. v. Moltke, Briefe = Dorothy v. Moltke, Ein Leben in Deutschland. Briefe aus Kreisau und Berlin 1907–1934, Beck/München 1999.

FrM Erinnerungen = Fr. v. Moltke, Erinnerungen an Kreisau 1930–1945, Beck/München 1997.

Gersdorff, Soldat im Untergang = Rudolf-Christoph Frhr. v. Gersdorff, Soldat im Untergang, Ullstein/Frankfurt u. a. 1977.

Gerstenmaier, Streit und Friede = Eugen Gerstenmaier, Streit und Friede hat seine Zeit, Propyläen/Frankfurt u. a. 1981.

Gerstenmaier, Kreisauer Kreis = Eugen Gerstenmaier, Der Kreisauer Kreis, Vierteljahreshefte für Zeitgeschichte 15. Jg., H.3 (Juli) 1967, 221ff.

Graml, Widerstand = H. Graml (Hg.), Widerstand im Dritten Reich. Probleme, Ereignisse, Gestalten, Fischer TB 4319, Frankfurt/Main 1984.

Gründer, Philosophie des Grafen Paul Yorck = Karl Gründer, Zur Philosophie des Grafen Paul Yorck von Wartenburg. Aspekte und neue Quellen, V&R/Göttingen 1970.

Hassel-TB = Die Hassel-Tagebücher 1938–1944, Nach der Handschrift revidierte und erweiterte Ausgabe … Hg. von Friedrich Freiherr Hiller von Gaertringen, Siedler/Berlin ³1989.

Heimgesucht bei Nacht = Du hast mich heimgesucht bei Nacht. Abschiedsbriefe und Aufzeichnungen des Widerstands 1933 –1945, hg. von H. Gollwitzer, K. Kuhn, R. Schneider, Kaiser/München 1954.

Hoffmann, Stauffenberg = Peter Hoffmann, Claus Schenk Graf von Stauffenberg und seine Brüder, DVA/Stuttgart 1992.

Karpen/Schott, Kreisauer Kreis = U. Karpen/ A. Schott (Hg.), Der Kreisauer Kreis, Motive–Texte–Materialien, Bd. 71, C. F. Müller/Heidelberg 1996.

Kessel, Verborgene Saat = A. v. Kessel, Verborgene Saat. Aufzeichnungen aus dem Widerstand 1933–1945, hg. von P. Steinbach, Ullstein/Berlin-Frankfurt/M.1992.

Kreisau, Portrait = Der Kreisauer Kreis. Portrait einer Widerstandsgruppe (Ausstellungskatalog), bearbeitet von W. E. Winterhager, o.O. 1985.

MBF = Fr. v. Moltke, M. Balfour, J. Frisby, Helmuth James von Moltke 1907–1945. Anwalt der Zukunft, DVA/Stuttgart 1975.

Moltke, Völkerrecht = H. J. Graf v. Moltke, Völkerrecht im Dienste der Menschen. Dokumente, herausgegeben und eingeleitet von Ger van Roon, Siedler/Berlin 1986.

Moltke, TbBr = H. J. v. Moltke, Im Land der Gottlosen. Tagebuch und Briefe aus der Haft 1944/45, Hg. von G. Brakelmann, Beck/München 2009.

Moltke, Kreisauerin = Freya v. Moltke, Die Kreisauerin, Gespräch mit E. Hoffmann, hg. von I. Hermann, Lamuv/Göttingen 1992.

Moltke, Vorstellungen = Albrecht v. Moltke, Die wirtschafts- und gesellschaftspolitischen Vorstellungen des Kreisauer Kreises innerhalb der deutschen Widerstandsbewegung, in: Wirtschafts- und Rechtsgeschichte Bd. 16, Müller Botermann/Köln 1989.

Mut des Herzens = Mit dem Mut des Herzens, Die Frauen des 20. Juli, (hg.) Dorothee v. Meding, btb/o.O. ³1997.

MY Stille = Marion York v. Wartenburg, Die Stärke der Stille. Erinnerungen an ein Leben im Widerstand, Brendow/Moers 1998.

Poelchau, Ordnung = H. Poelchau, Die Ordnung der Bedrängten, Hentrich & Hentrich/Teetz 2004.

Poelchau, Letzte Stunden = H. Poelchau, Die letzten Stunden, Verlag Volk und Welt, Berlin 1949.

Ramm, Grundüberzeugungen = Hans-Joachim Ramm, „… stets einem Höheren verantwortlich. Christliche Grundüberzeugungen im innermilitärischen Widerstand gegen Hitler", Hänssler/Neuhausen 1996.

Ringshausen, Widerstand = G. Ringshausen, Widerstand und christlicher Glaube angesichts des Nationalsozialismus, Lüneburger Theologische Beiträge 3, LIT/Münster [2]2008.

Ringshausen, Das Beispiel = G. Ringshausen, Bekennende Kirche und Widerstand. Das Beispiel der Brüder Paul und Peter Graf Yorck von Wartenburg, in: Glaube – Freiheit – Diktatur in Europa und den USA, FS G. Besier, Hg. von K. Stoklosa und A. Strübing, V&R/Göttingen 2007

Ritter, Goerdeler = Gerhard Ritter, Carl Goerdeler und die deutsche Widerstandsbewegung, DVA/Stuttgart [3]1956.

Rothfels, Opposition = Hans Rothfels, Die deutsche Opposition gegen Hitler, Mit einer Einführung von Fr. Frhr. Hiller von Gaertringen, Manesse/Zürich 1994.

Scheurig, Tresckow = Bodo Scheurig, H. v. Tresckow, Stalling/Oldenburg-Hamburg 1973.

Schlabrendorff, Offiziere = F. v. Schlabrendorff, Offiziere gegen Hitler, Neu durchgesehen und erweitert von W. Bussmann, Siedler/Berlin 1984.

Schmädeke/Steinbach = J. Schmädeke/P. Steinbach (Hg.), Der Widerstand gegen den Nationalsozialismus, Piper/München-Zürich 1985.

Spiegelbild = „Spiegelbild einer Verschwörung". Die Opposition gegen Hitler und der Staatsstreich vom 20. Juli 1944 in der SD-Berichterstattung, hg. von H.-A. Jacobsen, 2 Bände, Seewald/Stuttgart 1984 (zit. nach der seitengleichen Sonderausgabe „Opposition gegen Hitler und der Staatsstreich vom 20. Juli 1944 in der SD-Berichterstattung, Mundus/ Stuttgart 1989).

Steinbach/Tuchel, Widerstand = P. Steinbach/J. Tuchel, Widerstand gegen den Nationalsozialismus, Bundeszentrale für politische Bildung, Bd. 323, Bonn 1994.

Steltzer, Zeitgenosse = Theodor Steltzer, Sechzig Jahre Zeitgenosse, List/München 1966.

Schwerin, Der Weg = Detlef Graf v. Schwerin, Der Weg der „Jungen Generation" in den Widerstand, in: Schmädeke/Steinbach 460ff.

Schwerin, Die besten Köpfe = Detlef Graf. v. Schwerin, „Dann sind's die besten Köpfe, die man henkt", Die junge Generation im deutschen Widerstand, Piper/München u. a. 1991.

vRNW = G. van Roon, Neuordnung im Widerstand, R. Oldenbourg/München 1967.

Yorck, Besinnung = Paul Graf Yorck von Wartenburg, Besinnung und Entscheidung – Fragen an die Gegenwart, Vorwerk/Stuttgart 1971

Zeller, Geist der Freiheit = Eberhard Zeller, Geist der Freiheit. Der 20. Juli, Gotthold Müller/München [5]1965.